核心素养导向的
高中物理教学设计

主　编　李春密
副主编　高　杰　杨正波

HEXIN SUYANG DAOXIANG DE
GAOZHONG WULI JIAOXUE SHEJI

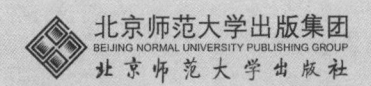

北京师范大学出版集团
BEIJING NORMAL UNIVERSITY PUBLISHING GROUP
北京师范大学出版社

图书在版编目(CIP)数据

核心素养导向的高中物理教学设计/李春密主编.—北京：
北京师范大学出版社,2019.9(2023.11 重印)
(核心素养实践丛书)
ISBN 978-7-303-25081-3

Ⅰ.①核… Ⅱ.①李… Ⅲ.①中学物理课－课程设计－
高中 Ⅳ.①G633.72

中国版本图书馆 CIP 数据核字(2019)第 187174 号

出版发行：北京师范大学出版社　www.bnupg.com
　　　　　北京市西城区新街口外大街 12-3 号
　　　　　邮政编码：100088
印　　刷：天津旭非印刷有限公司
经　　销：全国新华书店
开　　本：787 mm×1092 mm　1/16
印　　张：16
字　　数：230 千字
版　　次：2019 年 9 月第 1 版
印　　次：2023 年 11 月第 3 次印刷
定　　价：42.00 元

策划编辑：邓丽平　　　　责任编辑：谢万嫒　李新娟
美术编辑：王　蕊　　　　装帧设计：楠竹文化
责任校对：段立超　王志远　责任印制：孙文凯

版权所有　侵权必究
反盗版、侵权举报电话：010-58800697
北京读者服务部电话：010-58808104
外埠邮购电话：010-58808083
本书如有印装质量问题，请与印制管理部联系调换。
印制管理部电话：010-58800825　010-58808061

前 言

2010年颁布的《国家中长期教育改革和发展规划纲要（2010—2020年）》提出，要把育人为本作为教育工作的根本要求。党的十八大明确指出"把立德树人作为教育的根本任务"。党的十九大进一步强调"要全面贯彻党的教育方针，落实立德树人根本任务，发展素质教育，推进教育公平，培养德智体美全面发展的社会主义建设者和接班人"[1]。2014年3月，《教育部关于全面深化课程改革落实立德树人根本任务的意见》强调，把课程改革作为落实立德树人根本任务的重要抓手和突破口。2018年9月10日，习近平总书记在全国教育大会上发表了重要讲话，提出了"九个坚持""六个下功夫"的新理念、新思想、新观点，要求广大教师和教育工作者围绕"培养什么人、怎样培养人、为谁培养人"这一根本问题，全面贯彻党的教育方针，坚持立德树人，遵循教育规律，推进教育改革，创新教学方法，把培养德智体美劳全面发展的社会主义建设者和接班人作为根本任务。

2018年1月，教育部颁布了《普通高中物理课程标准（2017年版）》，基于物理学科本质凝练了物理学科核心素养，即物理观念、科学思维、科学探究、科学态度与责任[2]。物理学科核心素养的提出，明确了学生在学习物理课程之后应具

---

[1] 习近平. 决胜全面建成小康社会 夺取新时代中国特色社会主义伟大胜利——在中国共产党第十九次全国代表大会上的报告[R/OL]. (2017-10-18)[2017-10-27]. http://www.gov.cn/zhuanti/2017-10/27/content_5234876.htm.

[2] 中华人民共和国教育部. 普通高中物理课程标准（2017年版）[S]. 北京：人民教育出版社，2018.

有的正确价值观念、必备品格和关键能力，是对知识与技能、过程与方法、情感态度与价值观三维目标的完善和提升。物理学科核心素养不但是学生学习物理课程应达到的目标，也是指导教学设计的重要依据。高中物理课程是普通高中自然科学领域的一门基础课程，旨在落实立德树人根本任务，进一步提升学生的物理学科核心素养，为学生的终身发展奠定基础。高中物理课程在义务教育的基础上，帮助学生从物理学的视角认识自然，理解自然，建构关于自然界的物理图景；引导学生经历科学探究过程，体会科学研究方法，养成科学思维习惯，增强创新意识和实践能力；引领学生认识科学的本质和科学·技术·社会·环境（STSE）的关系，形成科学态度、科学世界观和正确的价值观，为做有社会责任感的公民奠定基础。

基础教育阶段是落实立德树人根本任务的重要学段，注重品行培养，激发学习兴趣，培养健康体魄，养成良好习惯。不仅应注重科学知识的传授和技能的训练，而且应注重对学生学习兴趣、探究能力、创新意识、科学态度和科学精神方面的培养。让学生经历科学探究过程，学习科学知识和科学探究方法，提高分析问题和解决问题的能力。关注学生的认知特点，加强课程内容与学生生活、现代社会和科技发展的联系，关注技术应用带来的社会进步和问题，培养学生的社会责任感和正确的世界观，自觉践行社会主义核心价值观。

当今课程改革已经进入了一个新的历史阶段，物理教学需要以物理学科核心素养为指引提炼大概念或核心概念；需要以物理学科核心素养为依据选择学习内容；需要设计保证物理学科核心素养目标得到有效落实的教学过程、教学方法、教学活动等；需要设计与培育物理学科核心素养相适应的评价标准和评价方法。有效果的教学设计对思考和寻找教师教学行为的路径颇有启迪，本书的编写旨在落实立德树人根本任务，解决当前物理课堂教学中存在的问题，引导教师开展基于物理学科核心素养的物理教学实践，通过教学方式的改变，突出学生的主体地位，使学生能够把握物理基础知识与技能，发展批判性、创造性思维能力和科学探索精神，培养信息的收集、传递与处理能力，有效表达与交流能力，以及应变能力等，认识物理学的基本思想、观点与方法，从而充分体现物理学科独特的育人价值，为学生终身发展、应对现代社会和未来发展的挑战奠定基础。

本书以《普通高中物理课程标准（2017年版）》为依据，立足于物理学科的本质，明确物理学科的性质与特点，解读物理教学设计的内涵，以发展和培养学生的物理学科核心素养为目标，构建物理教学设计的系统结构，并以丰富的案例展现核心素养导向的高中物理教学设计的方法和策略。希望本书能对物理教师进行物理教学实践有所帮助，以达到深化物理教学改革的目的，切实体现物理学科的育人价值。

书中的教学设计来自教学一线物理教师的教学实践案例，主要是天津市9所中学的骨干教师和参与本人教学改进项目的教师，大部分教学设计经过了教学实践的检验。

为本书提供教学设计的教师有：陈梅宗、赵津、朱琴、杨正波、李沐潼、刘芳芳、马昌芳、曾秀、金晨、潘怀宇、丁慧、高永生、朱峰、杨晨、祝艳萍、黄玲、孙涛、张杨、田博扬、王小洁、赵芸赫、张绍桂、贾杰。

天津市河北区教师进修学校吴春霞老师、天津市和平区教师进修学校魏欣老师、天津市第二中学吴珺老师和赵子轩老师参与了本书部分教学设计的指导工作，天津市中小学教学教育研究室高杰老师参与了教学设计的统稿工作，在此一并表示感谢！

本书适合为高中物理教师、物理教育研究者、物理课程与教学论专业研究生、物理学（师范）专业高年级本科生提供参考。

由于本人水平有限，虽然参与编写的各位教师尽了最大努力，但教学有法，教无定法，教学只有更好，没有最好，书中肯定有许多不足和需要改进的地方，敬请各位老师和同学提出宝贵意见，以便进一步完善。

李春密

2019年3月18日于北京

目 录
CONTENTS

第Ⅰ部分　核心素养导向的物理教学设计概论

第一章　核心素养导向的物理教学设计的基本观点 ……………… 3
　　第一节　教学设计的概念 …………………………………………… 3
　　第二节　物理教学设计的理论依据 ………………………………… 6
　　第三节　核心素养导向的物理教学设计的主要特征 ……………… 12

第二章　物理教学目标的制订 …………………………………………… 19
　　第一节　物理学科核心素养和课程目标 …………………………… 19
　　第二节　制订高中物理教学目标的原则 …………………………… 21

第三章　物理教学过程的设计 …………………………………………… 23
　　第一节　物理教学过程的设计原则 ………………………………… 23
　　第二节　物理教学设计的内容和流程 ……………………………… 28

第Ⅱ部分　高中物理教学设计案例

第四章　必修 1 部分教学设计案例 ………………………………… **39**
　　匀变速直线运动的速度与位移的关系 ……………………………… **39**
　　弹力 …………………………………………………………………… **49**
　　摩擦力 ………………………………………………………………… **58**
　　力的合成 ……………………………………………………………… **71**
　　牛顿第一定律 ………………………………………………………… **79**
　　牛顿第三定律 ………………………………………………………… **91**
　　超重和失重 ………………………………………………………… **100**

第五章　必修 2 部分教学设计案例 ……………………………… **107**
　　曲线运动 …………………………………………………………… **107**
　　平抛运动 …………………………………………………………… **116**
　　圆周运动 …………………………………………………………… **125**
　　向心力 ……………………………………………………………… **131**
　　离心现象及其应用 ………………………………………………… **141**

第六章　必修 3 部分教学设计案例 ……………………………… **152**
　　电势　电势差 ……………………………………………………… **152**
　　静电现象的应用 …………………………………………………… **163**
　　I-U 图像描述电路元件的电阻特性 …………………………… **173**
　　电源电动势和内阻 ………………………………………………… **183**
　　磁现象和磁场 ……………………………………………………… **191**
　　探究感应电流的产生条件 ………………………………………… **200**

第七章　选择性必修部分教学设计案例 ………………………… **211**
　　光的偏振 …………………………………………………………… **211**
　　通电导线在磁场中受到的力 ……………………………………… **219**
　　楞次定律 …………………………………………………………… **228**
　　涡流　电磁阻尼和电磁驱动 ……………………………………… **236**

参考文献 …………………………………………………………… **247**

第Ⅰ部分

核心素养导向的物理教学设计概论

《普通高中物理课程标准(2017年版)》的颁布，对培养学生的物理学科核心素养提出了要求，教学实践中应促进学生学习方式的改变，实现学生积极主动地学习，落实学生核心素养的发展，促进新一轮课程改革在实践层面的有效推进。"学习者不应是信息的被动接受者，而应该是知识获取过程的主动参与者。"经过上一轮的课程改革，我国中学物理课堂教学发生了积极变化，学生的学习方式呈现了多样化，实验探究、小组合作、学案导学、项目式学习等学习方式在物理课堂中不断涌现；联系实际、贴近生活的教学素材更加丰富；在学习内容的选择和组织方面，更加注重了物理学科的过程与方法；在学习过程方面，更加考虑了学生的认知特点和学习规律，同时也强调了挖掘物理学科的育人功能。

　　教学应触及学生的心灵。学生的学习是具有社会性的活动，教育的目的是要造就有责任感、有担当的社会人。核心素养导向的物理教学，要重视学生的思考与讨论，鼓励学生主动提出问题，让学生不只是被动的问题回答者。从学生被动听讲到发自内心地积极参与，从以获取知识为主的活动到综合获得知识、方法、态度的活动，从照方抓药的实验操作到蕴含深度探究思维的探究活动，从师生简单对话到揭示物理思维过程的多轮次、多渠道的交流，从"泛化"的过程方法、情感态度学习目标到"落地"的核心素养目标，从对核心知识的浅显理解到内化为物理观念以及所承载的科学思维方法，进而提升学生解决实际问题的能力——这种基于大概念、深度思维、情感内化的教学设计，才有益于培养学生物理学科核心素养。因此，在物理教学中落实物理学科核心素养目标，关键在于教学设计。

　　通常人们所说的"备课"就是一种传统的教学设计。这种传统的教学设计，往往是建立在教师个人经验基础上的，虽然在教学中发挥了一定的作用，也体现了教师在教学实践中的创造。但精彩的教学设计应该真正体现以学生为主体，教师通过创设情境，引发学生提出问题，倡导学生主动探究，并将探究所得结论迁移，应用于解决实际问题。

第一章　核心素养导向的物理教学设计的基本观点

随着教育教学改革的不断深入，对教师的教学观念、教学方式、评价方式、思维习惯等都提出了新的要求。教学过程是由诸多相互作用的要素所构成的复杂过程，基于教师经验的教学设计，已不能适应现代教育的要求和发展。核心素养导向的教学设计应以现代学习理论、现代教育理论、现代传播理论等为基础，符合现代教育改革发展趋势的教学观、学习观和评价观等；应采用系统科学的方法来研究教学过程，综合考虑教学过程中的多种因素，使教学设计不仅仅局限于教学内容的组织和展现；应站在学生的立场上，分析课程标准、分析教材、分析内容、分析学情，实现内容重组或教学结构化处理，归纳出核心概念或大概念，从而使学习内容能够清晰地呈现给学生。同时，更应加强教学目标的设计、教学方案的设计、教学策略的设计、教学手段的设计、教学流程的设计和教学评价的设计等，形成一个卓有成效的教学过程。通过教学设计，使教学过程真正成为吸引学生学习的过程。

现代教学设计理论十分强调教育观念和教育理论的指导，只有在明确的教育理论指导下，教学设计的方案和措施才更符合教学规律，才能更好地发挥师生在教与学过程中的创造性。

第一节　教学设计的概念

教学设计是根据课程标准的要求和学生的特点，将教学诸要素有序安排，制订合适的教学方案的设想和计划，一般包括教学目标、教学重难点、教学方法、教学步骤与时间分配等环节。因此，教学设计应根据现代教育理论和课程标准的要求，依据核心素养目标，对教学过程的主要要素进行系统分析，确定合适的教学内容，创设真实情境，通过教学活动，形成有序的流程。

关于教学设计，不同的学者有不同的观点。

加涅在《教学设计原理(第五版)》中对教学设计给出了这样的界定：教学设计是一个系统化规划教学系统的过程。教学系统本身是对资源和程序作出的有利于学习的安排。[①]

赖格卢特(Charles M. Reigeluth)在《教学设计是什么及为什么如是说》一文中指出：教学设计是一门涉及理解与改进教学过程的学科。任何设计活动的宗旨都是提出达到预期目的的最优途径，因此，教学设计主要是关于提出最优教学方法的处方的一门学科，这些最优的教学方法能使学生的知识和技能发生预期的变化。

美国学者肯普(J. E. Kemp)给教学设计下的定义是：教学设计是运用系统方法分析研究教学过程中相互联系的各部分的问题和需求，在连续模式中确立解决它们的方法步骤，然后评价教学成果的系统计划过程。1977 年肯普提出了一个教学设计模型——肯普模式，如图 1 所示。

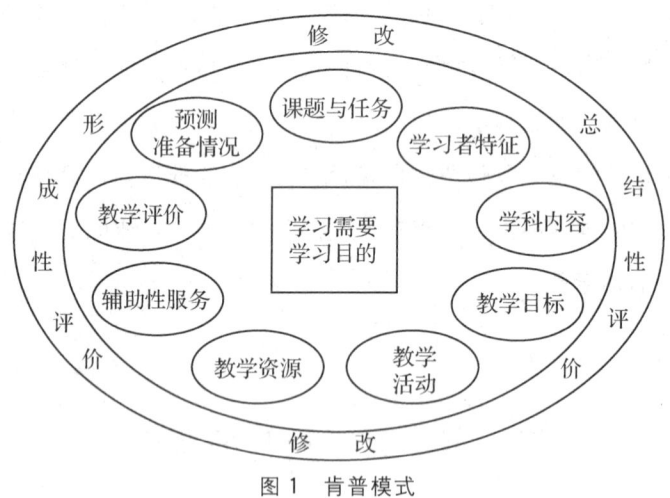

图 1　肯普模式

[①] 加涅, 韦杰, 戈勒斯, 凯勒. 教学设计原理(第五版)[M]. 王小明, 庞维国, 陈保华, 汪亚利, 译. 上海：华东师范大学出版社, 2007.

肯普认为在教学设计过程中应强调四个基本要素，着重解决三个主要问题，适当安排十个教学环节。任何教学设计过程都离不开这四个基本要素，即教学目标、学习者特征、教学资源和教学评价，由它们即可构成整个教学设计模型的总体框架。任何教学设计都是为了解决以下三个主要问题：①学习者必须学习到什么（确定教学目标）；②为达到预期的目标应如何进行教学（即根据教学目标分析确定教学内容和教学资源，根据学习者特征分析确定教学起点，并在此基础上确定教学策略、教学方法）；③检查和评定预期的教学效果（进行教学评价）。任何教学设计都应该包括十个教学环节：①确定学习需要和学习目的；②选择课题与任务；③分析学习者特征；④分析学科内容；⑤阐明教学目标；⑥实施教学活动；⑦利用教学资源；⑧提供辅助性服务；⑨进行教学评价；⑩预测学生的准备情况。为了反映这十个环节之间相互联系、相互交叉的特点，肯普采用图1所示的环形方式来表示肯普模型。图1中把确定学习需要和学习目的置于中心位置，说明学习需要和学习目的是整个教学设计的出发点和归宿，各环节均应围绕它们来进行设计。各环节之间未用有向弧线连接，表示教学设计是很灵活的过程，可以根据实际情况和教师自己的教学风格从任意一个环节开始，并可按照任意的顺序进行。图1中的"形成性评价""总结性评价"和"修改"在环形圈内标出，这是为了表明评价与修改应该贯穿于整个教学过程。

蔡铁权等人认为教学过程是为实现教学任务和达成教学目标，通过对话、沟通和合作，以动态生成的方式推进教学活动的进程；其基本环节和内在逻辑结构都是动态的，教学过程设计形成的是一个"弹性化"方案，但一般应对教学顺序、教学组织形式、学习方式、教学模式、教学方法、学习环境及课堂管理等方面进行分析和设计①。

---

① 蔡铁权，钱旭鸳．教学设计过程模式的结构与规范[J]．浙江教育学院学报，2008(4)：36-43．

第二节　物理教学设计的理论依据

一、物理学科的性质和特点

物理学是一门基础自然科学，它所研究的是物质的基本结构、最普遍的相互作用、最一般的运动规律，以及所使用的实验手段和思维方法。随着人类对物质世界认识的深入，物理学一方面带动了科学和技术的发展，另一方面推动了文化、经济和社会的发展。经典物理学奠定了两次工业革命的基础；近代物理学推动了信息技术、新材料技术、新能源技术、航空航天技术、生物技术等的迅速发展，继而推动了人类社会的变化。赵凯华认为今天的"物理学"不能用研究对象来界定，物理学是所有自然科学和工程技术的理论基础，物理学代表着一套获得知识、组织知识和运用知识的有效步骤与方法，把这套方法运用到什么问题上，这个问题就变成了物理学问题。

2000年12月在德国柏林召开的第三届世界物理学大会指出：物理学是我们认识世界的基础，它提供了一些基本问题的答案：物质结构、材料的性质、我们所处宇宙的诞生与命运及地球上生命的起源。它使我们理解人类所处的环境及在自然界中的位置。所以，物理学是人类文明中不可替代的基石，应在教育中扮演最主要的角色。物理学是其他科学（如化学、生物、地球科学等）和绝大部分技术发展的直接的或不可缺少的基础，物理学曾经是、现在是、将来也是全球技术与经济发展的主要驱动力。21世纪，一些非常重要的研究领域，如气候变化、新能源与能量储备、新材料、信息技术、交通运输、健康与环境等，都将与物理学中完善的知识基础密切相关。

物理学是以实验为基础的科学（实验基础），是严密的理论科学（逻辑关系），是定量的科学（数学表述），是带有方法论性质的科学（思想方法），是应用十分广泛的基础科学（应用价值）。因此，在教育领域，物理课程是普通高中自然科学领域的一门基础课程，理应加强学习。

二、物理教学的特点及要求

1. 以观察、实验为基础

观察和实验在物理学发展中起着重要的作用，既是建立物理概念、认识物理规律的基础，又是学习物理学的基本方法。进行观察和实验时，可以给学生提供精心选择的、简化和纯化的感性材料，使学生对物理事实获得明确、具体的认识，便于学生构建模型。同时，实验具有真实、形象、生动的特点，容易唤起中学生的直觉兴趣。另外，实验是一种有目的的操作行为，让学生自己动手做实验，不仅可以满足学生的操作欲望，而且可以培养学生的操作技能，进而激发学生的学习兴趣，培养学生的创新精神和实践能力。

2. 重视情境的创设

物理概念的建立需要创设情境。通过创设情境，使学生概括出事物的共同属性，抽象事物的本质特征，完成从经验性常识向物理概念的转变。在物理概念的教学中，关键是创设体现概念本质特征的情境，发展学生的科学思维。

物理规律的探究需要创设问题情境。学生从情境中发现和提炼问题，对问题的可能答案作出假设，并根据问题情境运用已有知识制订探究计划，选择符合情境要求的实验装置进行实验，获取客观、真实的数据，通过对数据的分析形成关于物理规律的结论。

应用物理知识解决具体问题应结合具体的实际情境。在日常生活和生产中蕴含着大量的物理学知识，因此，在教学中应注意联系生活、生产中学生看到但还不懂的实际问题，引导学生把问题中的实际情境转化成解决问题的物理情境，建立相应的物理模型，使他们养成善于运用知识、关心生活和生产中实际问题的习惯。在物理教学中，应让学生获得在实际情境中解决物理问题的大量经验，形成把情境与知识相关联的意识，促使学生关心社会实际生活，增强社会责任感。

3. 注重科学思维能力和探究能力的培养

物理学体系具有严密的逻辑性，前人在发现物理规律的过程中，创造了很多的科学思维方法。教师应注意挖掘蕴含在物理知识中的，包括模型建构、科学推理、科学论证、质疑创新等要素在内的丰富的科学思维方法。教师在教学中要让学生体会建构物理模型的思维方法，理解物理模型的适用条件，能通过建构物理模型来研究实际问题。教师引导学生经历物理概念的建构过程和物理规律的形成过程，是发展科学思维的重要途径。科学探究能力的培养，应渗透在物理教学的整个过程中。无论是物理知识的教学，还是物理问题的解决，都要引导学生发现和提出问题，根据解决问题的需要，收集和选择有用信息，基于证据和逻辑对问题作出合理解释，培养学生准确表述问题解决过程与结果的意愿和能力。

4. 关注问题解决

教师应引领学生把物理课程中所形成的物理观念和科学思维用于分析、解决生活中的问题，在解决问题中进一步提高探究能力、增强实践意识、养成科学态度，促进物理学科核心素养的形成。教师还应鼓励并引导学生基于物理学科核心素养解决生活中的问题。如，在设计具体活动、制订工作计划时，让学生分析影响问题的主要因素和次要因素，把一个复杂的问题分解为若干个简单的问题，思考事物间的因果关系等，进而全面提高学生的问题解决能力。

三、物理学习过程

1. 学习的概念

关于学习的概念有很多，下面简单列举几种：

(1) 2003年出版的《格林伍德教育词典》是这样定义学习的：学习是一个心理过程，在这个过程中，个人的知识或行为会因经验而发生持续的变化并且受到学习者的哲学、心理和社会文化观点以及动机的影响。

(2) 2015年出版的《牛津教育词典》对学习的定义：学习是教育的中心目的，而不是教学，它通常被定义为一个人的行为、知识、技能或理解水平的变化，这种变化是长期或永久的，是通过经验而不是通过肌体的成长或衰老过程获得的。

因此，真正的学习是要达到和实现人的内在素质与能力的持久或永久的变化。真正的学习是对规律的把握，而不是对知识的堆砌；是对道理的内化，而不是对表象的识记；是对整体的融会贯通，而不是对片段的生搬硬套。

学习是指学生在教师指导下有目的、有计划、系统地掌握知识技能和行为规范的活动。

所谓物理学习是学生与物理环境相互作用，而产生的某些有关的行为或行为潜力的比较持久的变化。

2. 学习的理论

学习理论是指在阐明行为变化的原因、揭示学习依据的机制时所形成的理论。学习理论非常多，常见的有以下学习理论[①]：

①埃斯特斯的统计学习学说；

②弗洛伊德的精神分析学说；

③古思里的接近学说；

④桑代克的联结主义学说；

⑤赫尔的系统行为学说；

⑥斯金纳的操作性条件反射学说；

⑦托尔曼的符号学说；

⑧班杜拉的示范和社会学习学说；

⑨韦特海默的格式塔学说；

⑩勒温的拓扑学说；

⑪皮亚杰的认知发展学说；

⑫布鲁纳的认知发展学说；

⑬加涅的教学类型学说；

⑭奥苏伯尔的认知同化学习学说；

⑮巴甫洛夫的经典条件反射学说；

---

① 董奇. 心理与教育研究方法(修订版)[M]. 北京：北京师范大学出版社，2004.

⑯凯洛夫的特殊认识过程学说；

⑰列昂节夫的社会活动学说。

比较有代表性的：①以桑代克、斯金纳等为代表的行为主义理论，该理论认为学习就是刺激与反应之间的联合（简称联结学说）；②以托尔曼、皮亚杰、布鲁纳和奥苏伯尔等为代表的认知理论，该理论强调有机体自身的能动作用，认为学习是认知结构的改变过程。

限于篇幅，这里就不再赘述，有兴趣的读者可以参考相关的教育学、心理学书籍。

3. 物理学习过程

物理学习过程，从根本上讲是一种认识过程，是学生个体在与物理环境相互作用中认识物理世界的过程，亦即学生的物理认知结构发生变化的过程。认知是与知识学习密切相关的宏观心理过程，它包括学习前原有知识经验的准备，对知识的内容的感知、理解和应用，知识在头脑中的组织，以及感知、理解和应用知识的习惯方式的形成。

学习过程是学生经验的积累过程，它包括经验的获得、保持及改变等方面。它的重要特点之一在于学生有一个内在因素激发过程，从而使学生在原有认知结构上接受新经验，丰富原有的认知结构，产生新的知识结构。学习过程具有系统的结构，它包括明确目标、激发动机、感知材料、理解知识、记忆保持、迁移运用、获得经验、评估反馈等环节。学生准备学习时，常怀有一种期待的心理，期待着实现愿望。在学习动机的推动下，经过感知、理解、巩固和应用，学生掌握知识、获得经验。然后学生通过评估得到反馈，重新投入新的学习活动中去。

物理学习过程是一个十分复杂的加工过程，这种加工过程可以分为感知物理现象、形成概念和掌握规律、解决物理问题三个阶段，如图 2 所示①。

---

① 梁树森. 物理学习论[M]. 南宁：广西教育出版社，1996.

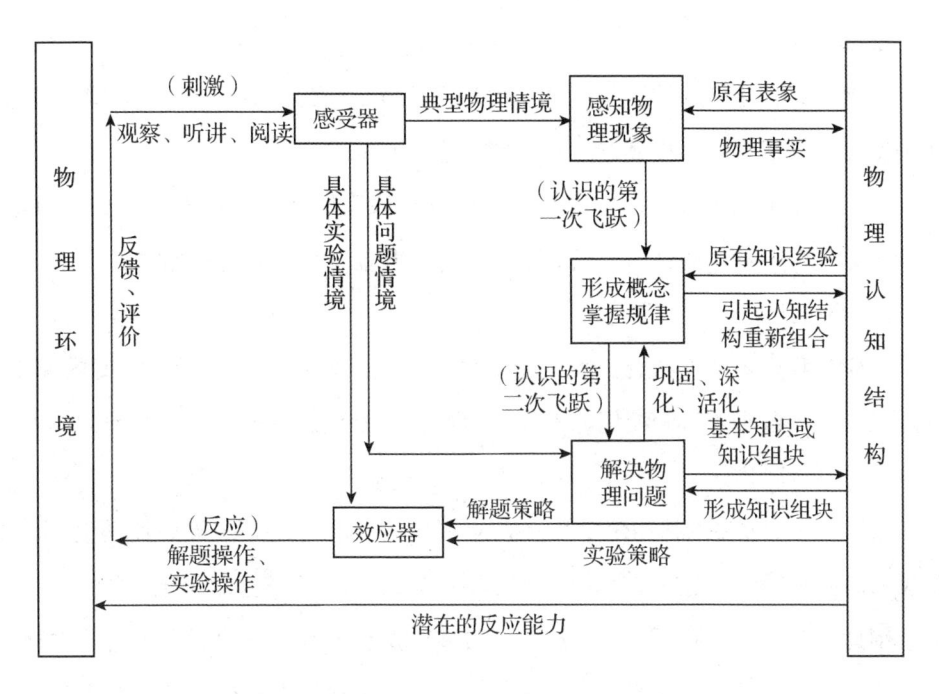

图 2　物理学习过程

四、系统科学方法论

物理教学过程是一个复杂的多因素过程，因此，应该用系统科学的方法来指导物理教学设计，而系统科学方法的基本特点是强调系统设计时的整体性、综合性、辩证性和有序性①。

1. 整体性

物理教学设计要从整体着眼、部分入手、统筹考虑，以达到整体优化的目的。根据整体要求，在物理知识的教学中要强调知识结构的重要性，不仅要重视知识本身，更要重视知识间的相互关系，以及知识的来龙去脉。学生学习知识时不能"只见树木，不见森林"，要注意以整体知识为背景，强调核心概念和大概念。

---

① 常绍舜．系统科学方法概论[M]．北京：中国政法大学出版社，2004．

2. 综合性

任何系统都是一个技术综合体，教学设计也是如此。要在充分分析教学各因素的基础上加以综合，使其产生更大的效应。有的教师教学效果优异，其中一个重要原因就是他在备课过程中既能深入地分析课程标准、分析教材、分析内容，又能充分地分析学生的学习心理和前概念等，且能很好地将它们结合。

3. 辩证性

教学过程中辩证性的突出表现是不搞绝对化，坚持掌握适量、适度的原则。处理教学中的各种矛盾和问题，不能一刀切，不能模式化。

4. 有序性

教学过程的发展从认知角度看就是知识结构有序化的过程。要想使学生的认知从原来的无序状态转化为有序状态，教学系统就要与外界发生能量与信息的交换。

因此，教学设计必须坚持开放才能发展、闭合才有成效的思想。当前物理教学改革中提倡的课堂教学与课外学习相结合，物理教学中实施STSE教育等都体现了教学过程的开放。但同时我们又强调，重要的基础知识、基本技能、基本方法的掌握与训练等必须加强，只有教学过程闭合才能产生切实的教学效率。

第三节　核心素养导向的物理教学设计的主要特征

科学探究始于问题，学生有了问题才有探究问题的欲望，才能发展对客观世界的认识[①]。

一、真正以学生为主体，引导学生自主发展，使核心素养落到实处

在物理课堂上，发展的主体是学生，学生发展的内在动力是他们与生俱来的好奇心和求知欲。因此，学生提出的问题才是他们真正想探究的问题。教师要给

---

① 郭玉英. 中学物理教学设计[M]. 北京：高等教育出版社，2016.

学生提出问题的机会，这是知识和技能发展的前提。但学生是初学者，他们的科学探究能力，特别是提出和表述科学问题的能力较低，需要在教师的指导和帮助下得到进一步发展，与此同时发展严谨的科学态度。这些都是物理教学的重要目标，这些目标的落实是学生核心素养发展的标志。

二、注重学生的前认知，引导学生在前认知的基础上进行深层加工

国内外物理教育领域的大量研究表明，学生在正式学习物理知识之前，头脑中已存在一定的原有认识和该认识赖以形成的思维方式（统称为前认知），它们在很大程度上决定着学生对新知识的理解。学生学习物理的过程不是简单地把书本上和教师课堂讲授的内容装入自己头脑的过程，而是一个在一定的教学情境中发展自己前认知的过程，是认知结构和认知方式的变化过程。学生需要在教师的指导下，对前认知中的成分进行加工、补充、修正和重组，形成新的认知结构。这些新的认知结构又成为下次学习的前认知。

促进学生科学认知的发展，首先必须使学生明确自己的前认知，认识到其中正确和错误的成分，或者不完整、不深入之处，在此基础上引导学生对物理现象或过程进行深层认知加工。深层认知加工是相对于表层认知加工而言的，需要学生展开积极的思维过程，如通过批判性思考和讨论发现问题；辨别不同知识、想法、信息之间的区别和联系；从现象中寻求模式或规律；进行科学论证、质疑和反思，寻找证据来支持或否定某一种观点；将新信息整合到已有知识结构中。而表层加工则没有太多思考，只涉及表层联系或记忆，不对学习材料进行深入思考、辨别和建立内在联系。科学思维是科学认识的核心，只有促使学生进行深层认知加工才能促进学生科学思维的发展。

三、创设真实的科学探究环境，引导学生将观察和思考联系起来，注重证据和逻辑，教学过程既有预设又有生成

教学中做实验必须是真实的过程，这是发展学生核心素养的必备条件。由于真实实验过程的复杂性和学生思维过程的多样性，在教学设计时不可能完全预设

出来，可能会出现各种未曾预设的情境，如学生的各种问题和不同反应。因此，课堂中非预设过程的动态生成是促进学生核心素养发展的重要特征。对于优秀的教师而言，任何情境都是可利用的教学资源，可以发展学生解决实际问题的多方面的能力，所以，教师要善于利用偶发事件即时生成促进学生发展的教学目标。

四、采用多种教学策略，教给学生研究问题的方法，有效促进学生核心素养的全面发展

观察大量的优秀课堂教学案例，结合物理教育研究的成果，我们可以分析概括出有效促进学生核心素养全面发展的课堂教学特征。其中最重要的是教师要从学生的原有认识入手，循序渐进地引导学生深化对核心概念的理解，发展学生的科学探究能力和科学态度。要采用多种有效的教学策略，让学生经历各种深层次的科学认知活动，如问题提出、区别与分类、研究设计与实施、测量、建模、数据分析与讨论、证据与解释、定义与描述、评价、反思、讨论等。建构模型是物理学最重要的研究方法，教师要引导学生积极参与建模活动，知道不同的模型是为什么、怎样被建构的，在切身体验中领会模型的作用、性质、适用范围及局限性。让学生学会建构、检验自己或小组提出的模型，使用多种模型来表达、解释同一现象，才能使学生对核心概念的认识逐渐加深。

五、选取有效的教学方法

物理教学过程既是教师的施教过程，又是学生的学习过程，教与学的"双边活动"构成了教学过程。因此，教学设计既要考虑教师施教过程的方法，又要考虑学生学习过程的方法，并且使两者互为依存、融为一体。为了能够激发学生的学习积极性，提高教师教学和学生学习的效果，教师应根据教学过程中各个要素的不同，灵活地选择适合的教学方法。

多年来，有关物理教学方法的研究很多，教师们在教学中也试验或创造了很多有效的教学方法，这里简单介绍几种物理教学中常用的教学方法。

1. 启发式

启发式教学强调教师的主导作用与学生的主体地位的统一，学生既是教育对象，又是认识的主体；强调把选择教学方法的出发点建立在学生的主动性、积极性和自觉性的基础上；强调在传授知识的同时，注重学生的智能发展，通过启发给学生提供发展智能的时空条件和机会；强调运用多种方法和手段使教学方法达到综合优化；强调教学不仅要重视教学结果，更要重视教学过程，在教学过程的构建中要以学习过程为基础，以学法指导为重点。在物理教学中运用启发式教学方法时应注意以下几点：重视物理情境与物理现象的展示、加强物理实验、积极运用现代教学手段[①]。

2. 讲授法

讲授法是教学中应用时间最长、应用范围最广的一种最基本的教学方法。几乎所有其他的教学方法在运用时都必须与讲授法相配合，才能顺利地进行并发挥应有的功能。无论过去还是现在，讲授法都是学校中既经济又可靠，而且最为常用的一种有效方法。

讲授法的优点是能充分发挥教师的主导作用，有利于节省时间，提高教学效率，有利于学生掌握系统的知识。缺点是在课堂上学生活动少，容易产生依赖思想，容易形成教师"满堂灌"的僵化局面。在运用讲授法时应注意：讲授内容要有科学性、系统性、思想性，既要有重点、难点，又要系统、全面；既要使学生获得科学知识和科学观念，又要在科学思维、科学态度与责任上有所发展。讲授中要做到问题引领，引导学生思考和分析问题，同时还应力求语言清晰、准确、简练、形象、条理清楚、通俗易懂，提高语言的感染力[②]。

3. 讨论法

讨论法是教师依据学生已有的知识基础和实际经验，通过提出问题，引导学生积极思考，讨论交流，得出结论，获得知识和发展核心素养的教学方法。讨论

[①] 姚跃涌. 高中新课程物理优秀教学设计与案例[M]. 广州：广东高等教育出版社，2005.
[②] 阎金铎，郭玉英. 中学物理新课程教学概论[M]. 北京：北京师范大学出版社，2008.

法能集中学生的注意力，激发学生的思维活动，使学生通过独立思考、与人合作、交流来获取知识，同时有利于发展学生智力和语言表达能力。在物理教学中应用讨论法时应注意：要准备好合适的问题，问题要具体、明确、有趣味、有启发性，能引起学生思考和讨论；要善于启发引导，当问题提出后，要善于启发学生，利用他们已有的知识经验或对直观教具观察获得的感性知识，进行分析、思考，研究问题或发现矛盾的所在，为深入讨论奠定基础；要做好归纳、小结，讨论结束后，教师要及时归纳或小结，使学生的知识系统化、科学化，并注意纠正一些不正确的认识，帮助他们准确地掌握知识。

4. 实验法

实验法是在教师指导下，学生运用一定的仪器设备进行独立作业，观察事物和过程的发生和变化，探求事物的规律，以获得知识和技能的方法。实验法的优点在于它能按教学需要创造和控制一定的条件，引起事物的发生和变化，使学生看到事物的因果关系，不仅可以提高学生的实验操作技能，而且能培养学生对科学实验的兴趣。实验法的基本要求是做好实验前的准备：要制订好实验的课时计划；准备好实验用品，分好实验小组；要求学生做好理论准备（复习、预习），使学生明确实验的目的、原理、过程、方法和注意的事项，提高学生实验的自觉性。在实验过程中教师要注意对学生进行指导。

六、指导学生采取有效的学习方法

教学的最终目的是促进学生的发展和让学生学会学习。因此，在教学过程中，学生的学习过程就尤为突出。在学习过程中要重视对学生学习方法的指导。

下面简单介绍几种学习方法。

1. 自主学习

自主学习是能有效地促进学生发展的学习，是以学生作为学习的主体，通过学生独立地分析、探索、实践、质疑、创造等来实现学习目标。

大量的观察和研究充分表明，学生对学习的内容感兴趣并觉得学习内容富有挑战性，看到了成功的机会，愿意积极地参与到学习过程中，这样的学习对学生才是有益的。

教师在教学中要激发学生强烈的学习欲望和兴趣，带给学生理智上的挑战，能联系学生已有的生活经验，给学生足够的自主空间，足够的活动机会，让学生直接参与体验，主动学习。

2. 合作学习

合作学习是当前基础教育新课程改革倡导的学习方式之一，是指学生在小组或团队中为了完成共同任务，有明确的责任分工的互助性学习。在学习过程中学生积极承担在完成共同任务时个人的责任，能积极地相互支持、配合；所有学生能进行有效的沟通，建立并维护小组成员之间的相互信任，在合作中增进学生之间的友谊，提高相互之间的信任度，培养合作精神。

3. 探究学习

探究学习是指以学生的需要为出发点，以问题为载体，从物理学科领域或现实生活中选择和确定研究主题，创设一种类似于学术（或科学）研究的情境，通过学生自主、独立地发现问题、实验探究、操作、调查、信息收集与处理、表达与交流等探索活动，获得知识与技能，发展情感与态度，培养探索精神和创新能力的学习方式。

学生是探究学习的主体，教师在探究学习中指导学生开展探究学习的一般程序：①提出问题，进行猜想和假设。学生在学习和生活中要有问题意识，用发现的眼光看待周围的变化，及时发现并提出问题。②选择探究方式，制订探究计划。③实施探究过程。这是探究学习的重点阶段，这一阶段将决定学生能否得出正确的结论。要引导学生大胆地对自己提出的猜想进行实验探究，在探究的过程中主动参与，积极思考，自己想办法或者与他人共同合作解决探究过程中遇到的困难。④对探究过程进行评估、交流。

《普通高中物理课程标准（2017年版）》非常重视学生科学探究能力的培养。在教学建议中，明确提出：应注重科学探究，尤其应注重物理实验。在物理实验中，应发掘实验在培养学生发现和提出问题能力方面的潜在价值。教师要在一些物理实验中创设情境，让学生在观察和体验后有所发现、有所联想，萌发出科学问题；还可在实验中创设一些任务，让学生在完成任务的过程中运用科学思维，自己提炼出应探究的科学问题。应通过实验提高学生制订计划的能力。让学生学会把探究课题分解为几个相对独立的小问题，思考解决每个问题的不同方法，根据现实条件选择适当方法构思探究计划；学会从原理、器材、信息收集技术、信息处理方法等方面形成探究计划；学会通过查询相关资料完善探究计划。教学过程中应尽量为学生提供制订探究计划的机会。在处理信息时，应让学生依照物理事实运用逻辑推理确立物理量之间的关系，发展依据证据、运用逻辑和现有知识进行科学论证和解释的能力，引导学生交流和表达。

第二章　物理教学目标的制订

培养创新型人才需要具有创造性的教学。在教学工作中，最能体现教师创造性的工作成果就是教学设计。物理教学设计就是预先制订教学的实施蓝图，它以物理教学理论为指导，应用系统科学的方法，综合考虑教学过程中的诸多因素，在分析教学内容和学生特征的基础上，确定教学目标，选择适当的教学模式、策略和方法，以及教学评价方式，形成有序的活动流程和具体的操作方案，以指导教学过程的有效实施。

第一节　物理学科核心素养和课程目标

当今国际科学教育的核心理念是促进学生核心素养的发展。新颁布的《普通高中物理课程标准(2017年版)》明确提出，物理课程的总目标是提高全体学生的物理学科核心素养，课程的具体目标包括物理观念、科学思维、科学探究、科学态度与责任四个方面。

一、物理学科核心素养

物理学科核心素养是学科育人价值的集中体现，是学生通过学科学习而逐步形成的正确价值观念、必备品格和关键能力。物理学科核心素养主要包括"物理观念""科学思维""科学探究""科学态度与责任"四个方面[①]。

1. 物理观念

"物理观念"是从物理学视角形成的关于物质、运动与相互作用、能量等的基本认识；是物理概念和规律等在头脑中的提炼与升华；是从物理学视角解释自然现象和解决实际问题的基础。"物理观念"主要包括物质观念、运动与相互作用观念、能量观念等要素。

2. 科学思维

"科学思维"是从物理学视角对客观事物的本质属性、内在规律及相互关系的认识方式；是基于经验事实建构物理模型的抽象概括过程；是分析综合、推理论证等方法在科学领域的具体运用；是基于事实证据和科学推理对不同观点和结论提出质疑和批判，进行检验和修正，进而提出创造性见解的能力与品格。"科学思维"主要包括模型建构、科学推理、科学论证、质疑创新等要素。

3. 科学探究

"科学探究"是指基于观察和实验提出物理问题、形成猜想和假设、设计实验与制订方案、获取和处理信息、基于证据得出结论并作出解释，以及对科学探究过程和结果进行交流、评估、反思的能力。"科学探究"主要包括问题、证据、解释、交流等要素。

4. 科学态度与责任

"科学态度与责任"是指在认识科学本质，认识科学·技术·社会·环境关系的基础上，逐渐形成的探索自然的内在动力，严谨认真、实事求是和持之以恒的科学态度，以及遵守道德规范，保护环境并推动可持续发展的责任感。"科学态度与责任"主要包括科学本质、科学态度、社会责任等要素。

二、课程目标

高中物理课程应在义务教育的基础上，进一步促进学生物理学科核心素养的

[①] 中华人民共和国教育部. 普通高中物理课程标准(2017年版)[S]. 北京：人民教育出版社，2018.

养成和发展。通过高中物理课程的学习，学生应达到如下目标：

1. 形成物质观念、运动与相互作用观念、能量观念等，能用其解释自然现象和解决实际问题。

2. 具有建构模型的意识和能力；能运用科学思维方法，从定性和定量两个方面对相关问题进行科学推理、找出规律、形成结论；具有使用科学证据的意识和评估科学证据的能力，能运用证据对研究的问题进行描述、解释和预测；具有批判性思维的意识，能基于证据大胆质疑，从不同角度思考问题，追求科技创新。

3. 具有科学探究意识，能在观察和实验中发现问题、提出合理猜想与假设；具有设计探究方案和获取证据的能力，能正确实施探究方案，使用不同方法和手段分析、处理信息，描述并解释探究结果和变化趋势；具有交流的意愿与能力，能准确表述、评估和反思探究过程与结果。

4. 能正确认识科学的本质；具有学习和研究物理的好奇心与求知欲，能主动与他人合作，尊重他人，能基于证据和逻辑发表自己的见解，实事求是，不迷信权威；关心国内外科技发展现状与趋势，了解物理研究和物理成果的应用应遵循道德规范，认识科学·技术·社会·环境的关系，具有保护环境、节约资源、促进可持续发展的责任感。

第二节　制订高中物理教学目标的原则

课程改革强调将"物理学科核心素养"作为培养目标，细化到课堂教学中就要求教学目标的制订要遵循以下原则。

1. 多元化原则

高中物理教学应当体现"立德树人"的教育方针，全面提高学生的核心素养。因此，高中物理教学目标不仅要有"物理观念"的目标，使学生切实掌握高中物理的基本概念和规律，而且要有"科学思维"和"科学探究"的目标，使学生掌握高中物理的基本方法和实验技能，使学生的物理思维能力得到发展，还要有"科学态度与责任"方面的目标，使学生形成科学的态度、正确的世界观。

2. 适应性原则

高中物理教学目标的制订既要以课程标准为依据，又要切合学生的实际。也就是说，要从中学物理教学的总体要求和具体内容出发，从学生的具体实际出发。为此，必须分析实现教学目标所依赖的前提条件，分析大多数高中学生心理、生理发展的特征，以及他们所具有的物理、数学基础和思维能力等。

3. 针对性原则

高中物理教学目标的制订要针对高中物理教学的特点，针对当前我国高中物理教学的实际。要改变高中物理教学中存在的重结论、轻过程，重理论、轻实验，重记忆、轻思维等不良倾向。对物理教学的重点、难点、关键点及薄弱环节，要予以强化。

4. 开放性原则

加强教学内容与学生生活以及现代社会和科技发展的联系，使学习内容适合学生个体学习需要，具有可选择性；既要有面向全体学生的基本要求，又要适当考虑满足部分学生的个性化需求，努力使每一位学生都能得到更好的发展。

第三章 物理教学过程的设计

教学是一个极具创造性的过程，这是由教学工作的特点所决定的，加拿大学者迈克尔·富兰(Michael Fullan)在《变革的力量——透视教育改革》一书中提到，教师的教学工作具有以下特点：教学情境的不确定性、教学对象的复杂性和差异性、教学决策的不可预见性和不可复制性[①]。因此，教师只有把课程标准的目标、理念和要求，把教材的教学内容和所体现的教学方法，转化为符合自身特点的教学设计，才能有效地达成课程目标。

第一节 物理教学过程的设计原则

教学过程是教师行为和学生行为相结合、相统一的过程，是师生相互交往、积极互动、共同发展的过程，是对人类已有知识、经验的认识过程，是探究和改造主观世界、形成和谐发展个性的实践活动的统一过程，是体现课程理念、实现学生核心素养发展的创造过程。

1. 突出物理学科核心素养，体现立德树人的原则

重视个性的培养和发展，已成为当今世界教育发展的思潮之一。课程标准提倡的教育是人的全面发展的教育，它特别强调要面向全体学生，面向学生的每个方面，使学生主动活泼地发展。教学是促进人的发展的最基本的途径，因此教学

---

① 富兰. 变革的力量——透视教育改革[M]. 中央教育科学研究所，加拿大多伦多国际学院组织，译. 北京：教育科学出版社，2004.

中必须把促进学生物理学科核心素养的发展作为教学工作的出发点和落脚点，真正体现立德树人的原则。

2. 突出学生的学习过程，体现以学生为中心的原则

以学生为中心就是要确立学生在教学活动中的中心地位，把以学为中心、以学生为中心的研究贯穿在教学过程中。学习是学习者的一种认知活动的过程，同时也是一种信息加工的过程，这种加工是其他任何人都不能替代的，完全取决于学习者本身。因此，教学并不是把所教的内容简单地输送或移植给学生，而是必须经过学生的主动学习过程。学生经历某一过程（如探究、观察、调查、阅读等），这本身就是学习目标之一，学生按要求经历了这一过程，就完成了这个目标。

3. 强化物理过程的教学，体现以突破物理概念的理解为前提的原则[①]

物理概念不仅是物理基础知识的重要组成部分，而且是构成物理规律、建立物理公式和完善物理理论的前提，更是学生形成物理观念的基础。对物理概念的理解和认识是教学要达到的目标之一，也是教学的出发点。物理概念是通过对物理现象、物理过程进行抽象而建立的，教学设计时必须通过感知活动、观察与思考、经验事实等一系列实践活动，才能让学生获得研究物理问题的感性材料，并在这个基础上，经过认识加工，思维整理，从而突破对物理概念的理解。

4. 强调探究物理规律，体现以揭示规律为重点的原则

物理规律是自然界中物理客体的本质属性，是事物发展和变化趋势的反映。同物理概念相比，物理规律是人们对物理客体的高层次认识的产物，是理性认识阶段的产物，是物理概念发展的必然结果，物理概念是物理规律建立的基础和前提。掌握物理规律不仅有助于对物理概念的理解，而且往往能引导人们发现事物的未知属性，形成物理观念。从物理学的自身结构来说，物理概念和规律是构成物理学的最基本的单元；从形成物理观念、发展科学思维、培养分析能力来说，使学生形成物理概念和掌握物理规律是物理教学的中心环节。

---

① 郭玉英. 物理新课程教学案例研究[M]. 北京：高等教育出版社，2008.

5. 关注科学探究的原则

科学探究不仅是物理学习的一种方法,还是物理课程的目标和重要内容。学生在学习过程中经历与科学工作者进行科学探究时的相似过程,能体验科学探究的乐趣,认识科学探究的意义,领悟科学的思想和精神,尝试应用科学探究的方法,关注社会现象,研究物理问题,验证物理规律,从而培养学生的探究能力、实事求是的科学态度和敢于创新的探索精神。

《普通高中物理课程标准(2017年版)》提出了科学探究的四个要素,并对每个要素提出了探究能力的要求。在探究过程中,要给每个学生创造机会,明确他们所承担的任务,鼓励学生发现问题,提出问题,出主意,想办法。要让每个学生在探究活动中主动发挥积极作用,同时,科学探究又是一种集体性的协作活动,对于比较简单的问题可以由学生个人来进行探究,对于比较复杂的问题则应通过小组活动,甚至全班性的活动进行探究。教师要善于激发学生对科学的热情和兴趣,表现出对不同观点的尊重。

在高中物理课程各个模块中都安排了一些典型的科学探究或物理实验。高中学生应该在科学探究和物理实验中达到以下要求。

(1)提出问题

提出问题是科学探究的前提,如果不能提出问题,科学探究便无从谈起。要求学生能发现与物理学有关的问题,对解决问题的方式和答案提出合理的猜测和假设,并从物理学的角度较明确地表达问题,认识到发现问题和提出问题的意义。所以教师在教学过程中要紧密结合知识和技能的要求,从学生的物理学习和生活实践中,选取他们感兴趣的内容进行探究。

(2)获取证据

证据是科学探究获得结论的重要的依据,包括实验探究方案、如实记录的实验数据、观察的现象、参考文献等。要求学生根据已有的物理知识和实践经验,结合现有实验条件,设计实验探究方案,通过观察、调查、实验等多种途径获取证据。学生在课堂内外进行的探究活动是多样化的,可以是观察现象、进行实验、收集数据,也可以从多种信息源(如图书、期刊、学校的数据库和互联网)上收集和获取信息。在科学探究的过程中，教师要切实做好指导工作，引导学生不断改进探究的方法，如在学生进行观察和实验时，要让学生多设计几种可靠易行的实验方案，鼓励学生反复收集和如实记录实验数据。

(3)作出解释

解释是对收集到的证据进行分析、讨论，得出事实证据与猜想假设之间的关系，通过比较、分类、归纳、概括等方法得到最后的结论。要求学生使用各种方法和手段，对信息、数据等证据进行分析处理，应用科学的思维和方法，通过分析和归纳，找出规律，尝试根据实验现象和数据得出结论，并对实验结果进行解释和描述。在这个环节，教师要引导学生整理收集的各种信息、实验数据和证据，逐步基于证据得出合理的结论。

(4)进行交流

要求学生能够科学地表述自己的研究成果，包括研究的过程、方法和结果。要让各种想法、观点进行充分的交流和讨论，在此过程中，使学生体会到科学探究和科学实践的过程与方法，深刻理解交流与合作的重要性。要通过科学探究实现良好思维习惯的养成，自主学习的发展，科学探究方法的掌握，树立实事求是的科学态度，培养为人类造福的科学精神。教师要让学生编写科学探究报告，设计表格、图像(包括应用计算机设计)，以便交流时更具说服力；要让每个学生都有充分的语言表达机会，要循序渐进地培养学生尽可能用已有的科学知识和较为准确的语言表述自己的探究成果；要让学生注意倾听其他同学的研究报告，尊重别人的探究成果，允许别人对自己的探究过程和成果提出不同的意见和表示怀疑，并能认真思考别人的意见，改进自己的探究方案。

6. 使物理贴近学生生活，联系社会实际原则

把物理教学的内容和学生的生活实际联系起来，有利于激发学生的学习热情，强化学生的实践意识，提高学生分析问题和解决问题的能力。教师应该精选相关的事例，把它们组织在教学内容中，使学生获得更为宽广的视野，有助于学生形成科学的价值观，增强社会责任感。

在教学方式上使物理贴近学生生活，联系社会实际。让学生通过对基本物理

内容的学习，了解物理学的思想和研究方法，认识物理学对技术、经济、社会的影响。促进物理课程形成学生自主参与、开放、灵活的教学方式。

在组织形式上使物理贴近学生生活，联系社会实际。教师要组织学生积极参与科技活动，巧妙地、适时地应用物理知识和原理，促进学生将在物理课程中学到的知识应用到日常生活和社会实际中去。

在物理教学中，教师应通过多种手段、多条渠道选取结合实际的事例，提供多种信息，丰富和充实物理课程的内容。尤其应提倡让学生自己去收集信息，处理信息，进行课题研究和社会调查。物理知识在科学技术、社会生产和日常生活中有广泛的应用，对科学进步和社会发展有极大的影响，因此，物理教学与科学、技术、社会、环境教育相融合具有可行性。在物理教学中，可以结合本地地理环境、生态能源、水力资源、矿产资源、饮水条件、生活习惯，让学生适时适度地进行社会调查，开展社会实践活动，探索影响社会经济发展的原因，提出科学、合理的建议。

7. 发挥实验在物理教学中的重要作用的原则

离开了物理实验，就没有物理学的发展，物理实验是物理教学的重要内容，也是重要的手段。学生通过完成实验和解决问题，亲身体会克服困难、交流合作、预测实验结果、检验信息的科学性、反思和评价实验过程、总结和分析实验结论，有利于培养学生正确的物质观、时空观、宇宙观，和崇尚科学、崇尚理性、崇尚实践、追求真理的辩证唯物主义世界观。

《普通高中物理课程标准（2017年版）》在实施建议中明确指出：加强实验室建设，促进学生实验能力发展。重视实验室的硬件配置与建设；充分利用实验器材，强化学生实验和演示实验；要积极创造条件，建立实验室开放制度；要利用日常用品改进实验或开发新实验；要重视数字实验，创新实验方式。此外，新课程标准还明确列出了21个学生必做实验。可以说，新课程标准把实验教学提到了前所未有的高度，从硬件到软件、从学生实验到演示实验、从课内到课外、从低成本到现代化实验都加以强调。

第二节　物理教学设计的内容和流程

中学物理教学设计的核心理念是促进学生物理学科核心素养的全面发展。具体到物理教学中每一个课题的教学设计，都需要回答有关学生发展的一系列问题：该课题包括哪些内容？这些内容对于促进学生发展具有什么价值？学生学习该课题之前的初始状态是什么？如何确定学生的初始状态？学生通过该课题的学习可以在哪些方面得到发展？发展的目标状态如何确定？从初始状态到目标状态需要经历哪些过程？如何设计教学活动支撑这些过程？如何知道目标状态是否达成？寻找上述问题的答案的过程就是教学设计的过程。

物理学科核心素养导向的教学设计的一般流程可以分为分析、设计和评价三大部分。分析过程是对学习需求的分析，其中包括对课程标准、教材、学习内容等的分析，以及对学习者特征的分析，进而形成大概念或核心概念；设计过程包含对学习目标的设计，对学习活动的设计，对教学模式、策略和方法的设计，对教学技术和手段的设计，对教学流程的设计；评价过程分为形成性评价和持续性评价。物理学科核心素养导向的教学设计流程可以简单地用图 3 表示。

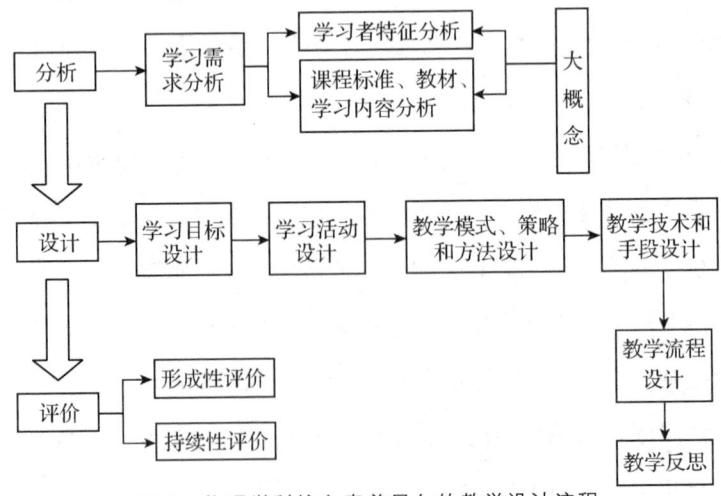

图 3　物理学科核心素养导向的教学设计流程

一、分析

分析过程是教学设计的基础，通过对课程标准、教材、学习内容等的分析，以及对学习者特征的分析，形成大概念或核心概念。

1. 课程标准、教材、学习内容分析

课程标准是教学实施的纲领性文件，教师在进行教学设计时应认真研读课程标准，包括课程标准解读，深入领会课程标准的理念和要求。要深入研究教材，领会教材的编写意图，基于教材，开发教材。学习内容分析是教师深化对该课题所涉及的物理知识及其建构过程的理解，挖掘该课题对于学生发展物理学科核心素养的教育价值，要将该课题学习内容作为一个整体，放在物理学知识体系和科技、社会应用的大框架中，从学生发展的角度分析其教学价值，形成适合学生学习的大概念或核心概念，便于学生把握物理本质。

2. 学习者特征分析

学习者特征分析要紧密结合教学内容分析进行，针对所学内容确定学生所处的初始状态是进行教学设计的基础。学生在学习过程中要基于已有的经验、知识和能力来建构新的知识，学习新的技能，他们所经历过的探究过程和学过的方法都会对后续学习产生影响，他们对教学内容的兴趣和对教学方式的态度也会影响新内容的学习。因此，学习者特征分析应包括：与新内容相关的生活经验和前概念；原有的知识、技能和能力发展水平；所经历过的科学探究过程和学过的方法；学生的兴趣及对教学内容、教师和媒体的态度；学生习惯的学习方式和总体特征等。

二、设计

设计环节是教学设计的核心，包含对学习目标的设计，对学习活动的设计，对教学模式、策略和方法的设计，对教学技术和手段的设计，对教学流程的设计。

1. 学习目标的设计

学习目标要依据课程标准、教材、知识内容与学情分析，尽量涵盖物理观念、科学思维、科学探究、科学态度与责任四个方面，并且用清晰规范的行为动词来表述，如知道、理解、能用、学会、经历等。

特别要注意的是，目标主语应是学生，尽量少用"通过……培养学生……"等类似表述，建议以"学生观察……""学生理解……""学生体验……""学生探究……"等陈述形式或以学生感兴趣的开放性问题的形式进行表达。最理想的方式是让学生参与学习目标的制订。

2. 学习活动的设计

学习活动是以理解为基础的意义探究型学习活动。学生在教师指导下，通过解释、举例、分析、总结、解决不同情境中的问题等在已有知识基础上的建构性的活动，获得对新知识的理解。

学习活动的主要特征：①与学习目标相契合；②让学生参与挑战性任务；③考虑学生的多种学习倾向；④有指导地探究；⑤表现思考的结果；⑥系统设计。

学习活动的关键是问题解决的过程，也是问题解决策略的选择过程，要让学生利用所学知识解决实际问题。活动情境设计要具有挑战性和趣味性，能够激发学生持续探究的兴趣，并让学生获得成功的体验。要考虑学生的多种学习倾向，学习活动设计呈现低结构特点，能够满足共性与个性的需求。关注学生多元智能的倾向，通过考虑学生的多元智能来设置不同的学习活动切入点，鼓励学生以多种方式表达对知识的理解。给学生提供思考与讨论的时间和空间，便于其深度加工。

3. 教学模式、策略和方法的设计

在选择教学模式、策略和方法时，首先要根据学习目标、学生实际和教学条件确定教学模式。选择教学策略时要根据学生的特征，从学生的初始状态入手，分析学生要达到目标状态可能经历的典型路径，深入地了解学生的思维，分析通过哪些学习活动(如观察现象、分类、动手实验、解释、建模等)有助于学生对概念的理解。在具体方法的选择上，要根据学生情况进行，如果学生已有充分的直接经验，可以采用讨论法，充分利用学生资源，引导学生通过相互质疑，澄清模糊概念；如果学生在思维方法上存在困难，可以采用讲授法，教师使用恰当的教学语言作出示范，进行解释说明，使得学生可以理解和接受，从而逐步发展相应的能力。

4. 教学技术和手段的设计

为了达成学习目标，需要在学习活动中，采取一定的教学手段，包括教学媒体、教学技术、教学资源的开发等。数字媒体已成为物理学习的重要课程资源，物理教学要积极利用已有数字媒体，主动开发适合教学、提高教学质量的产品，拓宽物理学习的途径，促进物理教学方式改革。

5. 教学流程的设计

教学过程中各个环节之间的设计，要符合课堂教学内在逻辑（情境导入、问题探究、总结应用、迁移创新），符合学生的认知发展规律（由低到高、由已知到未知）。

在物理教学中，要重视学生的思考与讨论，鼓励学生主动提出问题，而不只是被动地回答问题。学习金字塔是美国缅因州国家训练实验室的研究成果，它用数字形式形象地显示了：采用不同的学习方式，学习者在两周以后还能记住内容的多少（平均学习保持率）。这种现代学习方式的理论最早是由美国学者、著名的学习专家爱德加·戴尔于1946年发现并提出的，如图4所示。

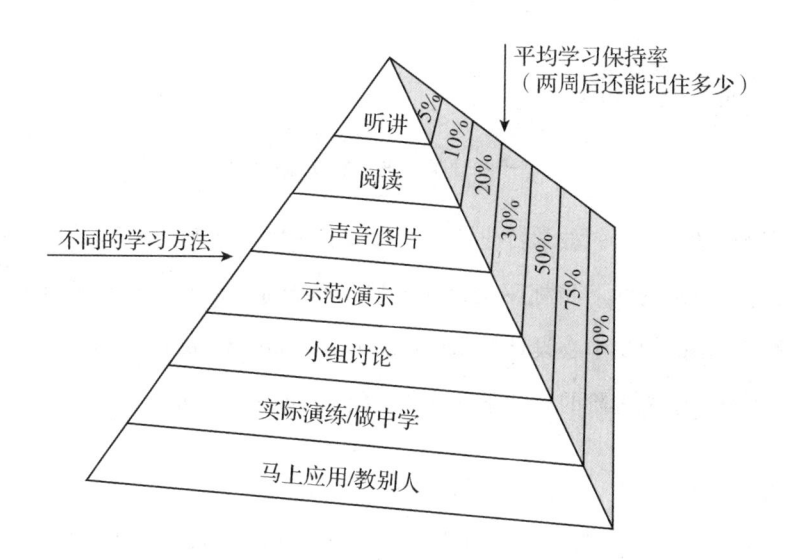

图 4 学习金字塔

基于学习金字塔理论，结合物理教学实践，物理教学方式可以按照以下顺序不断优化：教师列举实例进行讲解→让学生列举实例→展示联系生活、社会的图片→演播联系生活、社会的视频→展示实物并进行演示→学生操作体验→学术性问题或任务→经历创造性解决实际问题的过程。因此，为更好地组织实施物理学科核心素养导向的物理教学，物理教学方式可以采用讲授型、实验演示型、实验探究型、问题驱动型、任务驱动型等。

北京师范大学郭玉英教授长期致力于物理学习进阶的研究，提出了基于从知识到能力再到素养发展的进阶教学转化模型[①]，如图5所示。

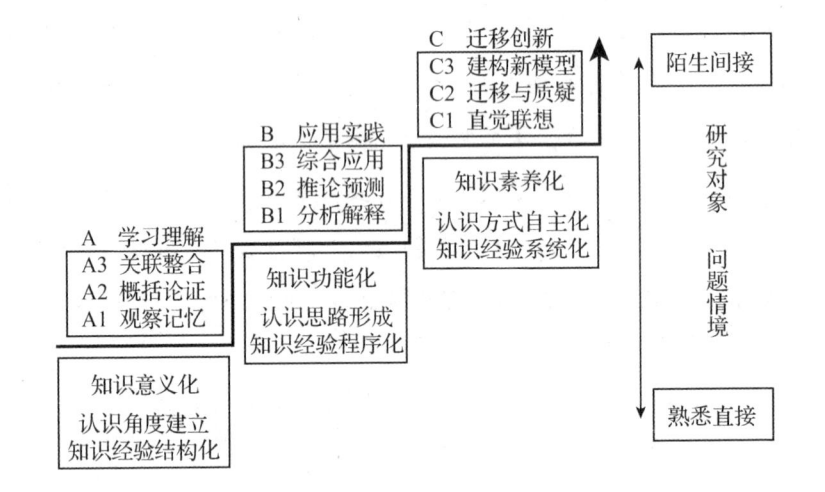

图5 基于物理学习进阶的教学转化模型

基于物理学习进阶的教学转化模型，借鉴了一些面向科学学习的设计理论，如科瑞柴克等人提出的学习目标驱动设计模型（Learning-Goals-Driven Design Model）、佩莱格里诺提出的构造中心设计模型（Construct-Centered Design Model）等。郭玉英等人开发了基于学习进阶的教学系统设计模型[②]，如图6所示。

---

① 郭玉英，姚建欣，张玉峰.基于学生核心素养的物理学科能力研究[M].北京：北京师范大学出版社，2017.

② 郭玉英，姚建欣.基于核心素养学习进阶的科学教学设计[J].课程·教材·教法，2016(11)：64-70.

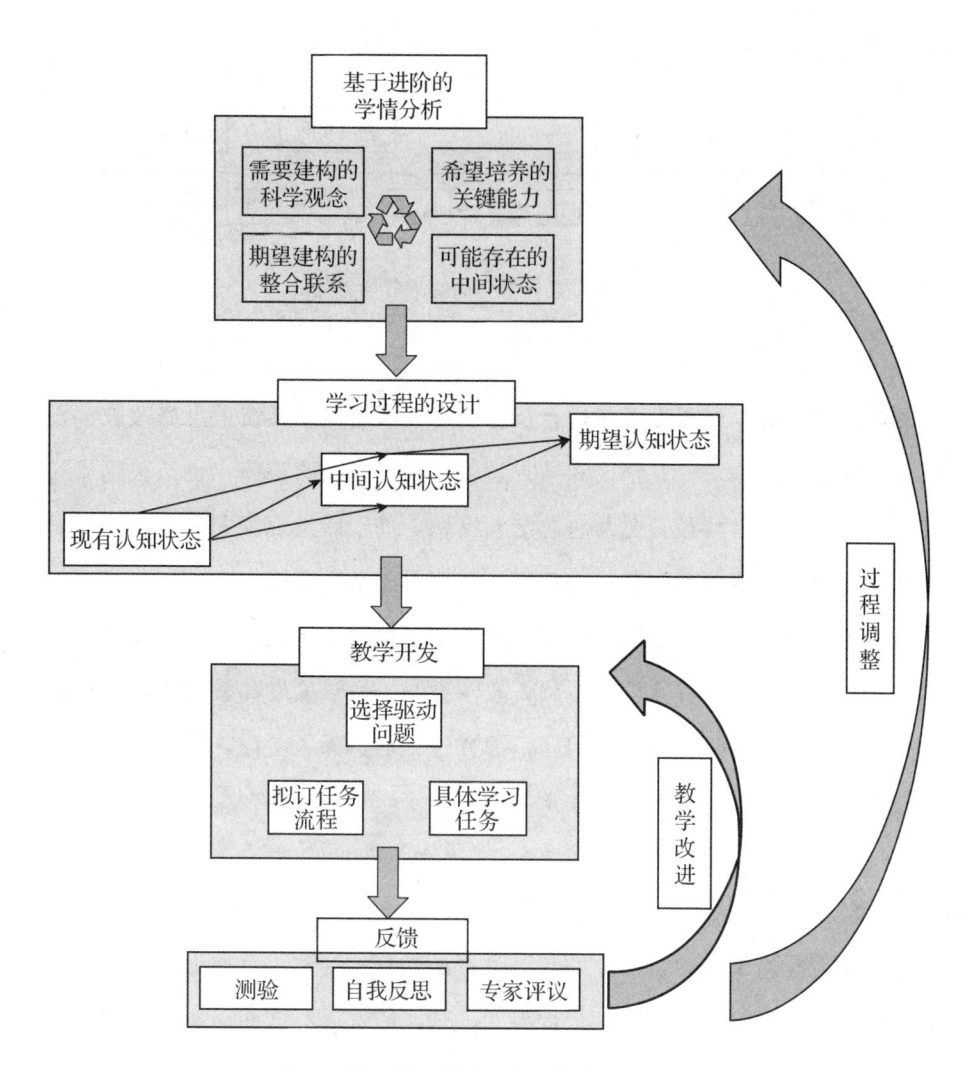

图6　基于学习进阶的教学系统设计模型

对于物理教学的内容，不但要关注物理内容的科学成分，更应关注和挖掘蕴含在物理知识里面的教育价值。基于新课程标准的理念和教学要求，核心素养导向的物理教学设计，应突出以学生为主，以物理知识为载体，深入挖掘物理知识中所蕴含的物理学科核心素养，通过问题引领，使学生得到全面发展，因此在教学设计中应重点关注：以情境引问题、以问题导探究、以探究促结论、以结论促应用、以应用促创新。借鉴郭玉英教授的学习进阶理论，结合物理教学的特点，物理学科核心素养导向的教学设计提倡如图 7 所示的教学路径。

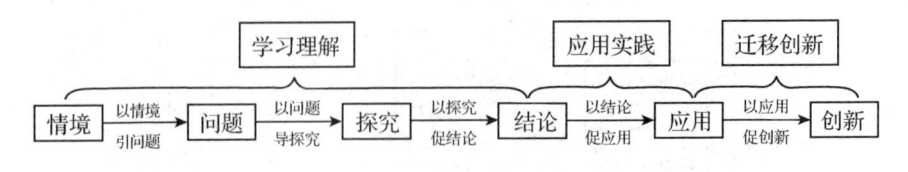

```
        ┌──── 学习理解 ────┐              应用实践      迁移创新
  情境 ──以情境── 问题 ──以问题── 探究 ──以探究── 结论 ──以结论── 应用 ──以应用── 创新
        引问题         导探究         促结论         促应用         促创新
```

图 7　核心素养导向的物理教学路径

6. 教学反思

教师需要在教学过程中不断进行反思，每节课后根据反馈信息修改教学设计中的各个部分，这是对课堂预设和结果是否具有一致性的检验，也是教师成长的关键环节。上完课后，教师要及时总结和反思，基于课堂观察和评价反馈，对教学内容和过程进行修改和完善，使其更有效地促进学生发展。

反思可以重点关注：情境的设置是否符合学生的认知规律，活动的设计与实施情况是否顺利，学习目标是否达到，教学方法、教学策略和教学手段的选择和应用是否有效，学生是否提出了问题，探究过程是否深入参与，等等。要从教学的全过程进行反思，并提出今后教学的改进建议。

三、评价

学生是否提出了问题，学生的知识是否是其自主构建、自然形成的？是否从初始状态达到了目标状态？学生是否得到了全面的发展？这些问题的答案都需要通过评价来完成。可以通过适时、适当的评价来获取证据，有效教学需要及时反馈、及时调整。评价的方式可以是多种多样的，可以是师生对话、交流的方式，也可以采用学案的方式，包括通过观测、测试、作业等各种手段，评价的目的在于教师改进教学，更好地促进学生的发展。评价过程可分为形成性评价和持续性评价。

1. 形成性评价

形成性评价是相对于传统的终结性评价而言的，是在教师教学和学生学习的过程中，为了调节和完善教学活动、引导教学过程正确而高效地推进而对学生学习结果和教师教育效果采取的评价，是为了了解学生的学习情况，及时发现教学中的问题而进行的评价，是对学生日常学习过程中的表现、取得的成绩以及反映出的情感、态度、策略等方面的发展作出的评价，是基于对学生学习全过程的持续观察、记录、反思而作出的发展性评价。

形成性评价的目的是在教学活动过程中，通过收集相关信息及时了解教学进程和效果，并将相关问题和建议进行即时反馈，以便教师随时调整教学计划、改进教学方法，调整、完善、改进教学活动。同时，通过形成性评价激励学生学习，帮助学生有效调控自己的学习过程，使学生获得成就感，增强自信心。

形成性评价通常关注一堂课，可分为确立学习目标和评价标准、寻找学习证据、解释证据、确定差距、给予反馈、调整教学以适应学习需求、帮助学生缩小与学习目标之间的差距等环节。学习目标确定了学生在课堂上学什么，评价标准确定了学生怎么学，是学生的学习指南。在确立了学习目标和评价标准之后，教师使用各种策略（如前测、后测、预设问题、观察学习活动等）获得有关学习证据，并将其与评价标准相比较，确定学生学得怎么样：学生理解了什么，哪些概念理解错误，学生掌握或尚未掌握哪些知识、获得或还未获得哪些技能，等等。在学习的过程中，学生也可以根据评价标准来调整学习策略，以达成学习目标。

2. 持续性评价

持续性评价是长期、持久性的评价，是在整个课程的教学过程中，对学生所表现的情感、态度、能力和学习策略，掌握知识和学习内容的水平及表现出的发展潜能进行的综合性评价。由于持续性评价是贯穿于课程的整个教学过程中，从不同阶段、不同层次，全面、真实地对学生进行评价，因此持续性评价可避免终结性评价的偶然性和投机性。

第Ⅱ部分

高中物理教学设计案例

第四章 必修1部分教学设计案例

匀变速直线运动的速度与位移的关系

天津市耀华中学 陈梅宗

一、教学内容分析

《匀变速直线运动的速度与位移的关系》是《普通高中物理课程标准(2017年版)》必修课程必修1模块中"机械运动与物理模型"主题下的内容,内容要求:通过实验,探究匀变速直线运动的特点,能用公式、图像等方法描述匀变速直线运动,理解匀变速直线运动的规律,能运用其解决实际问题,体会科学思维中的抽象方法和物理问题研究中的极限方法。《普通高中物理课程标准(2017年版)解读》对该内容的解读:匀变速直线运动的特点是速度随时间均匀变化,其 $v\text{-}t$ 图像是一条直线,这个知识点的教学需要通过实验完成。匀变速直线运动共涉及五个物理量:初速度、加速度、时间、位移、末速度。对于一个匀变速直线运动过程来说,初速度和加速度是确定的,时间、位移、末速度是三个变量,这三者中的任意两个之间,都存在相互制约的关系,这就是匀变速直线运动的规律,它们既可以用公式描述,也可以用图像描述。匀变速直线运动是一种理想模型,是对质点运动特征的一种抽象认识。生活中很多实际的运动,如果跟理想的匀变速直线运动比较接近,则可以近似地应用匀变速直线运动的规律来处理。

匀变速直线运动中速度与位移的关系是匀变速直线运动的三个基本规律之一，学生掌握了速度与位移的关系，不仅对匀变速直线运动的规律有进一步的认识，而且对与运动相关的生活现象的理解有很大的帮助。本节内容是在对已知运动规律的理论分析基础上，充分理解运动的规律和意义，内化推理论证的科学思维方法。学生通过本节课的学习，能够明确公式的数学推导和实验验证过程，了解物理规律得出的一般方式，从而培养探索精神，强化数学工具的应用能力。本节学习内容与生活实际密切相关，可以培养学生应用所学物理知识解决实际问题的能力，充分发挥物理学科的教育功能。

二、学情分析

学生已经对匀变速直线运动中速度随时间的变化规律、位移随时间的变化规律有了比较深刻的认识，学生由此运用数学方法推导出速度与位移的关系并不十分困难。学生虽然具有将物理原理与实际问题相联系的意识，但从具体问题中提炼出物理知识的能力还有待提高，因此需要在这方面加以指导。另外，刚进入高中的学生对于从不同视角分析物理问题的方法不够熟悉，尤其对于用图像描述物理量之间的关系的方法不适应，需要教师加强引导。因此，本节的学习关键在于让学生领会从物理学的视角认识客观事物的本质属性、内在规律及相互关系的方式，使学生对问题的分析更加细致和深入，应用规律解决问题时更加得心应手。

三、教学目标

1. 学生通过实例分析，理解探究速度与位移关系的必要性，运用已有知识推导出匀变速直线运动的速度与位移的关系，促进物理观念的形成。

2. 学生掌握匀变速直线运动的速度与位移的关系，并能理论结合实际，运用规律分析简单的问题。

3. 学生经历分析与研究的过程，从表达式和图像两个方面形成对速度与位移关系的完整认识。

4. 学生体会将实际问题抽象为物理模型的物理方法，能够运用匀变速直线运动的速度与位移的关系分析解释现象、解决实际问题。

四、教学重难点

教学重点：匀变速直线运动中速度与位移的关系的公式推导、实验验证和实际应用。

教学难点：应用匀变速直线运动的速度与位移的关系解决实际问题。

教学方法：讲授法、小组合作法、探究法、导学法、实验法、练习法。

教学用具：运动传感器、DataStudio 软件。

五、教学流程

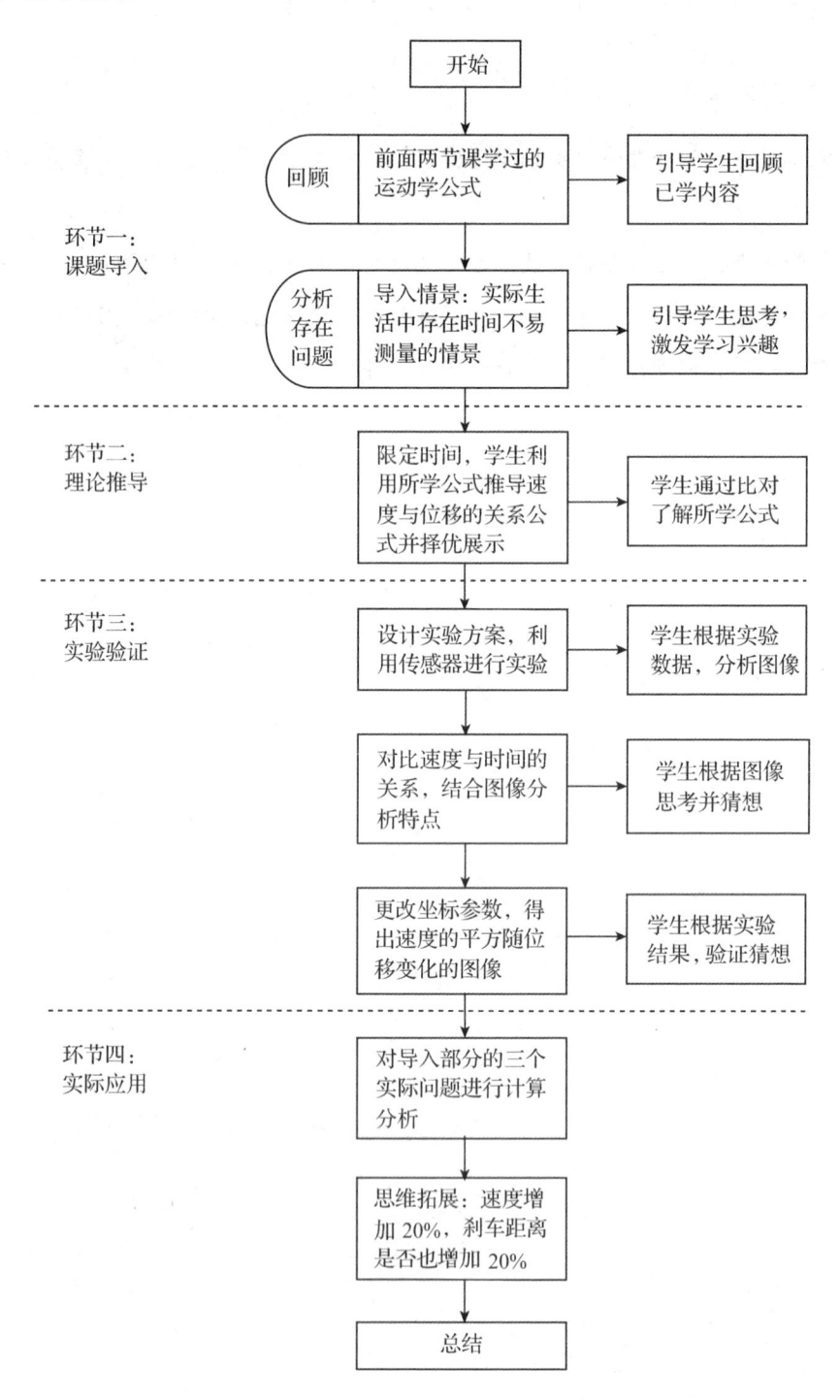

```
                          开始
                           │
                           ▼
环节一：       ┌─回顾─┐  前面两节课学过的  ──→  引导学生回顾
课题导入             运动学公式              已学内容
                           │
                           ▼
              ┌─分析─┐  导入情景：实际生   ──→  引导学生思考，
              │存在 │  活中存在时间不易         激发学习兴趣
              │问题 │  测量的情景
                           │
- - - - - - - - - - - - - -│- - - - - - - - - - - - - - - -
                           ▼
环节二：              限定时间，学生利
理论推导              用所学公式推导速   ──→  学生通过比对
                     度与位移的关系公         了解所学公式
                     式并择优展示
                           │
- - - - - - - - - - - - - -│- - - - - - - - - - - - - - - -
                           ▼
环节三：              设计实验方案，利   ──→  学生根据实验
实验验证              用传感器进行实验         数据，分析图像
                           │
                           ▼
                     对比速度与时间的
                     关系，结合图像分   ──→  学生根据图像
                     析特点                   思考并猜想
                           │
                           ▼
                     更改坐标参数，得
                     出速度的平方随位   ──→  学生根据实验
                     移变化的图像             结果，验证猜想
                           │
- - - - - - - - - - - - - -│- - - - - - - - - - - - - - - -
                           ▼
环节四：              对导入部分的三个
实际应用              实际问题进行计算
                     分析
                           │
                           ▼
                     思维拓展：速度增
                     加 20%，刹车距离
                     是否也增加 20%
                           │
                           ▼
                          总结
```

六、教学过程

环节	情境	问题	教师活动	学生活动	设计意图	学生发展
实例导入	展示子弹在枪膛中运动的示例,子弹在枪膛中的运动可看作初速度为零的匀变速直线运动。	我们前面已经学习了速度与时间的关系,为什么还要学习位移与速度的关系?	展示图片,提出问题:根据前面的关系式,要求出子弹出膛速度 v,还需要测出什么物理量?并说出依据。引导学生进行分析。	学生根据给定的情境思考并回答提出的问题。在生活中用秒表可以测量时间,但是用秒表测量子弹在枪膛中运动的时间显得有些力不从心。思考:既然时间不好测,哪一个物理量容易测量呢?应该是枪筒的长度。	通过创设情境,激发学生的兴趣,让学生感受实例与知识的关联,提升把握情境与相关知识的意识和能力。	复习回顾,了解新旧知识之间的联系,通过比子弹在长枪筒中的运动时间更方便于测量子弹在枪筒中的运动,实,课堂对本节探究的学习兴趣,增强理论与实际相联系的意识。
	交警到现场处理撞车事故,需要确定事故发生前车辆的行驶速度。	交警测出刹车距离后,如何才能知道汽车是否超速呢?	展示图片,提出问题:利用原有的知识求出汽车刹车前的速度?并说出依据。引导学生进行分析。	思考:此时交警不能回到事故发生现场测出车辆的运动时间,那么,有什么物理量是现在可以测量的?	在子弹出枪筒的速度的基础上,进一步分析高中视角的描述和解释物理现象与运动有关的问题,提升学生从情境中发现和提出问题的能力。	通过对两个实例的分析,能够从物理视角描述和解释与运动有关的问题,将物理知识与实际问题相联系。

43

续表

环节	情境	问题	教师活动	学生活动	设计意图	学生发展
实例导入	航母上的舰载机的跑道上达到起飞速度。	舰载机如何在航母较短的跑道上成功起飞？	展示图片，提出问题：航母上的跑道是有限的，舰载机如何能达到起飞速度？引导学生进行分析。	思考：对于舰载机起飞来说，位移还是时间更重要？得出结论：很多实际问题中，时间不便于测量，无法测量或者无需考虑，这时候都需要紧密联系速度与位移的关系。	在前两个实例分析的基础上，进一步提高分析的要求，要求学生能够准确描述、分析运动实例。	通过对三个实例的分析，能够从情境中提取有用的信息，并能结合实际需要从物理视角正确分析实际运动问题。
规律得出	利用学过的规律推导速度与位移的关系。	如何从已知规律出发，推导出速度与位移的关系？	提出问题：我们已经知道速度与时间的关系，能否从这两个已知的规律出发，推导出匀变速直线运动的速度与位移的关系呢？择优展示学生的推导过程。	应用速度—时间关系和位移公式，推导速度与位移的关系的特点。 $v=v_0+at,$ $t=\dfrac{v-v_0}{a}$ $x=\dfrac{v_0+v_t}{2}\times\dfrac{v-v_0}{a}$ $=\dfrac{v^2-v_0^2}{2a}$ $v^2-v_0^2=2ax.$	利用自主推导，帮助学生了解科学内容的关系。通过推理得出结论，并熟悉所论公式。	将实际问题中的对象和过程模型化为物理模型，基于已学内容得到速度与位移的关系，培养科学推理和科学论证素养。

44

续表

环节	情境	问题	教师活动	学生活动	设计意图	学生发展
思维拓展：视速度的图像表示	根据速度与位移的关系式，尝试用图像法表达速度与位移的关系。	速度与位移的关系图像是一条直线吗？	提出问题：匀变速直线运动的速度随时间是均匀变化的，或者说速度-时间图像是一条倾斜的直线。现在根据推导出的速度-位移关系表达式，分析速度与位移图像是不是一条倾斜的直线。	观察对比公式的异同，结合数学知识分析思考得出关系结论：速度与位移的关系图像不是直线，也就说明速度与位移不是成正比例关系。	引导学生在物理学习中运用公式法和图像法两种数学分析方法，培养科学论证和质疑创新精神。	分析公式特点，提出速度与位移是否成正比的问题，依据物理方程作出初步的猜想。
规律的实验验证	实验：用传感器采集小车沿斜面向下运动的数据，生成速度与位移的图像。	如何设置坐标轴所表示的物理量验证速度与位移的关系呢？	演示实验：通过传感器演示匀变速直线运动。得出说明小车确实是做匀变速直线运动。再测出v-x图像（不是直线）。	观察实验图像，在确认小车做匀变速直线运动的基础上，观察v-x图像（不是直线）。思考分析，纵坐标应该为与横坐标物理量呈什么关系呢？通过思考得出较为合理的假设。	指导学生使用简单的器材收集数据，并对数据进行初步整理，使图像加深对公式和物理量之间联系的理解；引导学生从不同角度分析物理量间的关系。	结合公式，根据器材设计实验方案，能对实验结果进行解释；能够积极主动与他人交流成果，讨论问题。
	作出v^2-x图像。	图像会是什么样子呢？	将横坐标轴仍然设定为位移，纵坐标改为速度的平方。作出倾斜的v^2-x图像（是一条倾斜的直线）。	思考：v^2-x图像是一条直线，说明了v^2与x成一次函数关系。如果一次函数是零，v^2应与x成正比。		

续表

环节	情境	问题	教师活动	学生活动	设计意图	学生发展
归纳总结	从时间和空间两个维度分析匀变速直线运动的特点。	匀变速直线运动的速度变化规律体现了什么特点？	引导学生对比分析：速度与时间关系、速度和位移公式两个图像体现了速度的什么特点。	分析对比后总结得出：对于匀变速直线运动，从时间的角度均匀变化的是速度，随时间均匀变化的是速度，随位移均匀变化的是速度的平方。	引导学生从不同角度理解匀变速直线运动，基于实验结论和理论总结。	通过从时间和空间两个维度进一步分析物理量之间的关系，增强对物理量变化关系对匀变速直线运动理解的认识，加深对匀变速直线运动的理解，提升从多角度分析问题的能力。
规律应用	应用公式解决实际问题。	将规律应用到实际生活中解决问题时，需要注意些什么？	展示例题，提出问题。 1. 有一段航空母舰与"辽宁号"航空母舰的对话，请大家仔细阅读提取有用信息，想办法解决舰载机给"辽宁号""提出的"难题"。"辽宁号"：我个头儿有限，你能不能用短点儿的跑道起飞？ 舰载机：我也想啊，可是我的加速度和速度都没法改变。 2. 射击时，火药把子弹在枪筒中的运动看作匀加速直线运动，子弹加速度是 $a=5\times10^5$ m/s², 枪筒长 $x=0.64$ m，计算子弹射出枪口时的速度。	分小组自由讨论并求解问题。 1. 根据 $v^2-v_0^2=2ax$ 可知，在 x 一定的情况下，要增大末速度 v, 可选择提高初速度 v_0 或增大加速度 a，比如可以采用弹射起飞方式。 2. $v^2-v_0^2=2ax$, $v^2=2\times5\times10^5\times0.64$, $v=800$ m/s。	引导学生熟悉关系式解决实际问题；能在实际问题中的过程转换将实际对象和过程模型化。	能在熟悉的问题情境中应用所学物理模型；能在比较简单的物理问题中进行分析和推理，获得结论。

46

续表

环节	情境	问题	教师活动	学生活动	设计意图	学生发展
学生活动	分组讨论的枪管长短枪支区别及其原因。	为什么海军士兵所配的枪支枪筒短？	引导学生观察陆军方队和海军陆战队的图片，分析陆军和海军士兵所配的枪支有什么不同，然后找出原因。	分小组讨论并总结：陆军士兵所配枪支的枪筒长，根据膛内公式可知，威力大，射出速度大，对于海军主要用于舰艇或者要求不高，故而采用短枪筒以方便携带，同时短枪筒比较适用于舰艇内部狭小的空间。	留出学生想象的空间，让学生的思维相互碰撞，并通过交流和分析拓展思维。	针对开放性问题，能将实际与所学知识中的对象转换成所学的物理模型；能对综合性物理问题进行分析和推理，获得结论并作出解释。
实际应用	刹车问题。	匀变速直线运动的速度与位移的关系在实际生活中有什么应用？	提出问题： 1. 我们经常发现路边设有限速牌。为什么要限制行车速度？ 2. 汽车超速20%，刹车距离也增加20%吗？	分析结果并得出结论： 1. 车辆行驶的速度越大，情况下就容易出现交通事故。在视线和行车受限范围内必须限制行车速度，以保证紧急刹车时的安全。 2. 根据 $v^2 - v_0^2 = 2ax$，$v = 0$，$x = -\dfrac{v_0^2}{2a}$，车辆初速度变为原来的1.2倍时刹车距离变为原来的1.44倍并不是只增加20%。	提高学生自主分析能力，加深对速度随位移变化的特点的理解。引导学生运用所学方法对问题进行分析并作出合理解释。	加深理解所学的物理规律，综合应用所学知识解决实际问题，正确解释生活现象。
总结并布置作业	课堂总结。	本节课学习的重点以及意义是什么？	引导学生努力学习物理知识，突出物理学科的特点和重要作用。	总结通过本节课的学习有哪些收获。	突出物理在实际生活中的意义，激发继续学习物理的热情。	对课堂内容进行交流、评估和反思，形成科学的态度和高度的社会责任感。

七、板书设计

匀变速直线运动的速度与位移的关系

一、理论推导

公式：$v = v_0 + at$

$x = v_0 t + \dfrac{1}{2} a t^2$

速度与位移的关系：$v^2 - v_0^2 = 2ax$

二、实验演示

结论：速度的平方随位移均匀变化

三、实际应用

1. 适用于已知量和未知量都不涉及时间的问题
2. 先建立坐标系，明确正方向，再确定矢量的正负并代入数值计算

八、教学反思

根据《普通高中物理课程标准（2017年版）》对教学内容的要求，在《匀变速直线运动的速度与位移的关系》的设计中，着重于运动与相互作用观念、科学推理、科学论证、科学探究等核心素养的养成。教学过程中先从已知公式入手，通过公式推导，再结合实验演示得出结论，最后结合生活实际，引导学生利用所学知识解决实际问题，进一步培养科学态度与责任。

具体教学上，本节课在设计过程中首先引入多个生活实例，突出体现探求速度与位移的关系的必要性，同时用学生熟悉的情境引入课题，也更容易激发学生的思维，调动学生学习的积极性。至于公式推导的过程，则完全交由学生自主进行，并择优展示。实践证明，学生很轻松就完成了任务。课堂的重点则顺利转移到对于公式本身特点的分析与讨论上。利用传感器采集数据的便捷和计算机处理的时效性，通过展示各种数据关系，既复习了速度随时间变化的关系图像，也通过坐标图内容的变化一步一步引导学生通过对比得出结论。本来对于学生来说很

难理解的关系，通过直观的实验图像进行展示，加深了学生对结论的理解，取得了很好的效果。最后回顾课题导入部分的问题，现场设置条件，让学生利用本节课所学的关系式进行分析计算，并进行一定的拓展讨论，既强化了公式的应用，又突出了本节课学习内容在实际生活中的意义，激发学生继续学好物理的热情。

从最终的教学效果看，本节课充分体现了物理学科核心素养的要求，潜移默化地提升学生的"物理观念""科学思维""科学探究"和"科学态度与责任"四个方面的素养。另外，设计中还有一些不足，个别问题在设计时对学情的把握不够精准，仍然需要进一步完善。

弹力

天津市耀华中学　赵　津

一、教学内容分析

《弹力》是《普通高中物理课程标准(2017年版)》必修课程必修1模块中的"相互作用与运动定律"主题下的内容，内容要求：认识弹力，通过实验，了解胡克定律。调查生产生活中所用弹簧的形状及使用目的，制作一个简易弹簧测力计，用胡克定律解释其原理。《普通高中物理课程标准(2017年版)解读》对该内容的解读：初中已经学习了弹力，高中物理对物体受力分析的要求高一些。高中课程对弹力的理解，应该和受力分析的需要相吻合。课程标准要求"通过实验，了解胡克定律"，这里所指的实验，是学生实验。课程标准已经明确把"探究弹簧弹力与形变量的关系"列为学生必做实验。

弹力是接触力的典型代表，是后面学习摩擦力的预备知识，是以后正确进行受力分析的基础，是静力学和动力学所必需的预备知识，在高中物理课程中占有相当重要的地位。弹力在生活中有大量的实例，有利于学生结合生活经验进行学习。同时，弹力的教学也涉及了微小量放大这一基本的物理思想方法，有利于学生物理观念的提升。因此，本教学内容需要强调对实验的挖掘，以实验体验和实验探究作为整节课的主线，通过对实验的体验、观察、分析、归纳逐渐展开知识线索。

二、学情分析

学生通过初中阶段的学习，对弹性形变、塑性形变、弹性限度等概念有一定的了解，也对弹力有初步感性的认识和一定的理念基础，同时知道弹簧受到的拉力越大伸长量越大。

通过前面对"重力及相互作用"的学习，学生已经对力的作用效果有了一定的了解，因此在教学中要进一步帮助学生深化对弹力的理解，尤其是弹力产生的原因及条件、弹力方向的判定，这些是学生普遍感到难以把握的问题；弹力大小与形变量的定量关系是学生对弹力认识的进一步提升。

三、教学目标

1. 学生能够从具体的现象总结出弹力的概念、产生原因及产生的条件，会根据弹力的产生条件判断一些常见的力是否属于弹力，能从物理学视角描述和解释生活现象。

2. 学生通过体验和观察实验及对实验现象的分析，体会将微小量放大的方法，会判断弹力的方向，形成对弹力的完整认识，能正确画出物体所受弹力的示意图。

3. 学生通过实验探究理解弹簧弹力大小与形变量的关系，能够明确劲度系数的物理意义、单位及符号，尝试使用图像法进行数据处理，并能运用胡克定律解决实际问题。

4. 学生能够真实准确地记录实验数据，学习基于证据得出结论的方法，体会科学的精神和态度在科学探究过程中的重要作用，从而认识科学本质，逐渐产生探究自然的内在动力，形成严谨认真、实事求是和持之以恒的科学态度。

四、教学重难点

教学重点：弹力的概念，弹力的方向，弹力的大小与形变量的关系。

教学难点：弹力的概念，弹力的方向。

教学方法：讲授、启发式教学，实验探究，亲身体验。

教学用具：魔术球桶（自制）、底面为椭圆的柱状玻璃瓶、微小形变演示仪、弹力方向演示器（自制）、弹性绳（鞋带）、拉簧、压簧（自制）、橡皮筋。

五、教学流程

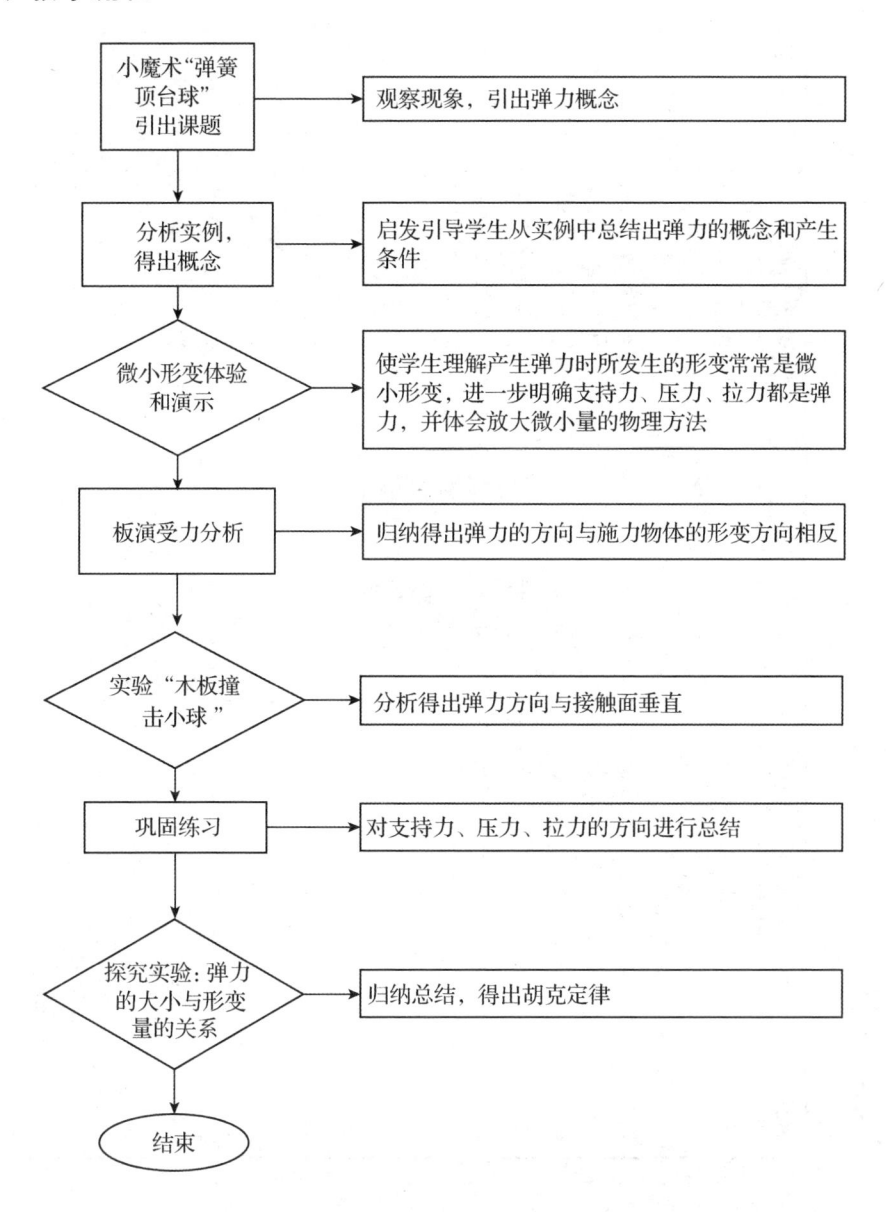

小魔术"弹簧顶台球"引出课题	观察现象，引出弹力概念
分析实例，得出概念	启发引导学生从实例中总结出弹力的概念和产生条件
微小形变体验和演示	使学生理解产生弹力时所发生的形变常常是微小形变，进一步明确支持力、压力、拉力都是弹力，并体会放大微小量的物理方法
板演受力分析	归纳得出弹力的方向与施力物体的形变方向相反
实验"木板撞击小球"	分析得出弹力方向与接触面垂直
巩固练习	对支持力、压力、拉力的方向进行总结
探究实验：弹力的大小与形变量的关系	归纳总结，得出胡克定律
结束	

51

六、教学过程

环节	情境	问题	教师活动	学生活动	设计意图	学生发展
创设情境，引入新课	小魔术"弹簧顶台球"：一个圆筒，筒口处有一个台球，将台球不断地升起来。拿一个台球夹走，又冒出一个台球；再拿一个台球夹走，又冒出一个台球……	为什么台球能一个一个源源不断地升起来？为什么每次拿一个台球夹走，又冒出一个台球呢？筒口有一个台球呢？	展示：小魔术"弹簧顶台球"，引导学生从受力角度分析原因。	仔细观察，认真思考，回答问题（通过认真思考，分析得出圆筒中一定存在弹簧。拿掉遮光纸，果然有一个弹簧）。	活跃课堂气氛，创设学习情境，激发学习弹力的兴趣。	通过观察发现教与学其中的自然奥妙，增强对物理现象与实际相联系的意识。
弹力概念和弹力产生的条件	用手压缩弹簧，同学们感受压缩的弹簧要恢复原状的现象。	压缩弹簧时，弹簧发生了形变吗？它能不能恢复原状？恢复原状吗？	通过一系列递进的问题，启发、引导学生从实例总结出弹力的概念。	用手压弹簧，观察和回答问题：发生形变的弹簧能不能恢复原状？（没有）它要恢复原状吗？（要）于是弹簧就对上面与之接触的手产生了弹力的作用。	运用实验激发学生的兴趣和求知欲，在亲自动手的基础上，通过递进的问题归纳总结弹力的概念。	通过对问题串的思考和解答，促进物理概念的形成、能力在头脑中的提炼与升华；能用简单和直接表达自己的观点。

52

第四章 必修1部分教学设计案例

续表

环节	情境	问题	教师活动	学生活动	设计意图	学生发展
弹力概念和弹力产生的条件	学生回答选进问题后，根据弹力的概念凝练出弹力产生要满足哪些条件。	要想产生弹力，应该满足什么条件？	指导学生由弹力概念入手归纳总结弹力产生的条件。	从弹力概念中挖掘关键词，得出弹力产生的条件：接触并发生形变。	在学生归纳出弹力的概念后，让学生抓住概念的本质，挖掘出弹力产生的条件。	能对比简单的物理现象进行分析和推理，获得结论；锻炼总结归纳的能力，让物理概念在头脑中提炼与升华。
回忆形变的种类并体会物体的微小形变	用较小的力拉弹簧和用很大的力拉弹簧并超过弹簧的弹性限度。	为什么超过一定限度，弹簧就不能恢复原状了？	在空中演示轻轻拉一下弹簧和重拉弹簧（超过弹簧的弹性限度），引导学生观察形变的两个种类。	观察实验现象，通过对比形变的不同，思考回答形变的种类：弹性形变和塑性形变。	通过实验现象能培养学生观察能力，引导学生对初中知识进行回顾。	通过对初中知识的回顾，了解初高中知识的关联，促进物理观念的提升；通过两次形变对比观察和对比，得到物理结论。
	底面为椭圆的柱形玻璃瓶，瓶中装有红墨水，瓶中插入细管，观察捏瓶子，观察玻璃管中液面高度的变化。	为什么捏瓶子时，玻璃管中的液面会有变化？为什么沿不同方向捏瓶子，液面高度的变化情况不同？	引导学生沿瓶子的长轴和短轴方向挤压玻璃瓶，观察玻璃管中液面上升或下降的现象。	用手挤压瓶子，感受瓶子的变化；用手分别沿瓶子的长轴和短轴方向挤压玻璃瓶，发现长轴方向玻璃管中液面下降，短轴方向液面上升。通过观察现象，判断出瓶子发生了形变，且撤去外力，液面恢复原来的高度。	运用生动有趣的实验使学生理解形变，发生形变产生所需力，压力，拉力，使学生体会放大微小量的物理方法。	通过"捏瓶子"实验，观察现象，分析现象产生的原因，加深对弹力的理解。

53

续表

环节	情境	问题	教师活动	学生活动	设计意图	学生发展
回忆形变的种类并分析物体的微小形变	将重物放到小桌上后，学生观察通过平面镜反射到墙上的光点位置的变化。	墙上光点的位置为什么会发生变化？	利用微小形变演示仪演示桌面微小形变，引导学生分析光点位置发生变化的原因。	通过观察现象，分析出原因是重物使桌面发生了微小形变，桌面上的平面镜转过一个小角度，激光束通过平面镜反射到墙壁上的光点位置发生了变化。	能够基于观察和实验提出物理问题，掌握放大微小量的方法。
分析弹力的方向	分析物体所受支持力的方向。	重物放到桌面上，桌面微小形变的方向如何？桌面要向哪个方向恢复原形状？	引导学生分析物体的支持力，在黑板上示范画出力的示意图。归纳得出弹力的方向与物体形变方向相反。继续引导学生画出物体对桌面的压力的方向。	思考一系列递进的问题。通过"弹力方向与物体形变方向之间的关系"，归纳出施力物体恢复原状时的弹力方向。动手画出支持力和压力的示意图，熟悉如何对物体进行受力分析。	通过压力与支持力方向的对比分析，得出弹力方向与形变方向之间的关系，从而使学生对弹力的认识逐渐加深。	通过对弹力的理解，画出概念的理解图，逐渐加深对弹力方向的认识；通过加深对支持力与压力产生的条件和方向的理解。
	介绍实验器材：台球，表面光滑的木块（两木块的顶角不同），表面撒有洗面奶的木板。	桌面的形变是微小形变，如何用实验探究弹力方向与接触面之间的关系呢？	展示并介绍提供的实验器材，引导学生利用实验经验及方案，探究弹力的方向与接触面之间的关系，组织学生分组探究。	注意到木板上面撒有洗面奶，利用"静止的物体，受力的方向与运动的方向一致"的特点，设计实验方案：用木块快速撞击台球，使面飞出时的方向，即弹力的方向）与台球的运动方向	运用生动有趣的实验与接触面垂直这个难点，并渗透运动状态变化一定由力产生的动力学思想。	能将"原来静止的物体所受瞬间作用力的方向与运动方向一致"的前认知进行迁移，并用基本器材进行探究，通过对现象的分析、归纳，得出结论。

54

第四章　必修1部分教学设计案例

续表

环节	情境	问题	教师活动	学生活动	设计意图	学生发展
分析弹力的方向	学生用手拉伸绳子（鞋带），体验绳子的收缩趋势，并分析绳子上弹力的方向。	绳子被拉伸后有收缩的趋势，方向如何？绳子上的弹力方向如何？	组织学生体验活动"对拉一拉"，引导学生分析归纳出绳子上的弹力方向。	用手拉伸绳子，体验绳子的收缩趋势，探究得出：绳子上的弹力方向沿绳子指向绳子收缩的方向。	让学生通过亲身感受，归纳出绳子上弹力的方向。	通过实验探究中，加强合作与交流，能陈述用物理学术语分析结果。通过结合生活经验应用物理知识完成探究任务，加强从物理学视角正确认识和解释自然现象的能力。
	学生练习画出接触面上的弹力方向。	这两幅图中各接触面上的弹力方向如何？	让学生主动手画出力的示意图，要求严格遵守画力的过程和分析方法。	根据实验结论画出两幅图中各接触面的弹力方向。	让学生根据所学结论尝试画出力的示意图。	通过对物体进行受力分析，强化对弹力方向的理解；加强利用物理知识解决问题的能力。
探究弹力大小与形变量的关系	展示不同的弹簧及橡皮筋，探究弹力大小与形变量之间满足什么关系。	弹力的大小和变量之间有什么关系呢？	展示三种不同弹性物质：粗弹簧和细弹簧、短悬挂下端的自制弹簧以及橡皮筋，引导学生探究弹力与形变量的关系。1. 想知道弹力与形变量的关系。2. 布置分组探究任务（怎样测量弹力的大小？怎样测量形变量？用什么）	1. 分小组探究弹性物质的弹力与形变量的关系（各小组物质不同）。2. 不同小组汇总实验结果，得出规律：在弹性限度内，弹簧的弹力与形变量成正比，即$F=kx$（胡克定律）。3. 探究橡皮筋的弹力与形变量关系的小组，得出形变量与弹力的关系。	使学生通过合作探究，交流分享，对弹力的大小与形变量的关系有全面的认识，知道胡克定律。	通过制订方案探究、分析数据，得出胡克定律的规律。通过数据获得规律的过程体会实验与数据的对比认识，记录真实实验数据，实事求是的精神和科学探究态度是科学在科学探究

续表

环节	情境	问题	教师活动	学生活动	设计意图	学生发展
探究弹力大小与形变量的关系		公式未处理数据并得到结论？ 3. 组织学生进行实验探究，探究不同弹性物质（拉簧、压簧、橡皮筋）的弹力与形变量的关系（通过大屏幕展示学生的实验结果）。		出橡皮筋的弹力随形变量的增大而增大，但与形变量不成正比。		中的重要性；在探究中提升合作交流能力。
回扣本节课开始的小魔术	从胡克定律的角度，对小魔术"弹簧顶合球"进行定量分析。	"弹簧顶合球"的小魔术中，对弹簧的劲度系数有什么要求？	提问：小魔术中需要恰好弹起合球，对于餐厅筒口，对弹起的高度有什么要求？展示餐厅中的暖盘车的图片，同时请学生分析暖盘车的物理原理。	思考分析，根据合球所受弹力大小，再结合每个合球的弹变量，计算出合球的直径，可好等于合球的形变量，计算出"弹簧顶合球"魔术中弹簧的劲度系数。分析出暖盘车的原理。	通过引入新课时的小魔术的回扣，使学生认识到了解胡克定律可以解决生活中的实际问题，认识到物理学是认识自然的方式之一。	通过暖盘车原理的分析，具有理论联系实际的意识，能将实际过程和对象转换成物理模型，对复杂的物理问题进行分析和推理，获得结论并解释，提升物理观念素养。
小结		通过这节课，你有哪些收获？	展示PPT，引导学生进行总结。	总结本节课的收获。	引导学生总结提升，使学生掌握物理知识的同时关注物理学习的方法。	学会提升对弹力概念和规律的深入理解；认识到在观察和实验基础上的建立性工作，有较强的创造性和研究兴趣；加强学习的交流与合作，提升物理的交流与合作能力。
布置作业	课后延伸	弹力和胡克定律在生活和生产中还有哪些应用呢？	提出问题，引发学生探究。	收集资料，了解弹力定律在生活和生产中的应用。	提升学生应用物理知识解释自然现象、解决实际问题的能力。	提升应用物理知识解决实际问题的能力，认识自然现象和规律，提升课外研究与探索能力。

56

七、板书设计

弹力

一、弹力的概念

　　1. 概念

　　2. 产生条件 $\begin{cases} 接触 \\ 形变 \end{cases}$

　　3. 几种弹力

二、弹力的方向

　　1. 弹力的方向与施力物体形变的方向相反

　　2. 弹力的方向总是垂直于接触面

三、探究弹力大小与形变量的关系

　　1. 在弹性限度内，弹簧弹力的大小跟弹簧的形变量成正比

　　胡克定律：$F = kx$

　　k——劲度系数，单位：N/m（反映了弹性体本身的特性）

　　2. 非弹簧

八、教学反思

1. 加强和改进实验教学，激发学生学习物理的兴趣

实验过程是学生积极观察、思考和探索的过程。通过实验，模拟物理知识发现的过程，让学生受到物理思想方法的教育。通过趣味、新奇的物理实验，激发学生的好奇心理，从而促使他们积极地思考。本节课中设计了多个学生实验、演示实验和自主探究实验，将原本较为抽象、枯燥的思维活动转化为生动、活泼、有趣的学习体验，锻炼学生基于观察和实验提出物理问题、形成猜想和假设、设计实验和制订方案、获取和处理信息、基于证据得出结论并作出解释，以及对科学探究过程和结果进行交流、评估、反思的能力。让学生在以小实验研究为载体

的研究性活动中，亲历知识形成的过程，帮助学生形成正确的物理概念，获得知识、能力和情感方面的提升和发展。

2. 巧妙设置问题，将课堂引向深入

学生学习中产生和提出的问题是将学习引向深入的重要渠道，从引入新课到课后小结，尽力设计适当的问题情境，引发学生产生问题，激发学生的求知欲，培养学生从物理视角认识客观事物的本质属性、内在规律及相互关系。

3. 培养学生自主探究和合作学习的能力

本节课注重物理与生产、生活的联系，从学生身边或社会实践活动中选取典型的素材，紧密结合学生已有的生活经验，使抽象的物理概念变成生动形象的认知对象，从而有效地降低了学习难度。注重学生认识科学本质，逐渐形成探索自然的内在动力，形成严谨认真、实事求是和持之以恒的科学态度。

摩擦力

北京市昌平区第二中学　朱琴

一、教学内容分析

《摩擦力》是《普通高中物理课程标准(2017年版)》必修课程必修1模块中的"相互作用与运动定律"主题下的内容，内容要求：认识摩擦力。知道滑动摩擦和静摩擦现象，能用动摩擦因数计算滑动摩擦力的大小。《普通高中物理课程标准(2017年版)解读》对内容的解读：初中物理已经学习了摩擦力的初步知识，高中物理对物体受力分析的要求更高一些。高中物理课程对摩擦力的理解，应该和受力分析的需要相吻合。在初中"影响滑动摩擦力的因素"知识的基础上，把滑动摩擦力跟接触面性质的关系上升为定量要求，要求知道动摩擦因数的概念，能用公式 $F_f = \mu F_N$ 来计算滑动摩擦力的大小，并理解公式中的 F_N 是接触面的压力，属于弹力的性质。关于静摩擦现象，应该知道最大静摩擦力的概念。

《摩擦力》既是受力分析的基础，也是后面处理物体的平衡和动力学问题所必需的知识，是力学的基础。若学生对该内容掌握不好，将直接影响后面学习牛顿运动定律的应用、动能定理的应用，以及摩擦力做功与产生的内能的关系等知识。摩擦力的有无、方向的判断、大小的计算，对学生来说都是难点，也是高中物理的难点之一。研究摩擦力时，首先研究摩擦力产生的条件，只有理解相对运动趋势，区别运动和相对运动的概念，学生才能判断摩擦力的有无，进而判断摩擦力的方向，进一步研究摩擦力的大小。

因此，教师在帮助学生理解相对运动趋势、区别运动和相对运动的概念、理解最大静摩擦力大于滑动摩擦力的教学中，通过演示实验把相对运动趋势显性化，把物体的运动和相对运动方向进行分离，通过传感器记录的摩擦力图像显示最大静摩擦力和滑动摩擦力的大小，使抽象概念和规律通过具体的实验现象和数据图像展示在学生面前。

在探究滑动摩擦力的大小和哪些因素有关的教学中，教材中设计的实验是通过弹簧测力计水平拉动滑块使滑块做匀速直线运动，从而得出滑动摩擦力的大小等于弹簧测力计示数。这种理论上可行的办法在实际操作中很难完成。教师通过自制教具很好地创新了实验，当堂课利用 Excel 表记录数据，定量分析数据，建立图像，得出结论，真实再现探究的全过程。

二、学情分析

摩擦力是生活、生产中最常见的力，学生在生活中接触到大量有关摩擦力的现象和问题，这是本节课的主要资源。学生虽然对摩擦力较熟悉，但对摩擦力的认识和理解还停留在生活经验上，或者有错误的认识，如学生通常会认为运动方向和相对运动方向是一回事，静止的物体受到静摩擦力，运动的物体受到滑动摩擦力。这些前概念为摩擦力的教学带来了一定的困难。

在学习摩擦力之前，学生在初中学过什么是摩擦现象及摩擦的分类、影响滑动摩擦力大小的因素、静摩擦力等简单知识，学习了常见的重力和弹力，知道二力平衡，使本节课的学习有一定的知识储备。

高一学生的情感和心理已处于趋向成熟的阶段，学生已有初步的比较和分类、分析和归纳、具体和抽象的思维能力，能把感性认识上升到理性认识，具备了一定的分析问题、解决问题的能力及对问题进行反思的能力，这为本节课的学习做好了能力准备。

高一学生对摩擦力具有比较丰富的感性认识，对做物理实验兴趣较高，但他们学习高中物理时间不长，思维的深度有限，对实验的目的性理解也不强，特别是对如何设计实验方案，如何处理数据，需要教师做较全面的指导。

本节课通过实验探究和对实例的分析，使学生彻底消除错误认识，真正理解摩擦力。

三、教学目标

1. 学生观察演示实验，联系生活情境，理解静摩擦和滑动摩擦现象、静摩擦力和滑动摩擦力的产生条件、最大静摩擦力与滑动摩擦力之间的关系，了解动摩擦因数的影响因素。

2. 学生经历静摩擦力的大小的实验探究，掌握静摩擦力的最大值及其变化范围；探究滑动摩擦力大小的影响因素，总结出滑动摩擦力的计算公式 $F_f = \mu F_N$，并会用其计算滑动摩擦力的大小。

3. 学生经历系列探究活动的过程中，体会突出主要因素、忽略次要因素的思维方法。

4. 学生通过系列探究活动，体验科学探究的过程，体会从实验中发现规律的乐趣，领悟科学探究中尊重事实、大胆猜想、严格求证的科学态度。

四、教学重难点

教学重点：静摩擦力和滑动摩擦力的产生条件；静摩擦力和滑动摩擦力方向的判断；滑动摩擦力大小的计算。

教学难点：静摩擦力和滑动摩擦力的有无判断、方向判断。

教学方法：讲授法、实验探究法、讨论法。

教学用具：测摩擦力的力传感器一套、长条形木板、长方体木块、贴膜手机、自制测滑动摩擦力大小的装置（长条形木板、砝码、弹簧测力计、木块、底部贴砂纸的木块）。

五、教学流程

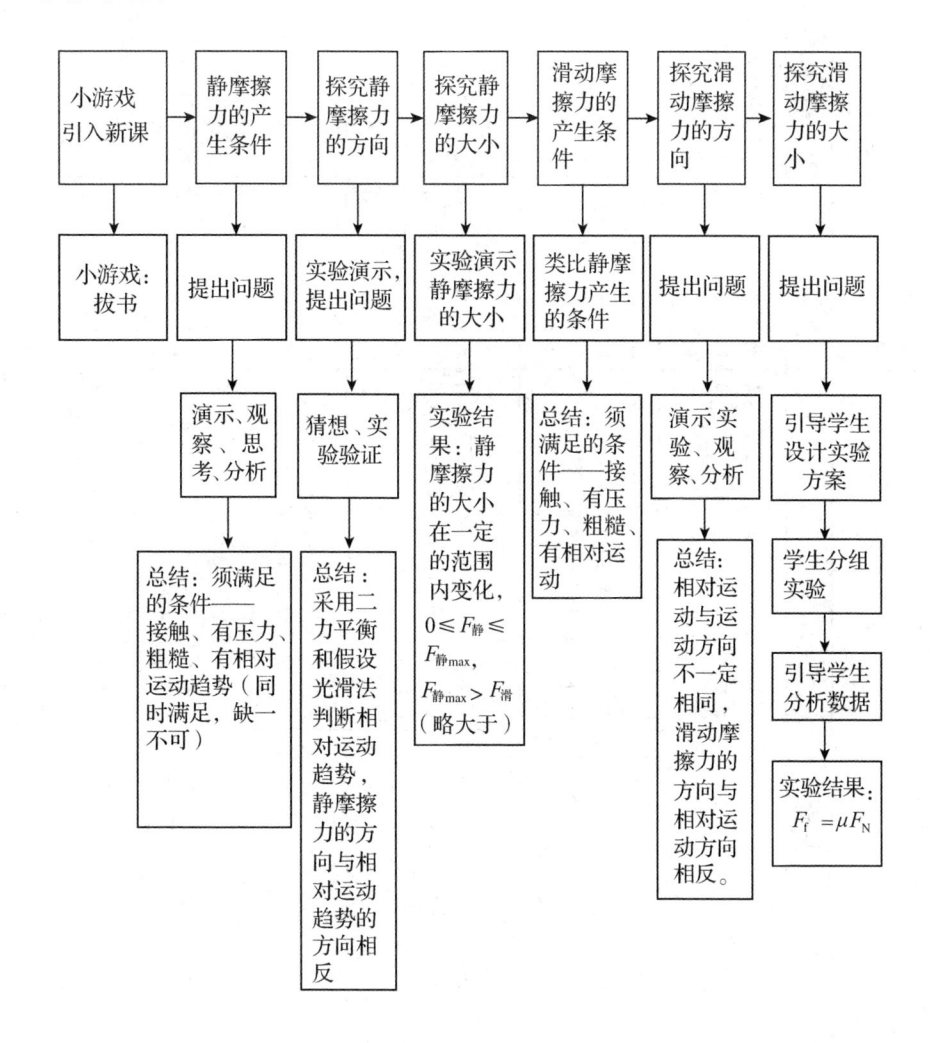

```
小游戏引入新课 → 静摩擦力的产生条件 → 探究静摩擦力的方向 → 探究静摩擦力的大小 → 滑动摩擦力的产生条件 → 探究滑动摩擦力的方向 → 探究滑动摩擦力的大小
```

- 小游戏引入新课 → 小游戏：拔书
- 静摩擦力的产生条件 → 提出问题 → 演示、观察、思考、分析 → 总结：须满足的条件——接触、有压力、粗糙、有相对运动趋势（同时满足，缺一不可）
- 探究静摩擦力的方向 → 实验演示，提出问题 → 猜想、实验验证 → 总结：采用二力平衡和假设光滑法判断相对运动趋势，静摩擦力的方向与相对运动趋势的方向相反
- 探究静摩擦力的大小 → 实验演示静摩擦力的大小 → 实验结果：静摩擦力的大小在一定的范围内变化，$0 \leq F_{静} \leq F_{静max}$，$F_{静max} > F_{滑}$（略大于）
- 滑动摩擦力的产生条件 → 类比静摩擦力产生的条件 → 总结：须满足的条件——接触、有压力、粗糙、有相对运动
- 探究滑动摩擦力的方向 → 提出问题 → 演示实验、观察、分析 → 总结：相对运动与运动方向不一定相同，滑动摩擦力的方向与相对运动方向相反。
- 探究滑动摩擦力的大小 → 提出问题 → 引导学生设计实验方案 → 学生分组实验 → 引导学生分析数据 → 实验结果：$F_f = \mu F_N$

六、教学过程

环节	情境	问题	教师活动	学生活动	设计意图	学生发展
创设情境，新课引入	现场小游戏：拨书比赛。	能把书拨开吗？	事先把两本物理书隔页互插，请两位同学用力大的来把两本书拉开。	两位力气大的男同学上台使劲拨书。	创设情境，让学生体会摩擦力，引入新课。	了解摩擦力，能与生活中的摩擦现象联系起来。
复习	结合生活体验和实验谈谈摩擦力。	初中我们学过摩擦力，请你结合生活经验谈谈摩擦力。	总结学生的发言，提出新的教学要求，继续深入研究摩擦力。	积极回顾，回答问题。	温故而知新。	
操作体验、创新实验，发现问题	学生实验：用弹簧测力计水平拉动小木块，使其从静止到匀速直线运动。	整个过程中有几种摩擦力，大小如何变化？	展示实验示意图，结合实验器材进行实验操作。学生实验完毕后提问。	进行操作，仔细观察，认真思考，回答问题。	获取摩擦力的种类和大小信息。	能对简单的问题进行分析，获得结论。
	改进实验装置，改进实验。	通过力传感器得到的图像和我们前面的实验结果是否一致？	介绍实验装置的改进：用力传感器代替弹簧测力计测力，用电机替手拉动物块。物块从静止到匀速直线运动过程可以近似看成是平衡态，那么摩擦力的大小就可以通过力传感器测量出来。介绍新手的传感器的图像的横、纵坐标表示时间，纵、横坐标表示力。开始实验。	观察，分析实验图像，得出结论。	引导学生设计实验、制订方案，使用和数字化新手段测摩擦力。	能在老师的帮助下，制订科学探究摩擦力的方案，灵活使用合适的器材进行实验，获得数据。

62

续表

环节	情境	问题	教师活动	学生活动	设计意图	学生发展
操作体验、创新实验、发现问题	结合体会分析实验图像。	图像中哪部分表示静摩擦力，哪部分表示滑动摩擦力？静摩擦力和滑动摩擦力大小如何变化？图像中的尖峰代表什么？滑动摩擦力的大小波动的原因是什么？最大静摩擦力和滑动摩擦力的大小关系是什么？	带领学生分析摩擦力图像，得出结论：①尖峰之前表示静摩擦力；②静摩擦力的大小随拉力的增大而增大，滑动摩擦力的大小基本不变；③尖峰表示最大静摩擦力；④滑动摩擦程度不同导致的大小波动，假定接触面粗糙程度一样，滑动摩擦力的图像就是一条水平直线；⑤最大静摩擦力大于滑动摩擦力。	观察图像特征，思考问题，并回答。	基于摩擦力实验现象，简化问题，建构滑动摩擦的理想模型；通过传感器测量得出最大静摩擦力大于滑动摩擦力的结论。	能对常见的摩擦力问题进行分析，通过推理得出结论并作出解释。
陈述讲解	结合实验分析归纳静摩擦力的产生条件。	静摩擦力的产生条件是什么？	结合前面的实验引导学生回答问题，归纳出静摩擦力的产生条件：①接触且有挤压；②粗糙；③有相对运动趋势。强调这三个条件要同时满足，缺一不可。	认真思考，回答问题。	联系实际，进行分析、归纳、总结。	理解静摩擦力的产生条件。

63

续表

环节	情境	问题	教师活动	学生活动	设计意图	学生发展
提出问题、创造性解决问题、归纳总结	不同情况下物体静止时的相对运动趋势。	怎么判断物体有无相对运动趋势？静摩擦力方向如何？	提问：如图，物体静止，物体有无相对运动趋势？ 讲解：后两幅图中物体有相对运动的趋势，物体想动而没动。把手机磨砂壳接触面放在斜面上；再把手机膜接触面放在同一斜面上，手机下滑。 总结判断相对运动趋势的方法：①平衡态法；②假设光滑法。静摩擦力的方向：与相对运动趋势方向相反。	讨论、分析、思考、回答问题。	具有相对运动趋势是一种想动而没动的状态，无法实验观察到，用对比对运动趋势，帮助学生突破这一难点；使学生基于证据得出结论，并作解释。	能恰当使用证据表达自己的观点；能对已有的观点提出质疑，从不同的角度思考问题。

64

续表

环节	情境	问题	教师活动	学生活动	设计意图	学生发展
讲解静摩擦力图像	静摩擦力图像。	静摩擦力的大小变化吗？最大静摩擦力与滑动摩擦力的关系是什么？	静摩擦力的大小在一定的范围内变化，$0 < F_{静} \leqslant F_{静max}$；有最大静摩擦力，最大静摩擦力略大于滑动摩擦力。	观察图像，回答问题。	基于证据，得出最大静摩擦力略大于滑动摩擦力的结论。用弹簧测力计测摩擦力的传统实验方法这个现象很难观察到，通过数字化实验，弥补传统实验的不足。	能恰当使用证据，证明结论。
讲解	对比静摩擦力。	滑动摩擦力的产生条件是什么？	引导学生得出产生条件：①接触且有挤压；②粗糙；③有相对运动。	思考，回答问题。	类比学习。	掌握类比的方法。
实验事实，质疑辨难解惑	演示物块—木板实验：相对运动。	滑动摩擦力的方向与相对运动方向相反，能改成与运动方向相反吗？	演示：把物块放在木板上，分别用红色标记出它们此刻的位置，快速拉动木板。	仔细观察实验现象，认真思考问题。	创设问题情境，产生学生认知冲突，使学生基于观察实验，提出物理问题。	能观察物理现象，提出物理问题。
推理以往认知	分析物块—木板实验。	滑动摩擦力的方向与物体运动方向相反吗？	分析：物块向左运动，相对木板向右运动，物块受到的滑动摩擦力方向，与相对运动方向相反。	分析问题，深入思考，得出结论。	基于实验事实，对不同观点和结论提出质疑和批判，纠正学生对运动方向与相对运动方向的错误认识，促进深度学习。	能根据实验事实进行分析，思考并得出结论。

65

续表

环节	情境	问题	教师活动	学生活动	设计意图	学生发展
提出问题，猜想假设	弹簧测力计拉动物块的实验。	滑动摩擦力的大小与哪些因素有关？	总结学生回答的可能因素：压力、接触面粗糙程度、面积、运动速度等。指导学生重点研究压力与滑动摩擦力的大小关系。	猜想、假设。	基于观察和实验对影响滑动摩擦力大小的因素进行合理猜想。	分析物理问题，作出初步猜想。
设计、完善实验方案	建议、提供实验器材。	怎样设计实验探究滑动摩擦力的大小和压力的关系呢？为什么拉动木板时弹簧测力计得出的摩擦力就是物块的滑动摩擦力？如何改变压力的大小进行多次测量？	分析、展示思考的常规方案，引导学生思考如何改进；引导学生分析得出弹簧测力计测的是滑动摩擦力；通过加砝码来改变压力的大小。	设计、表达、交流实验方案。	设计探究滑动摩擦力大小的实验，并制订合理探究方案。	在教师的帮助下，制订科学探究的方案。
进行实验，收集证据	实验操作演示。	—	巡回指导，解决问题。	小组合作、实验探究，收集数据，获取证据。	指导学生动手动脑，团队合作进行实验探究。	选用合适的器材获得数据。
分析数据，得出结论，深化认识	展示两组学生实验数据。	画出F_f-F_N图像后，发现了什么规律？比例系数一样吗？比例系数代表什么？μ有单位吗？	指导学生把实验数据表格并得出F_f-F_N图像，分析正比，得出F_f与F_N成正比结论，并对比实验中小组底部的材料，分析解释得出的比例系数不同。	小组汇报实验数据，展示小组实验中物块底部材料。	处理实验数据得出滑动摩擦力大小的与压力成正比的结论，并对比作出解释，培养学生的科学思维能力。	能用图表进行数据分析，发现其中的规律，形成合理的结论。

66

续表

环节	情境	问题	教师活动	学生活动	设计意图	学生发展
总结与反思	总结收获、交流反思。	通过这节课，你有哪些收获？	总结和陈述实验结论：$F_f=\mu F_N$。μ叫作动摩擦因数，代表接触面材料的粗糙程度，无单位。	交流反思。	引导学生基于证据总结规律，并对结果进行交流。	能基于证据和逻辑对实验结论进行准确表述。
结束语	课外探究	同学们课外还可以进行哪些探究？	我们还可以继续研究面等因素，由于课时所限，老师感兴趣的同学课下可以进行研究。	课下自主探究。	课堂学习结束了，但是课外探究继续。	发展课外探究能力。

67

七、板书设计

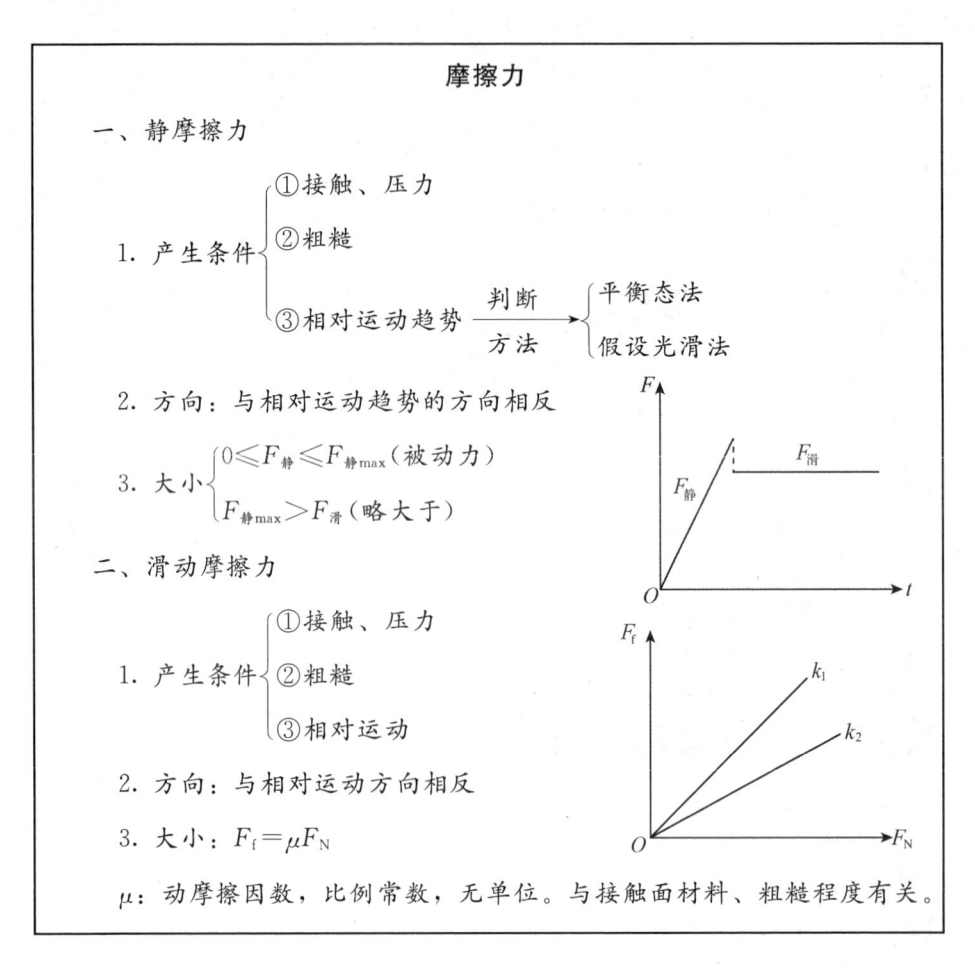

```
                            摩擦力

一、静摩擦力
                  ①接触、压力
   1. 产生条件    ②粗糙
                  ③相对运动趋势 ──判断方法── 平衡态法
                                              假设光滑法

   2. 方向：与相对运动趋势的方向相反

   3. 大小  { 0≤F静≤F静max（被动力）
            F静max＞F滑（略大于）

二、滑动摩擦力
                  ①接触、压力
   1. 产生条件    ②粗糙
                  ③相对运动

   2. 方向：与相对运动方向相反

   3. 大小：$F_f = \mu F_N$

   μ：动摩擦因数，比例常数，无单位。与接触面材料、粗糙程度有关。
```

（图1：F-t 图像，$F_静$ 线性增大后过渡到恒定的 $F_滑$）

（图2：F_f-F_N 图像，两条过原点的直线 k_1、k_2）

八、教学反思

摩擦力既是本章内容的难点，也是重点，本节课的学习效果会直接影响后面的受力分析、力的平衡、动力学及摩擦力做功等问题的解决。尽管学生已经学习了重力和弹力，可以把学习力的一般方法迁移到本节内容，但是由于摩擦力的被动性，处于这一年龄阶段的学生很难认识到。

观察和实验是学生认识物理世界、获取物理知识的重要途径，是发展学生科学思维的前提，在"摩擦力"教学中，只有在"以观察和实验为基础"结合教法的改进上下功夫，才能改变其难教、难学的局面。为了突破难点，在本节的教学中，注意从实验的设计、改进入手，紧紧围绕教学目的，按演示设疑、定项观察、分步研究、加深体验的顺序循序渐进地安排一组实验，以增强学生的感性认识，并在此过程中融入了讲授中的分析点拨、归纳综合等常用的教学方法。

1. 引导学生用课本做实验，人人动手，通过认真观察和分析，认识到静摩擦力的存在。让学生用弹簧测力计慢慢拉小木块直到使其做匀速直线运动，为总结出摩擦力产生的条件提供感性认识。

2. 对传统的研究静摩擦力大小的实验装置进行改进（图8），用电机拉动物体，采用力传感器来测量摩擦力，获得摩擦力的图像，通过分析图像，让学生知道图像尖峰的最高点是最大静摩擦力，是静摩擦力和滑动摩擦力的分界点，最大静摩擦力略大于滑动摩擦力，加强学生的证据意识。

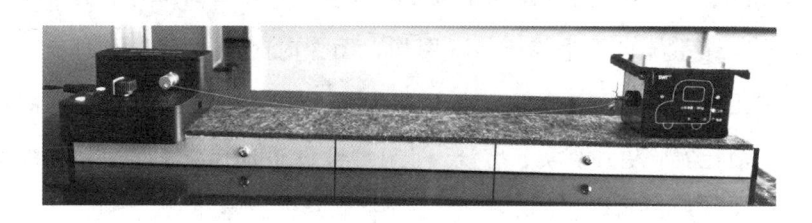

图 8

3. 物体有相对运动趋势时是想动却没动的状态，不能用肉眼看到，通过二力平衡原理和假设光滑法能间接推断相对运动趋势的有无和方向。教师通过演示实验（把手机放置在斜面上，但是接触面由粗糙变为光滑），把物体的相对运动趋势显性化。

4. 学生往往把物体的相对运动方向和运动方向混为一谈，针对这个错误概念，教师设计了物块—木板演示实验（图9），当用手拉动木板时，也带动物块一起向前运动，但是物块相对木板向后运动。物块的运动方向和相对运动方向不一致，由此总结出滑动摩擦力的方向与相对运动方向相反。

图 9

5. 在探究滑动摩擦力的大小的教学中，改进实验装置，解决匀速拉动难以操作的问题。

在数据处理环节，采用 Excel 系统处理数据，把在不同压力下的滑动摩擦力录入计算机，让系统自动生成 F_f-F_N 图像，图像时时与实验数据同步。这样处理，让实验更具真实性和科学性。采用这一数据处理模式，可以让采集的数据随机出现，从而让实验更加真实、客观，也让学生知道现代科学技术在物理教学中的应用。同时，展示两个 F_f-F_N 图像，让学生发现斜率不同，引出了动摩擦因数，这样处理既节约了时间，又提出了新的问题，提高了学生的学习兴趣。

本节课的内容多、难度大，由于时间的关系，没能进行练习巩固新知识。同时对于学生头脑中的一些错误认识，如"静止的物体受静摩擦力，运动的物体受滑动摩擦力，摩擦力是阻力"等，没能进行纠正。

力的合成

湖北文理学院　杨正波

一、教学内容分析

《力的合成》是《普通高中物理课程标准(2017年版)》必修课程必修1模块中的"相互作用与运动定律"主题下的内容，内容要求：通过实验，了解力的合成与分解，知道矢量和标量。《普通高中物理课程标准(2017年版)解读》对该内容的解读：了解合力与分力的概念，了解力的合成的平行四边形定则，学生能用平行四边形定则把两个已知力合成为一个力就可以了，不要求用它来求解现实情境中复杂的受力问题。现实情境中的受力计算，应该是学习共点力平衡时解决的问题。把矢量的含义放在这里提出，旨在突出矢量加减的法则，让学生认识到物理量的加减能否应用平行四边形定则是判别矢量的重要标志。据此确定本节课的教学内容为：合力与分力、标量与矢量、共点力等物理概念和平行四边形定则及运用平行四边形定则求两个力的合力。

本节课是在学生学习了力的概念和常见力的基础上，研究二力的合力问题，它是前面所学内容的深化，依据等效替代思想给出合力与分力的概念，并通过实验探究，大胆猜想、推理、总结出矢量运算的普遍法则——平行四边形定则，使学生对矢量和标量的认识更完善。力的合成所遵循的平行四边形定则是解决力学问题的基础和工具，是高中物理的基础，具有承前启后的作用，对后续分析物体的受力和学习牛顿运动定律及其应用非常重要。

二、学情分析

学生已经学习了力的三要素、力的示意图、弹力、重力、摩擦力、二力平衡等概念，知道二力平衡的条件，对"力"有了较为深刻的认识和理解，对"矢量"也有了初步的认识，但对矢量运算还很陌生，没有任何生活经验可供借鉴。前面学习位移、速度、加速度等矢量时，也未涉及矢量运算，而是通过规定正方向将矢量变成只有大小的标量来处理的。同时，把平行四边形和三角形等几何知识迁移到矢量运算中，对很多学生来说也难以理解。从而导致本节课通过学生探究互成角度的二力合成，猜想、推理、总结出力的平行四边形定则，理解矢量运算难度较大。所以，在小组探究的过程中，教师要多引导、多展示（展示各组同学的探究结果），让学生切身体验探究的过程，加深对平行四边形定则的理解。

三、教学目标

1. 学生从力的作用效果角度理解合力与分力的概念，通过观察生活情境知道共点力的概念。

2. 学生经历建立合力与分力概念的过程，初步体会等效替代的思想，会用等效替代的方法解释生活中的现象。

3. 学生探究两个互成角度的力的合成，通过记录、画出合力与分力的示意图，经过讨论、猜想、归纳出合力与分力满足的关系——平行四边形定则，体会"团结就是力量"的含义，感悟合作的魅力。

4. 学生通过系列探究活动，体验科学探究的过程，体会从实验中发现规律的乐趣，领悟科学探究中尊重事实、大胆猜想、严格求证的科学态度。

四、教学重难点

教学重点：理解等效替代的思想，理解合力与分力的关系。探究互成角度的二力的合成，总结出矢量运算法则——平行四边形定则。

教学难点：由实验数据猜想、推理、总结出平行四边形定则。

教学方法：讲授、启发式教学，实验探究，亲身体验。

教学用具：方木板1块、橡皮筋若干、细绳1条（两端打好绳套）、图钉若干、白纸1张、弹簧测力计2个、圆规1个、刻度尺1套、实物投影仪。

五、教学流程

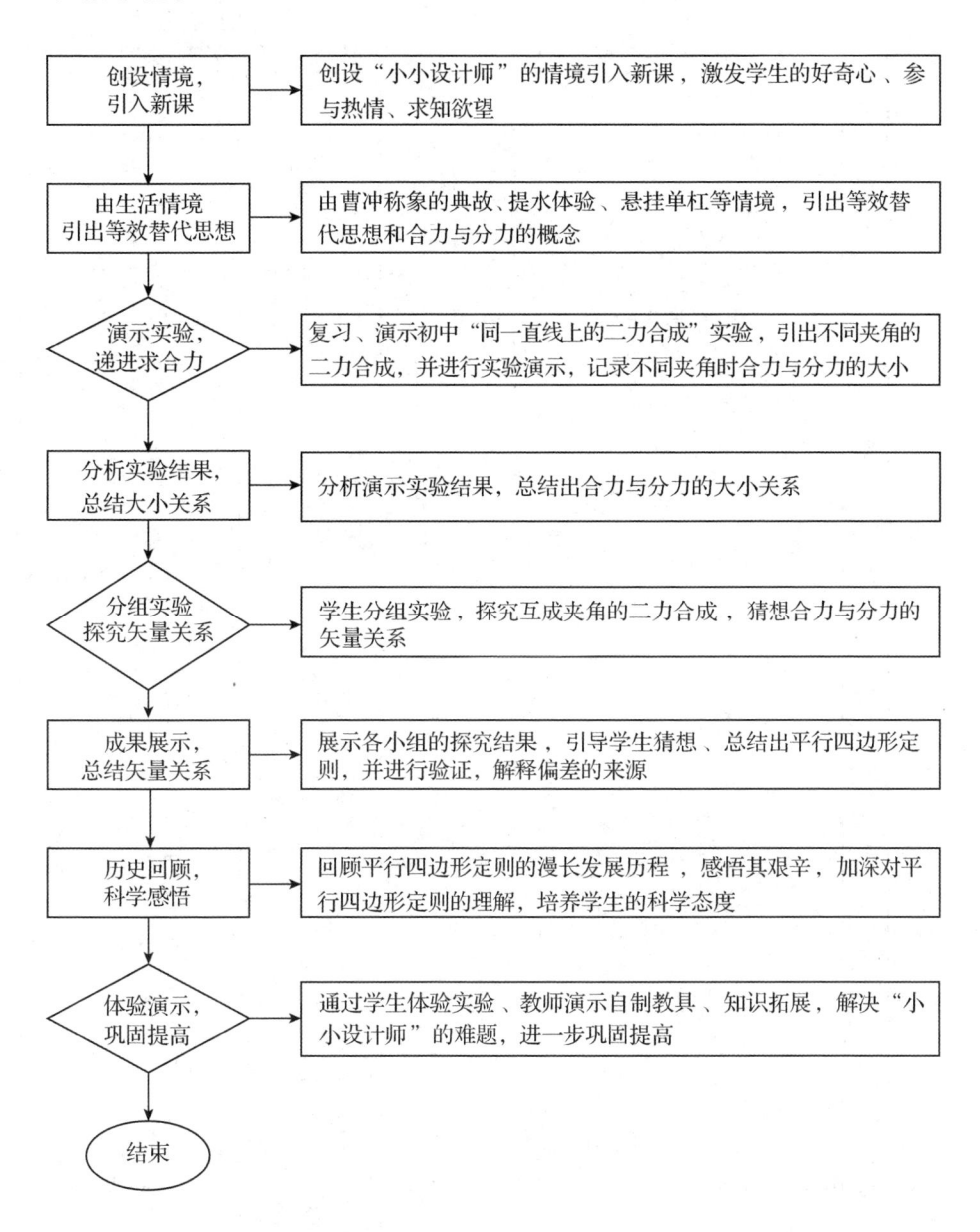

创设情境，引入新课	创设"小小设计师"的情境引入新课，激发学生的好奇心、参与热情、求知欲望
由生活情境引出等效替代思想	由曹冲称象的典故、提水体验、悬挂单杠等情境，引出等效替代思想和合力与分力的概念
演示实验，递进求合力	复习、演示初中"同一直线上的二力合成"实验，引出不同夹角的二力合成，并进行实验演示，记录不同夹角时合力与分力的大小
分析实验结果，总结大小关系	分析演示实验结果，总结出合力与分力的大小关系
分组实验探究矢量关系	学生分组实验，探究互成夹角的二力合成，猜想合力与分力的矢量关系
成果展示，总结矢量关系	展示各小组的探究结果，引导学生猜想、总结出平行四边形定则，并进行验证，解释偏差的来源
历史回顾，科学感悟	回顾平行四边形定则的漫长发展历程，感悟其艰辛，加深对平行四边形定则的理解，培养学生的科学态度
体验演示，巩固提高	通过学生体验实验、教师演示自制教具、知识拓展，解决"小小设计师"的难题，进一步巩固提高

结束

六、教学过程

环节	情境	问题	教师活动	学生活动	设计意图	学生发展
创设情境，引入新课	小小设计师：用能承受 $2×10^6$ N 的钢丝绳设计一台能吊起重 $3×10^6$ N 的横梁的塔吊。	1. 图片中的设计合理吗？为什么？应该怎么修改？ 2. 一根钢丝绳可以吗？应该怎么办？	1. 展示不合理的"单吊横梁"图片。 2. 设计问题，引出新课。	1. 观察图片中不合理的地方，思考原因，并提出修改意见。 2. 回答原因，并提出自己的设想。	创设"小小设计师"解决生活中的实际问题的情境，激发学生的好奇心、参与热情与求知欲望。	通过设计塔吊横梁的实际问题，养成勤于观察、勤于思考、敢于质疑的习惯。
	曹冲称象的漫画。	曹冲运用了什么方法（思想）称出大象的质量？	结合漫画，讲述"曹冲称象"的典故。	思考曹冲称象的方法。	利用曹冲称象的典故，渗透"等效替代"思想，激发学生兴趣。	通过聆听典故，了解"等效替代"思想。
由生活情境引出新知	双手悬挂单杠和单手悬挂单杠、古埃及金字塔等。	这些事例有什么共同点？	展示真实生活情境，引导学生寻找事例的共同点。	观察、思考，寻找事例的共同点，明白"等效替代"思想可以应用到的各个方面。	通过生活情境，进一步渗透"等效替代"思想。	通过大量生活情境，明白"等效替代"思想。
	两个同学提水桶和一个同学提水桶。	两个同学提水桶和一个同学提水桶有什么不一样？效果一样吗？	设计不同的方式，让学生体验引导学生理解合力与分力的概念。	体验、观察、思考两种提水桶的方式的不同，并与同学交流。	设计提水实验，让学生亲身体验合力和分力的不同。	通过体验，理解合力和分力的概念，体会"等效替代"思想在生活中的应用。

74

第四章 必修1部分教学设计案例

续表

环节	情境	问题	教师活动	学生活动	设计意图	学生发展
演示实验，层层递进	同一直线上悬挂钩码实验演示。	同一直线上二力合成的规律是什么？	1. 演示两个弹簧测力计同方向悬挂钩码。 2. 演示两个弹簧测力计反方向悬挂钩码。	1. 分别读取弹簧测力计静止时的示数并记录实验结果。 2. 回顾同一直线上二力的大小关系。	通过演示"同一直线上二力合成"实验，引导学生回顾同一直线上二力合成的规律。	通过观察演示实验、分析数据，回顾同一直线上二力合成的规律，提高推理论证能力。
		如何求出两个分力的合力？	1. 演示互成夹角的两个弹簧测力计悬挂钩码，并提问：如何求两个力的合力？ 2. 演示单个弹簧测力计悬挂钩码，记录实验数据。	1. 分别读取两个弹簧测力计静止时的示数。 2. 回答问题。 3. 读取单个弹簧测力计静止时的示数。	通过悬挂钩码"实验活动，让学生体会"等效替代"的思想，加深对"合力"思想的理解。	通过观察演示实验、读取数据，养成科学严谨的科学态度。
互成夹角悬挂钩码实验演示。	1. 合力与分力之间的大小关系？ 2. 力是矢量，如何寻找合力与分力的矢量关系？	1. 改变互成夹角度计悬挂钩码（4次），并记录实验数据。 2. 引导学生寻找互成角度的二力合成中合力与分力的关系，猜想它们的矢量关系。	1. 计算静止时的示数。 2. 分析实验数据，回答"互成夹角的二力合成中合力与分力之间有什么关系"。 3. 猜测合力和分力之间的矢量关系。	通过演示改变角度多次获得实验数据，引导学生分析实验数据，总结"互成夹角的二力合成中合力与分力的大小关系"，并猜测其矢量关系。	通过观察演示实验、读取数据，养成严谨的科学态度；通过"合力与分力之间的矢量关系"的猜测，体会科学猜想的重要性。

续表

环节	情境	问题	教师活动	学生活动	设计意图	学生发展
分组实验，合作探究	学生分组探究"合力和两个分力三者之间的矢量关系"。	1.如何表示力的大小和方向？ 2.怎么保证分力和合力等效？ 3.如何记录实验数据、画出力的示意图和方向？ 4.分析合力与分力的示意图，猜想三者是什么关系？	1.通过提问引导学生实验。 2.巡视，指导学生实验。	1.思考，回答教师的问题，设计实验方案。 2.记录实验数据，画出力的示意图。 3.猜想合力与分力的关系。	让学生利用已有器材，根据引导问题设计实验方案；培养学生动手能力；引导学生猜想，发现规律。	经历实验探究过程，体验探究的乐趣，尊重事实，大胆猜想，严格求证的科学态度。
成果汇报，展示自我	展示学生的示意图和猜想结果。	1.从几组同学的实验示意图中，看出什么？ 2.连接两个分力的端点，观察图形像什么。 3.合力与分力真的遵循平行四边形的关系吗？如何验证？ 4.再次展示实验结果，发现有些偏差，这是什么原因造成的呢？	1.展示学生实验的实验结果。 2.通过提问引导学生总结出"平行四边形定则"。	1.思考，回答问题。 2.尝试添加辅助线，猜想图形形状。 3.画图验证，分析完全符合"平行四边形定则"的原因。	展示多组学生的实验结果，鼓励学生大胆验证，总结并猜想"平行四边形定则"。	展示实验结果，大胆猜想，养成严谨求证的科学态度。
历史回顾，科学感悟	—	—	1.展示"平行四边形定则"的理论发展过程。 2.讲解发展史。	聆听物理学家的科学探索过程，感悟其艰辛，更好地理解"平行四边形定则"。	通过两千多年的物理学史，让学生体会平行四边形定则建立的长期性和曲折性，培养学生的科学态度。	体会科学探索的艰辛。

续表

环节	情境	问题	教师活动	学生活动	设计意图	学生发展
	两个同学体验以不同夹角提水桶。	两人提水桶一定比一个人提水桶省力吗？	设计提水桶实验。	1. 进行提水桶实验。2. 解决两人提水桶是否省力的问题。	通过学生体验，让学生更加深刻地理解合力与分力的关系。	通过体验、观察、解答问题、分析、解决问题的能力。
理性回归巩固提高	展示斜拉桥、挂招牌、挂相框、挑货物等学生活情境。	1. 这些情境中的分力有什么特点？并找出不同。2. 能否用"三角形定则""求解？如何求解？3. 如何求两个以上共点力的合力？	1. 展示各种生活情境，引导学生得出"共点力"的定义和特点，引导学生"找不同"。2. 从"平行四边形定则"出发，引导学生猜想出"三角形定则"，并讨论三角形定则求解多个共点力的合成方法。	1. 通过观察、思考，总结出"共点力"的定义和特点。2. 分析、猜想，解决多个共点力的合成问题。	1. 通过各种生活情境，让学生理解共点力的特点，认识到生活相关信息相关。2. 通过对"平行四边形定则"的分析，猜想出"三角形定则"，使学生加深对分力和合力之间矢量关系的理解。	通过观察、思考、总结出共点力的特点，体会生活与物理的紧密联系。
	小小设计师：修改塔吊设计方案。	如何解决课前塔吊设计不合理的地方？	引导学生解决"小设计师"的难题。	根据所学完善、修改塔吊设计方案。	通过解决塔吊问题，培养学生解决实际问题的能力。	通过再次修改塔吊设计方案，发展解决实际问题的能力。
课堂小结、布置作业	通过这节课的收获。	通过本节课的学习，你有哪些收获？	1. 总结本节课的内容，一个思想：等效代替，三个概念：合力、分力、共点力，两个定则：平行四边形定则（三角形定则）。2. 布置作业。	1. 回顾内容。2. 完成作业。	回顾本节课内容，提高学生的总结能力。	学会归纳和总结。

77

七、板书设计

力的合成
一、(一个)思想：等效替代
二、(三个)概念：合力、分力、共点力
三、(一个)定则：平行四边形定则(三角形定则)

八、教学反思

本节课通过创设"小小设计师"解决实际问题的情境引入新课，从学生熟悉的典故、生活体验、大量图片等出发，通过精心设计的一系列问题和围绕解决问题开展教学活动，以观察实验为依据，以实验探究为中心，培养学生的动手能力、合作探究能力和总结归纳能力，激发学生的学习动机和探究欲望，促进学生物理学科核心素养的全面发展。

活动设计从学生原有的认知入手，以学生的认知发展过程为主线，通过演示实验、学生探究实验，在教师的适时、适度的引导下，让学生一步步经历从简单到复杂的问题解决过程，逐步发展相应的物理学科核心素养。开始创设"小小设计师"设计塔吊的情境，借助图片提出需要解决的实际问题并留下悬念，激发学生的好奇心、参与热情和求知欲望，引入新课。然后通过一系列图片和学生体验提水桶等情境，引出"等效替代"思想和合力与分力的概念。接下来，通过教师演示实验和创设问题，由简到繁引导学生总结合力与分力的大小关系，并引出接下来要探究的合力与分力之间的矢量关系。精心设计探究活动，学生分组探究合力与分力的矢量关系，画出合力与分力的示意图，然后教师展示各小组的实验结果，鼓励学生大胆猜想、假设、论证，归纳出平行四边形定则，并让学生验证结果，发现有偏差，教师引导学生寻找出现偏差的原因。之后通过展示"平行四边形定则"的发展历程图，让学生感悟其发展的艰辛，培养学生的科学态度。最后通过学生体验、知识拓展、解决课前"小小设计师"的难题，巩固提高。

牛顿第一定律

天津第五十四中学 李沐潼

一、教学内容分析

《牛顿第一定律》是《普通高中物理课程标准(2017年版)》必修课程必修1模块中的"相互作用与运动定律"主题下的内容,内容要求:理解牛顿运动定律,能用牛顿运动定律解释生产生活中的有关现象、解决有关问题。《普通高中物理课程标准(2017年版)解读》对该内容的解读:理解牛顿第一定律,能分析解决现实情境中的有关问题。在用牛顿运动定律解决问题的教学中,要重视让学生体会用牛顿运动定律解决问题的思路,逐步形成运动与相互作用观念,以牛顿运动定律为知识载体,提升物理素养水平。

牛顿第一定律是在力和运动的基础上,进一步揭示力与运动之间的关系,是牛顿三大运动定律之一。古希腊哲学家亚里士多德根据生活经验得出了力是维持物体运动状态的原因的结论,两千多年后伽利略对此提出了质疑,并用"实验+合理外推"的科学探究方法得出力不是维持物体运动状态的原因。伽利略的研究过程蕴含了重要的物理思想和科学方法,理想斜面实验展现了伽利略猜想假设、可靠实验、得出结论、合理外推的思维过程。笛卡儿第一个明确指出:除非物体受到外力作用,否则物体将永远保持静止或匀速直线运动状态。这是人类思想认识上的一次飞跃。牛顿的工作不仅是进行了总结,更是从物理上对这一思想赋予了明确的内涵,这其中包括惯性和力作为科学概念的提出,以及惯性参考系的提出等,同时明确了力和物体运动状态变化之间的直接因果关系,为牛顿第二定律的提出打下了基础。

二、学情分析

学生通过初中的学习，对于牛顿第一定律的内容和惯性、惯性现象及惯性大小的量度都有所了解，但对于力和运动的关系的研究过程中的科学智慧、力和运动的关系的真相及惯性缺乏深刻的思考和理解。

人们往往从日常经验出发，对力和运动的关系存在错误的认识，所以使学生建立起运动状态改变的原因在于物体间的相互作用力的观点，不是轻而易举的事情。在惯性的学习中，这仍是学生难以理解的问题。许多学生把物体具有保持匀速直线运动状态或静止状态的性质与物体在这种状态下的特点混为一谈。

三、教学目标

1. 学生在回顾物理发展的历史过程中知道科学研究过程的艰难，培养善于观察、分析、推理，不畏权威，勇于质疑的科学素养和精神。

2. 学生通过伽利略的理想实验，体验通过实验、推理得到结论的过程，提高观察、实验和逻辑推理的能力，掌握科学研究的方法，产生进一步探索物理奥秘的热情。

3. 学生理解牛顿第一定律的内容和含义，能举例说明物体的质量是其惯性大小的量度，并能用于解释与惯性有关的现象，解决生活中的问题。

4. 学生设计土地沙漠化治理、抛绳救援的方案，在解决生活中的问题的同时，培养保护环境、推动可持续发展、关爱他人的责任感。

四、教学重难点

教学重点：牛顿第一定律的得出过程，惯性的应用。

教学难点：正确理解牛顿第一定律，惯性的理解和应用。

教学方法：观察法、实验法、讲授法、阅读法。

教学用具：自制伽利略理想斜面实验演示器、数字化实验系统（位置传感器）、小车、大米、麦片、喷壶、模拟救生绳、小块泡沫塑料、燕尾夹、课桌。

五、教学流程

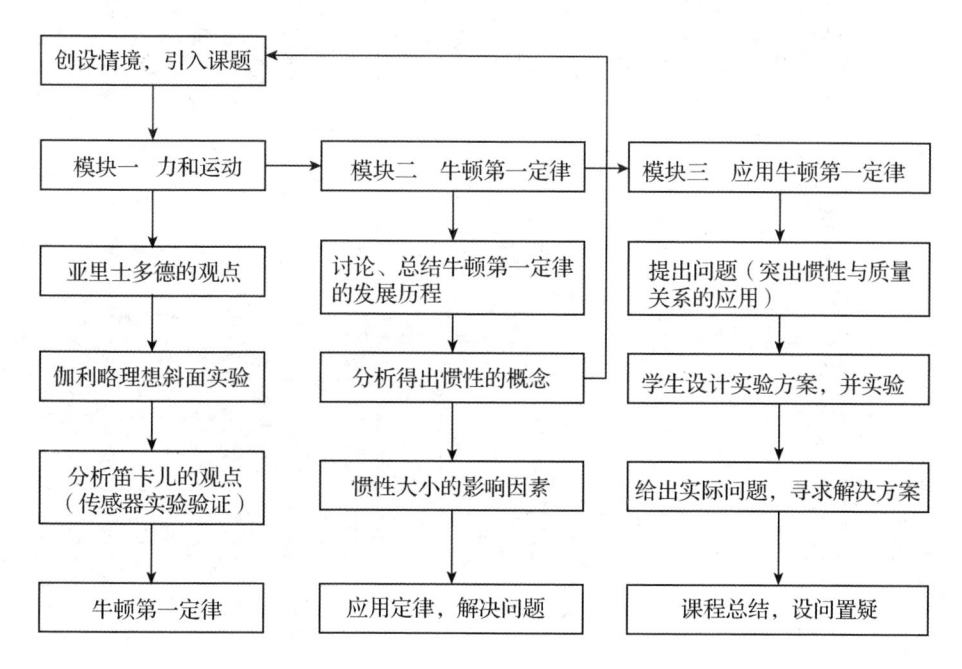

```
                    创设情境，引入课题 ←──────────────────────┐
                           ↓                                  │
         ┌─────────────────┼──────────────────┐              │
         ↓                 ↓                  ↓              │
    模块一 力和运动    模块二 牛顿第一定律   模块三 应用牛顿第一定律
         ↓                 ↓                  ↓
    亚里士多德的观点   讨论、总结牛顿第一定律  提出问题（突出惯性与质量
                     的发展历程              关系的应用）
         ↓                 ↓                  ↓
    伽利略理想斜面实验  分析得出惯性的概念    学生设计实验方案，并实验
         ↓                 ↓                  ↓
    分析笛卡儿的观点    惯性大小的影响因素    给出实际问题，寻求解决方案
    （传感器实验验证）
         ↓                 ↓                  ↓
    牛顿第一定律       应用定律，解决问题    课程总结，设问置疑
```

六、教学过程

环节	情境	问题	教师活动	学生活动	设计意图	学生发展
创设情境，引入课题	我国著名古筝曲《流水》乐曲被刻录在镀金的铜制唱盘上，随"旅行者"号升入太空。	"旅行者"号飞离大阳系后，将做何种运动？	播放我国著名古筝曲《流水》。介绍该乐曲被刻录在镀金的铜制唱盘上，随"旅行者"号升入太空。激发学生思考："旅行者"号离开太阳系后将做何种运动。	听乐曲，思考并大胆猜想"旅行者"号飞离大阳系后的运动情况。猜想结果："旅行者"号离开太阳系后，应该做匀速直线运动。	让学生在音乐声所营造的情境中，捕获问题，联系所知，激发学生的学习兴趣。	了解我国古筝曲被送入太空寻找地外文明，增强民族自豪感；对"旅行者"号的运动情况进行大胆猜想，并用已有的物理知识结合猜想的依据阐述猜想了的问题及提高了探究欲望。
讲解亚里士多德的观点	亚里士多德认为：力是维持物体运动的原因，有力作用在物体上，物体才会运动，撤去力，物体就要停下来。	1. 物体的运动需要力来维持吗？ 2. 生活中运动的物体最终因为不受力了吗？	1. 介绍课题，这引起了人们对力和运动关系的关注。在古希腊时期呈现古希腊学者亚里士多德对力和运动的论述：力是维持物体运动的原因。激发学生结合已有知识对力和运动的关系进行判断，大胆质疑亚里士多德的观点。引导学生利用生活中的实	1. 利用所学物理知识，分析现象，结合生活，大胆质疑，提出维持物体运动不是力作用的原因，脚不再给球作用力了，球依然向前运动。 2. 进一步思考并得出：运动的物体最终停下来是因为不受力，而是由于	紧密结合生活创设问题情境，激发学生质疑，大胆质疑物理权威，提出质疑观点，从不同角度思考问题，得到总结观点并作出解释。	在生活中常见的问题情境中，对力和运动的关系进行分析和推理，不迷信权威，能对质疑观点提出质疑；由"推理"的感性认识上升到"物体最终停

续表

环节	情境	问题	教师活动	学生活动	设计意图	学生发展
讲解亚里士多德的观点			例说明自己的观点。 2. 激发学生进一步思考，一切运动的物体最终停下来的本质原因。 3. 让学生思考并作出判断：没有阻力，物体会怎样运动？	受到阻力的作用。 3. 结合实例分析思考，猜想假设：没有阻力，物体将做匀速直线运动。		下来是因为受到阻力"的理性思考，提高逻辑分析能力。
讲解伽利略理想斜面实验	自制教具：两个斜面在最低点平滑连接。	1. 小球从斜面1上的A点由静止滚下来，冲上斜面2，小球会运动到什么位置？	介绍伽利略理想斜面自制教具。 两个斜面在最低点平滑连接，并用磁铁将其吸附在黑板上。 （图：两斜面相连，A点在斜面1上，标注1、2）	猜想小球从斜面1上冲到斜面2上的位置。		
			使小球从斜面1上的A点由静止滚下来，冲上斜面2。 2. 让学生猜想，小球运动到什么位置。	观察实验：小球冲到比A点低的位置。 分析实验现象：由于摩擦，小球上升到比A点低的位置。		

续表

环节	情境	问题	教师活动	学生活动	设计意图	学生发展
讲解伽利略理想斜面实验	利用自制教具探究：让小球从斜面1的A点由静止滚下来，冲到斜面2上。	2. 逐渐减小摩擦，小球冲到斜面2的高度会如何变化呢？	揭去轨道上的棉布，减小摩擦，让学生猜想并观察实验：小球仍会由A点静止滚下，又会冲到斜面2的什么位置。	猜想：摩擦减小，小球上升到的位置。观察实验：小球上升到的位置比刚才上升到更高的位置。（证实了猜想）用磁性贴贴在黑板上记录小球上升到的最高位置。	让学生亲历伽利略理想斜面实验的探究过程，使学生经历猜想、假设、观察实验、进行合理外推的过程，体验科学研究的实验方法。	置身真实的伽利略理想斜面实验，对小球在斜面2上的上升高度，作出科学情境和有依据的假设；根据可靠的实验，对简单的物理现象进行分析，挖掘摩擦对实验结果的影响，合理推理，小球上升的本质，认识理想斜面实验在物理学发展过程中的作用，体会实验的魅力。
			继续减小摩擦，让学生猜想并观察实验：小球会上升到什么位置。	继续观察、并用磁性贴在黑板上记录实验结果：在逐渐减小摩擦，小球上升得越来越高。		
			结合可靠实验，引导学生进一步猜想：如果没有摩擦，小球会运动到什么高度？	进一步猜想、合理外推：如果没有摩擦，小球将上升到与A点等高的位置。		
			引导学生猜想：在前面实验的基础上，减小斜面2的倾角，小球会冲到哪儿？实验演示：逐渐减小斜面2的倾角。	猜想：如果减小斜面2的倾角为同一高度，小球与A点等高位置。观察并用磁性贴记录实验结果。分析实验结果得出：斜面2的倾角越小，小球在斜面2上运动得就越远。		

84

续表

环节	情境	问题	教师活动	学生活动	设计意图	学生发展
讲解伽利略理想斜面实验	逐渐减小斜面2的倾角，观察小球的运动情况。	如果没有摩擦，减小斜面2的倾角，为了追寻同一高度，小球又会冲到哪儿呢？	提出问题：如果没有摩擦，斜面2水平放置，小球将如何运动？演示实验：将斜面2水平放置并观察，让学生观察并推理得出结论。	分析思考：逐渐减小斜面2的倾角，观察小球运动越来越远。合理外推得出结论：小球将一直运动下去。进一步得出结论：力不是维持物体运动的原因。	让学生在已经知道"如果没有摩擦，小球将运动到等高"的基础上，再次经历精细实验、观察可靠、逻辑外推的过程，形成合理猜想，掌握科学实验研究的方法。	在研究问题的过程中，敢于猜想、分析、观察实事、发现特点、得出合理结论；明确理想实验对物理研究的重要意义；能对探究结果的总结、交流、反思得到提高。
			指导学生总结实验中所经历的重要环节及理想实验的科学方法。	总结实验中所经历的重要环节：提出问题——猜想——实验——可靠事实——合理外推——得出结论。		
	1.阅读教材，了解笛卡儿的观点。	1.笛卡儿的观点是什么？	指导学生阅读教材，总结笛卡儿的观点。	阅读教材，观点。		
笛卡儿的观点，了解小车在轨道上的运动情况分析	2.利用传感器研究小车在板其接近光滑的轨道上会如何运动呢？	2.小车在板其接近光滑的轨道上会如何运动呢？	演示实验：利用传感器研究摩擦板小的水平面上，小车位移随时间变化关系。让学生观察：x-t图像为一条倾斜的直线。引导学生分析数据，判断小车的运动情况。	观察传感器实验，获得小车的运动规律（x-t图像为一条直线）。利用已有的知识分析得出：小车的运动为匀速直线运动。	1.提升学生自主学习能力和对比分析思维。 2.利用现代技术进行实验，使学生感受科技进步对物理教学的促进作用，分析能力得到提升。	1.对比分析结归纳总结的提高，体会深藏奥秘的自然观察。 2.了解数字化实验，并用传感器获取数据，利用已有的物理知识进行解释；体会技术与科

85

续表

环节	情境	问题	教师活动	学生活动	设计意图	学生发展
笛卡儿的观点分析			让学生对比分析：笛卡儿在伽利略的基础上的观点些新的发展。	思考、讨论、总结笛卡儿在伽利略基础上的观点发展：力是改变物体运动状态的原因。		学的相辅相成，提高利用数字化设备分析、解决简单物理问题的能力。
牛顿第一定律及其惯性	牛顿第一定律的内容及其在前人观点上的发展。	1. 牛顿的理论在笛卡儿基础上的观点又有哪些新的发展？ 2. "旅行者号"飞离了太阳系后的运动情况如何？	指导学生总结牛顿第一定律。 激发学生思考牛顿第一定律在笛卡儿的观点基础上有何发展？ 引导学生得出惯性的概念。 引导学生理解牛顿第一定律。	学生分析力和运动的关系，总结升华得出牛顿第一定律的内容：一切物体保持匀速直线运动状态或静止状态，除非作用在它上面的力迫使它改变这种状态。 思考并讨论牛顿第一定律在笛卡儿的观点基础上的发展，指出一切物体均有惯性。 总结并深入理解牛顿第一定律，即：力不是维持物体运动的原因，力是改变物体运动状态的原因，一切物体都有惯性。	促进学生利用已有结论，升华物理概念，得出物理规律，形成物理观念；发展学生提出问题、分析问题和解决问题的能力。	1. 将力和运动的关系在头脑中提炼和升华，具有清晰、系统的运动观念、相互作用观念。 2. 体会到人类对自然的认识是不断发展的，体会到科学探索的艰辛。 3. 能利用牛顿第一定律中的惯性一定生活中对自然现象进行描述和解释。

86

第四章 必修1部分教学设计案例

续表

环节	情境	问题	教师活动	学生活动	设计意图	学生发展
牛顿第一定律及惯性			1. 肯定牛顿的伟大成就。 2. 指导学生结合牛顿第一定律分析"旅行者号"飞离了太阳系后的运动情况。	1. 肯定牛顿第一定律在物理学中的地位。阅读教材并了解：牛顿虽然取得了伟大的成就，但仍然很谦虚。 2. 在学习了牛顿第一定律后，分析"旅行者号"飞离了太阳系后的运动是匀速直线运动。		
惯性大小的影响因素	播放视频：速度和空载的汽车空车刹车距离和满载汽车刹车距离对比，满载汽车的刹车距离更长。	1. 为什么满载的汽车刹车距离更长？ 2. 物体的惯性大小由哪些因素决定？	1. 播放速度相同的汽车和空载（不同质量）情况下的刹车距离对比视频。 2. 引导学生总结得出惯性大小的决定因素。提示超载的危险性。	1. 观看视频，描述现象，分析现象，体会质量大小对刹车距离的影响。即：质量越大，汽车越难停下来，说明惯性越大。 2. 根据视频中的现象，总结得出：质量越大，惯性越大。认识超载的严重危害。	在观看视频，分析现象的过程中提高学生分析问题，总结归纳的能力；促进学生自觉遵守交通规则。	从汽车刹车的实际情境中抽象出物理问题，对物理进行分析和推理获得物体质量越大惯性越大的结论；同时应用所学知识解决实际问题，增强不超载的安全意识。

87

续表

环节	情境	问题	教师活动	学生活动	设计意图	学生发展
利用惯性与质量的关系解决实际问题Ⅰ	播放视频：达喀尔摩托车赛中，摩托车遇到障碍物时，车手向前飞出，摔倒在沙漠中。	1. 摩托车遇到障碍物停止时，车手为什么向前摔倒？ 2. 视频中，沙尘怎么那么大呢？如何治理土地沙漠化？	1. 播放达喀尔摩托车赛视频，引导学生分析其中包含的惯性现象。 2. 介绍土壤的主要成分，引发学生思考：土壤干燥时，在风力的作用下会发生什么？ 3. 用米粒模拟岩石颗粒，用麦片模拟有机物颗粒，用嘴吹气模拟风，引导学生实验，思考土地沙漠化的原因。 4. 让学生设计一个有效治理土地沙漠化的方案，并解释原理。 5. 让学生实验，完成实验，并说明现象。提示：沙漠地区水资源非常宝贵，要注意水资源的合理使用。	1. 观看视频，分析得出当摩托车遇到障碍物时，车手由于手手向前具有惯性。 2. 了解土壤的主要成分，思考问题。 3. 实验：将米粒与麦片混合，用嘴吹气模拟风。观察现象：质量小的麦片被吹动了，质量大的米粒（岩石颗粒）基本没有被吹动。 4. 思考讨论，设计治理土地沙漠化的方案：浇水，种树，阐述设计方案能保持土壤水分，吸收水分，质量变大，惯性变大。 5. 分组实验：浇水验证浇水方案的可行性。实验过程中注意水资源的合理使用。利用喷壶模拟土壤被喷水后，沙漠化的治理成效。	1. 使学生将惯性知识与生活实际相联系，利用惯性知识解释相关现象。 2. 利用质量越大惯性越大的特点，制订合理的方案，解决实际问题。 3. 通过验证方案的可行性，提升成就感，增强学生保护环境的责任感。	1. 通过观看视频中的现象，应用惯性的知识解释车手向前摔出的原因。 2. 从视频中发现了土地沙漠化的问题，并利用所学知识讨论沙漠化的成因。由此增强了环保意识。 3. 通过模拟大米和麦片模拟沙漠化现象，制订了治理沙漠化的方案，并通过实验证了方案的可行性。通过只用土壤、掌握了沙漠化主要因素的验证实验方法，进一步提升了分析问题和解决问题的能力。

第四章 必修1部分教学设计案例

续表

环节	情境	问题	教师活动	学生活动	设计意图	学生发展
利用惯性与质量的关系解决实际问题Ⅱ	台风"山竹"登陆广东，有人被困在孤岛上，需要抛给救困人员救生绳以施救。学生抛模拟救生绳过程中发现轻绳不易抛出。	1. 模拟救生绳为什么不能被抛得更远？ 2. 怎样才能将模拟救生绳抛得更远一些？	提问：台风"山竹"登陆后，造成洪涝灾害，救灾过程中如何将救生绳抛给被困群众？ 1. 假设教师被困在孤岛上，请一名学生站在教师距离一定位置将模拟救生绳抛给教师。 2. 让学生想个办法，模拟救生绳抛得更远一些。 3. 为学生提供泡沫塑料、长毛巾、苹果三样物品，让学生选择。引导学生解释选择对应物品的原因。	1. 一名学生抛模拟救生绳给教师，其他学生观察，发现救生绳很难抛给一定距离处的教师。 2. 思考问题产生的原因，提出解决问题的方案：模拟救生绳的质量太轻了，需要增加绳头的质量。 3. 选择合适物品，并解释原因。泡沫塑料质量太小，挂上后没有效果；而苹果的质量大，惯性大大，不便于抛出去；所以应选择毛巾。	让学生根据实际问题，选取合适质量的物体，解决生活中的难题，提升利用知识解决实际问题的能力。	1. 从两个实际问题的研究中，认识到人类能对人类造成灾害（治理沙漠化），也能对人类造福，学会用辩证的眼光看待问题。 2. 选择合适物品，挂在救生绳一端，提高了应用实验知识解决实际问题的能力。模拟实验促进产生与他人合作的意愿，并在合作中尊重他人。
课后总结、设置疑问	展示生活中惯性应用的图例。	1. 生活中还有哪些惯性的应用实例？ 2. 如何利用惯性知识解决生活中的难题。	1. 引导学生回顾科学探究的足迹和知识内容。 2. 布置思考题：请用惯性的知识，设计一个方案，解决生活中的一个难题。	1. 总结本节课所学的规律、方法及相关收获。 2. 思考如何利用惯性知识设计方案，解决生活中的一个难题。	深化对所学内容的理解，促进学生学以致用，解决问题。	由感性认识上升到理性认识，增强在情境中找出问题的能力；了解物理学的研究方法。物理、技术、社会、环境的关系；形成较强的学习和研究物理的内在动机。

89

七、板书设计

```
                    牛顿第一定律

         一、力和运动
                                         A        2
         二、牛顿第一定律                   1
         三、惯性
```

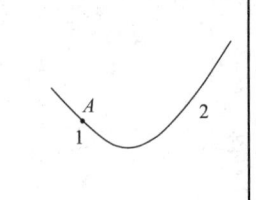

八、教学反思

  本节课提供了大量的感性认识素材，还重点介绍了伽利略的科学研究方法，这样的教学设计，有以下作用：物理是一门以实验为基础的自然科学，重视科学实验，重视逻辑推理，重视科学方法。真理固然重要，但是获得真理的方法更加重要。学生亲历探究过程，体验科学研究的方法，应用所学的知识设计方案解决生活中的问题，体现了新课改的教学理念，也突出了物理的学科本质。符合学生的认知规律，即以直接经验为基础，经过抽象思维，逐步递进，层层深入，最后上升到理论高度。

  通过伽利略理想斜面实验，学生亲历了"提出问题——猜想与假设——可靠的实验——合理外推——得出结论"的重要环节，体验了理想实验的科学研究方法，体会了理想实验的魅力。在该过程中学生能面对真实情境，从不同角度准确提出并准确表述可探究的物理问题，作出科学猜想与假设；能够根据可靠的实验分析现象，发现规律，形成合理的结论，提升了学科核心素养。在分组实验中，学生亲身体验到惯性大小与质量的关系，并利用物理知识解决实际问题，通过实验验证了所设计方案的可行性，提升了成就感，培养了学生综合运用物理知识解决实际问题的能力。在科学探究的过程中，培养学生实事求是的态度，学生与他人合作的意愿得到提高。学生的环保意识及民族自豪感得到提升，学生具有了保护环境、节约资源、促进可持续发展的良好意识。

  本节课还有许多不足之处和值得商榷的地方。一是课堂教学的过程中没有留出充裕的时间促进学生思考，语言不够精练。二是惯性在生活中的应用还有很多，课堂中学生联系实际主动分析问题的时间偏少，应该给学生更多展示和交流的机会，让学生体会到成就感。

牛顿第三定律

北京市昌平区第二中学　刘芳芳

一、教学内容分析

《牛顿第三定律》是《普通高中物理课程标准(2017年版)》必修课程必修1模块中的"相互作用与运动定律"主题下的内容，内容要求：理解牛顿运动定律，能用牛顿运动定律解释生产生活中的有关现象、解决有关问题。《普通高中物理课程标准(2017年版)解读》对该内容的解读：理解牛顿第三定律，能用牛顿第三定律分析解决现实情境中的有关问题，在解决问题的教学中，要重视让学生体会用牛顿运动定律解决问题的思路，逐步形成运动与相互作用观念，以牛顿运动定律为知识载体，提升物理素养水平。

牛顿运动定律不仅是动力学的核心内容，而且是经典力学的重要基石之一，还是学生进一步学习功和能、冲量和动量等后续物理知识不可或缺的认知储备。牛顿运动定律建立的过程蕴藏了丰富的科学思想、科学方法、科学品质和人文底蕴，让学生经历该过程能够培养和提升学生核心素养中的创新意识、创新能力和自主学习能力。因此，牛顿运动定律在高中物理教学中具有重要地位和作用，引导学生深刻理解、熟练运用牛顿运动定律是高中物理教学的重中之重。

牛顿第三定律强调了力的两个本质特性：物质性和相互性。力不能离开物体而独立存在，每一个力都涉及两个物体——施力物体和受力物体，物体间的作用是相互的，施力物体和受力物体间同时存在同种性质的作用力和反作用力，且作用力和反作用力总是大小相等，方向相反，作用在同一条直线上。

二、学情分析

　　学生已经学习了重力、弹力、摩擦力等几种性质的力，学习了二力平衡、牛顿第一定律和第二定律，为本节课的学习奠定了基础。初中阶段，学生已经对物体的相互作用有了一定的了解，也知道一对相互作用力和一对平衡力是不同的，即一对平衡力是指同一物体所受的两个互相平衡的力，而一对相互作用力分别作用在两个物体上。但是，学生对这些知识只是定性地了解，认识既不全面也不深刻，基本上处在记忆的层次，学生体会不到明确提出作用力和反作用力这一概念的重要价值。日常生活中的许多经验，给学生造成了一些错误的"前概念"，也给本节课的教学带来了一定的困难。要实现对牛顿第三定律的深入理解，还需要从力的性质、作用的同时性等方面进一步认识，并进行定量探究，使学生形成相互作用的观念。

　　高一学生已经具备了一定的科学探究意识，具有实验探究、知识迁移和总结分析的能力，能熟练运用控制变量法进行实验，并能在教师引导下对实验现象作出科学合理的解释。所以在教学过程中，教师逐步设置情境，通过问题引导学生开展学习活动，达到教学目标。

三、教学目标

　　1. 学生观察生活情境，理解物体间的作用是相互的，而且作用力和反作用力的说法也是相对的。

　　2. 学生经历探究作用力与反作用力的关系的实验过程，体会一对作用力和反作用力间的大小、方向等关系，逐步形成相互作用的观念。

　　3. 学生列举生活中应用牛顿第三定律的实例，并能正确利用牛顿第三定律定性分析、解决生活中的实际问题。

四、教学重难点

教学重点：牛顿第三定律的内容。

教学难点：牛顿第三定律的应用。

教学方法：讲授法、实验法、讨论法。

教学用具：自制火箭、小车、木块、弹簧测力计、台秤、烧杯、磁铁、圆柱体、力传感器、自制电动汽车、塑料板。

五、教学流程

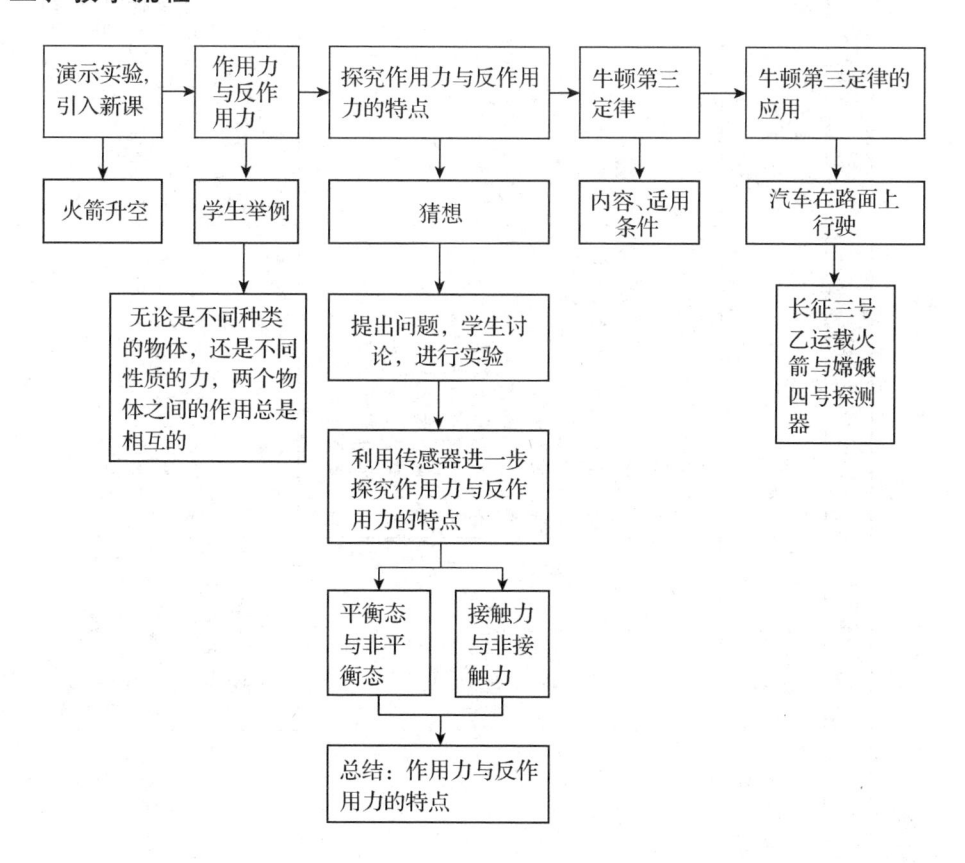

```
演示实验, → 作用力 → 探究作用力与反作用 → 牛顿第三 → 牛顿第三定律的
引入新课    与反作    力的特点              定律        应用
            用力
    ↓         ↓            ↓                  ↓            ↓
  火箭升空  学生举例       猜想            内容、适用    汽车在路面上
                                            条件          行驶
              ↓            ↓                               ↓
          无论是不同种类  提出问题,学生讨                长征三号
          的物体,还是不同 论,进行实验                    乙运载火
          性质的力,两个物                                箭与嫦娥
          体之间的作用总是                                四号探测
          相互的                                          器
                           ↓
                      利用传感器进一步
                      探究作用力与反
                      用力的特点
                        ↓         ↓
                     平衡态      接触力
                     与非平      与非接
                     衡态        触力
                           ↓
                      总结：作用力与反
                      用力的特点
```

93

六、教学过程

环节	情境	问题	教师活动	学生活动	设计意图	学生发展
创设情境，引入新课	将泡腾片放入加水的自制火箭内，火箭升空。	火箭为什么能够升空？	演示火箭升空实验。	思考、回答问题：火箭发射时，向下喷气，使火箭向上运动。	创设课堂情境，激发学生的学习兴趣，提出问题；通过联系实际和动手实验深入理解作用力与反作用力，提高感性认识。	联系实际生活，感知作用力与反作用力。
	展示生活中的实例图片。	同学们想一想，你还能举出什么样的相互作用的实例？	引导学生列举相互作用的实例。总结学生举例，归纳出：无论是不同种类的物质的力（重力、弹力、摩擦力、磁场力等），两个物体之间的作用总是相互的；给出作用力和反作用力的概念：两个物体之间的相互作用力叫作用力，我们把其中一个力叫作用力，另一个力叫作反作用力。	列举相互作用的实例。		
定性研究作用力与反作用力的特点	学生分组实验。	作用力和反作用力之间有什么关系？如何用桌上的器材设计实验来确定它们的关系呢？	通过提问引导学生思考作用力和反作用力的关系；引导学生设计实验验证自己的猜想。	思考、猜想、回答问题：生1：我认为作用力和反作用力大小是一个矢量，它们的方向也应该存在关系。生2：力是一个矢量，我认为作用力和反作用力方向相反，作用在同一条直线上。学生动手实验，验证自己的猜想。	教师事先提供一系列实验器材，让学生合作动手实验，目的是学生对作用力和反作用力的互相理解，从而加深学生对作用力和反作用力的理解。	提出猜想，深入理解作用力与反作用力。

94

第四章 必修1部分教学设计案例

续表

环节	情境	问题	教师活动	学生活动	设计意图	学生发展
定量探究作用力与反作用力的特点	提供一系列器材，设计方案验证作用力和反作用力的特点。	如何设计实验定量验证作用力和反作用力的特点？	引导学生讨论，选择不同的器材，设计方案来验证作用力和反作用力的特点。巡回指导学生实验。	讨论、思考、设计实验，选取实验器材，展示实验方案。 方案1：弹力间的相互作用力的大小关系。 方案2：木块与小车间的摩擦力之间的关系。 方案3：木和物块间的相互作用力的关系。	通过小组合作讨论、设计实验方案，培养学生的合作意识；通过从定性实验到定量实验的探究，让学生体会科学探究的严谨性。	通过设计实验方案，进行实验探究，分析实验结果，总结实验结论等一系列科学探究活动，体验实验探究的过程，感悟科学的严谨态度，发展合作意识。

95

续表

环节	情境	问题	教师活动	学生活动	设计意图	学生发展
探究非平衡状态下作用力与反作用力的特点	利用传感器和磁铁"马拉车"（非接触）的相互作用，研究非平衡状态下作用力与反作用力的特点。	1. 物体做加速或减速运动时，作用力和反作用力还相等大吗？ 2. 非接触的作用力和反作用力还相等吗？	1. 介绍传感器的使用方法，详细说明实验过程中两个传感器分别显示的是什么力及其方向。 2. 演示加速、减速的"马拉车"实验。 3. 演示磁铁相互靠近和远离实验。	1. 观察"马拉车"实验和磁铁间相互作用实验。 2. 观察、分析实验图像，思考、回答问题。	通过传感器实验让学生了解数字化实验设备，了解科技进步对物理教学的促进作用，使学生深入理解作用力和反作用力的特点。	了解数字化实验，逐步形成相互作用的观念。
牛顿第三定律的内容	展示实验图像。	1. 图像能说明什么？大小相等是指哪个时刻？ 2. 根据以上的实验结果，我们可以得到作用力和反作用力之间有什么关系？	根据上述实验结果，分析图像，引导学生思考，总结作用力和反作用力的特点，归纳出牛顿第三定律。（牛顿第三定律：两个物体之间的作用力和反作用力总是大小相等，方向相反，作用在同一条直线上。）引导学生讨论总结作用力和反作用力的特点，并补充完整的部分。	1. 观察、分析图像，回答问题：在相同时刻，作用力与反作用力大小相等，同时变化。 2. 总结关系：作用力与反作用力之间的关系是大小相等，方向相反，作用在同一条直线上。 3. 讨论作用力和反作用力的特点。	通过展示实验结果，引导学生分析，总结出牛顿第三定律，加深学生对作用力和反作用力的理解。	总结出牛顿第三定律；养成勤动脑、多思考的习惯，形成相互作用的观念。

续表

环节	情境	问题	教师活动	学生活动	设计意图	学生发展
牛顿第三定律的内容		3. 根据牛顿第三定律的内容，结合大家做的实验，讨论一下作用力和反作用力有什么特点。	总结：作用力和反作用力除了大小相等、方向相反，还有性质相同，作用对象不同的关系。所以，我们可以用下面一句话来概括作用力和反作用力之间的关系：同性质，同变化，反向，异物，又共线。	生1：作用力和反作用力成对出现，同时产生，同时变化，同时消失。生2：作用力和反作用力相互作用在两个不同物体上，各自产生不同效果，不会抵消。生3：作用力和反作用力是同一性质的力。生4：物体间的相互作用力，既可是接触力，也可以是非接触力。		
牛顿第三定律的应用	自制教具演示实验：汽车与路面之间的相互作用。	牛顿第三定律在我们的生活中有哪些应用呢？	演示汽车驱动：汽车发动机驱动车轮转动，由于车轮和地面间的摩擦，车胎推地面，地面给车胎一个向前的反作用力，使汽车前进。汽车受到的牵引力就是这样产生的。若把驱动架空，不让它跟地面接触，这时虽然车轮转动，但不会前推车，地面也就不产生向前推车的力。陷在泥沼中的汽车，尽管车轮飞转，车也不能前进，就是这个道理。为了解决这类问题，许多越野车设计成后轮驱动或是由前轮或后轮驱动，甚至可以四轮同时驱动。	讨论并分析现实生活中哪些实例应用了牛顿第三定律。	培养学生将科学服务于人类的意识，培养爱国情感，有振兴中华的使命感与责任感。	认识科学、技术、社会、环境的关系，提升民族自豪感和社会责任感。

97

续表

环节	情境	问题	教师活动	学生活动	设计意图	学生发展
牛顿第三定律的应用	播放长征三号乙运载火箭成功发射嫦娥四号探测器的视频。		播放火箭发射视频：2018年12月8日2时23分，我国在西昌卫星发射中心用长征三号乙运载火箭成功发射嫦娥四号探测器，开启了月球探测的新旅程。	观看火箭发射视频，并体会牛顿第三定律在科技中的应用。		
小结	总结与课后延伸。	学完了这节课，你有哪些收获？	引导学生总结本节课的主要内容。	总结本节课所学内容。	培养学生归纳总结的能力。	学会归纳和总结。

七、板书设计

牛顿第三定律

一、作用力与反作用力

　　两个物体之间的作用总是相互的。

　　物体间相互作用的这一对力,通常叫作作用力与反作用力。

　　$A \leftrightarrows B$

二、探究作用力与反作用力的关系

　　同值、同性、同变化,异物、反向、又共线

三、牛顿第三定律

　　作用力和反作用力总是大小相等、方向相反、作用在一条直线上。

四、应用

八、教学反思

1. 实验改进：传统的力传感器只能研究接触力——弹力之间的相互作用,无法定量探究非接触的相互作用的磁场力的关系。通过改进,利用自制的磁铁端更换力传感器的挂钩(图10),解决了这一问题,实验效果很好。

图 10

2. 牛顿第三定律除了能更好地分析和解决之前所学过的力学问题、力和运动的关系的问题外，对后面碰撞问题的研究更是功不可没。在整个高中阶段的学习中，在研究受力情况复杂的物体的受力情况时，还常转换到与之相互作用的物体上进行研究。在分析、处理一些实际问题或物理习题时，牛顿第三定律会发挥关键性的作用。本节课的内容多，由于时间的关系，没能进行练习，巩固新知识。同时对于其他的一些易混概念，如一对相互作用力与一对平衡力的区别，没能进行分析。

超重和失重

北京市昌平区第二中学　马昌芳

一、教学内容分析

《超重和失重》是《普通高中物理课程标准(2017年版)》必修课程必修1模块中的"相互作用与运动定律"主题下的内容，内容要求：通过实验，认识超重和失重现象。《普通高中物理课程标准(2017年版)解读》对该内容的解读：在用牛顿运动定律解决问题的教学中(包括超重与失重)，要重视让学生体会用牛顿运动定律解决问题的思路，逐步形成运动与相互作用观念，以牛顿运动定律为知识载体，提升物理素养水平。

超重和失重现象是在学完牛顿运动定律的基础上来探索和研究的问题。通过本节课的学习有助于学生对牛顿运动定律和运动学知识的理解，有利于培养学生分析问题和解决问题的能力。超重和失重现象可以从动力学和运动学两个角度来理解。从运动学的角度看：当物体加速上升或减速下降时，物体处于超重状态；当物体加速下降或减速上升时，物体处于失重状态。从动力学的角度看：当物体受到的合外力向上(加速度向上)时，物体处于超重状态；当物体受到的合外力向下(加速度向下)(有限度)时，物体处于失重状态。前者为表象，后者为本质。超重和失重是学生生活中比较熟悉的现象，因此教学时尽量贴近生活，从生活中来，到生活中去。教学过程中多安排学生动手实验，亲身体会，同时也安排思考、讨论，加深对超重和失重的理解。

二、学情分析

学生已经学完牛顿运动定律，但缺乏实际应用，对概念的理解还很抽象；通过本节课的学习，建立一个生动活泼的场景，易于学生理解消化，学以致用。

教材给出的超重、失重定义，让学生一直难以接受、理解、把握，甚至让学生产生"超重和失重是物体实际重力的增减"的错误认识。为了对超重与失重概念作出明确定位，引入"视重"和"真重"概念。

学生对新事物的理解较为片面，不能很好地由感性认识上升为理性认识，通过本节课的学习让学生掌握分析具体现象的一般方法，为以后的学习奠定基础。

三、教学目标

1. 学生体验超重和失重，理解产生超重和失重现象的条件，并应用牛顿运动定律分析、解释生活中的超重和失重现象，逐步形成相互作用的观念。

2. 学生观察物理现象，探究超重和失重现象，提高模型建构、科学推理能力，逐步掌握比较、分析和归纳的科学思维方法。

3. 学生通过一系列探究活动，养成细心观察、勤于思考、相互交流的学习习惯，并培养合作精神。

四、教学重难点

教学重点：超重和失重现象以及产生该现象的条件。

教学难点：产生超重和失重现象的条件；运用牛顿运动定律对超重和失重现象进行分析。

教学方法：观察、实验、探究、分析论证、任务驱动等。

教学用具：重锤和纸带、钩码（200 g）、体重秤、底部和上侧面开有小孔的塑料瓶、白纸、计算机、投影仪、数字展台、多媒体演示课件。

五、教学流程

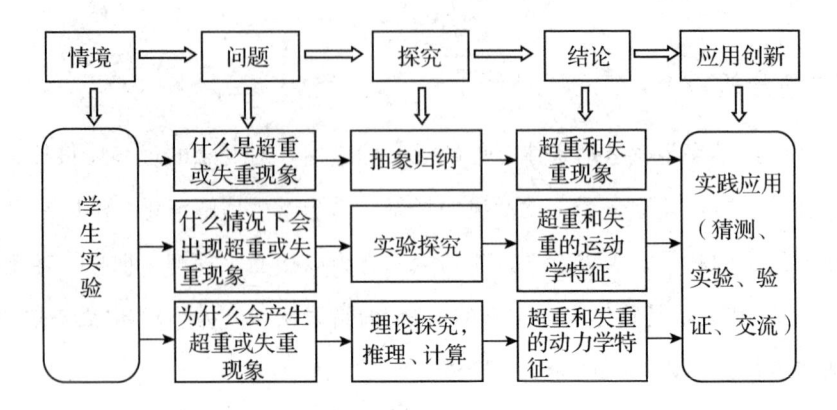

```
情境 ⟹ 问题 ⟹ 探究 ⟹ 结论 ⟹ 应用创新
 ⇩      ⇩      ⇩      ⇩       ⇩
```

学生实验	什么是超重或失重现象	抽象归纳	超重和失重现象	实践应用（猜测、实验、验证、交流）
	什么情况下会出现超重或失重现象	实验探究	超重和失重的运动学特征	
	为什么会产生超重或失重现象	理论探究，推理、计算	超重和失重的动力学特征	

六、教学过程

环节	情境	问题	教师活动	学生活动	设计意图	学生发展
创设情境，提出问题	1. 将纸带挂上重锤，然后迅速上提。2. 某位学生称体重，在秤上起立和蹲下，观察体重秤的示数变化。	1. 观察到什么现象？2. 纸带拉力、人对体重秤的压力与物体重力，发生变化了吗？	演示实验并提问：观察到什么现象？由此你会提出哪些问题？（1. 什么是超重、失重？2. 什么情况下出现超重、失重？3. 为什么会出现超重、失重？）	亲身体验：用纸带提重锤，蹲下，一同学称体重，起立时观察体重秤示数的变化。	通过体验、感知，激发思考，建立物理观念。	在感知中学会观察、善于思考、勤于思考。
探究	在电梯上升或下降过程中称体重。	什么情况下会出现超重或失重现象？	指导学生进行实验：探究电梯运动时体重秤示数的变化。	认真分析电梯中的体重秤在上升、下降不同运动状态时的示数变化，寻找超重、失重在什么情况下出现。	引导学生以事实为依据，应用所学知识，分析运动状态变化与体重秤的示数变化规律。	经历科学探究和思维加工过程，使物理观念内化。通过比较类比提出问题和解决问题的能力。
结论	—	为什么会出现超重或失重现象？	应用所学运动学规律分析超重及失重规律：（隔离分析法）。$F-mg=ma$，$F'=F=mg+ma$，$F'>mg$。	应用牛顿运动定律分析失重规律：$mg-F=ma$，$F'=F=mg-ma$，$a=g$时，$F'=F=0$，即完全失重。	应用牛顿运动定律对现象进行分析，将理论应用于实践。	培养抽象概括能力、模型建构、科学推理能力，让学生体会应用牛顿运动定律解决问题的思路，提升物理素养水平。

103

续表

环节	情境	问题	教师活动	学生活动	设计意图	学生发展
应用	1. 人站在体重秤上蹲下、起立时，观察体重秤的示数变化，进行小组比赛——谁在体重秤上示数最小。 2. 实验："喷水失射"。 3. 实验："书中取纸"。	1. 观察体重秤的示数如何变化并分析原因。 2. 水不会喷出的原因是什么？ 3. 纸条不会断裂的原因是什么？	1. 讲解比赛规则：离开体重秤，手不能扶其他物体。 2. 演示"喷水失射"：自由下落，竖直上抛或平抛。 3. 演示"书中取纸"。	学生体验，小组选代表参赛，获胜者谈感受（体重秤的示数取决于m与a的大小）。	让学生积极参与，学以致用，理论联系实际，加深理解。	掌握和运用物理知识，体验科学探究过程，实践能力，增强创新意识，精神，小组合作学习的兴趣和热情，养成实事求是的科学态度。
创新	列举日常生活中的超重、失重现象。	超重、失重的利弊是什么？	引导学生思考并提问： 1. 车胎未充满气为什么容易爆胎？ 2. 跳水运动员起跳前的动作哪些利用了超重？ 3. 展开你的想象，若完全失重，我们的生活将会是什么样子？	小组讨论、总结： 1. 车前进中上下振动，如同体重秤一样，有超重、失重现象。 2. 运动员下落接触跳板产生超重，跳板以后更大的弹力。 3. 天平、摆钟、台秤等不能使用；人可以不用脚走路……	引导学生将物理知识和生活实际联系起来，学以致用。	保持对自然现象的好奇心和探究热情，乐于观察、思考，实事求是，追求创新。

104

七、板书设计

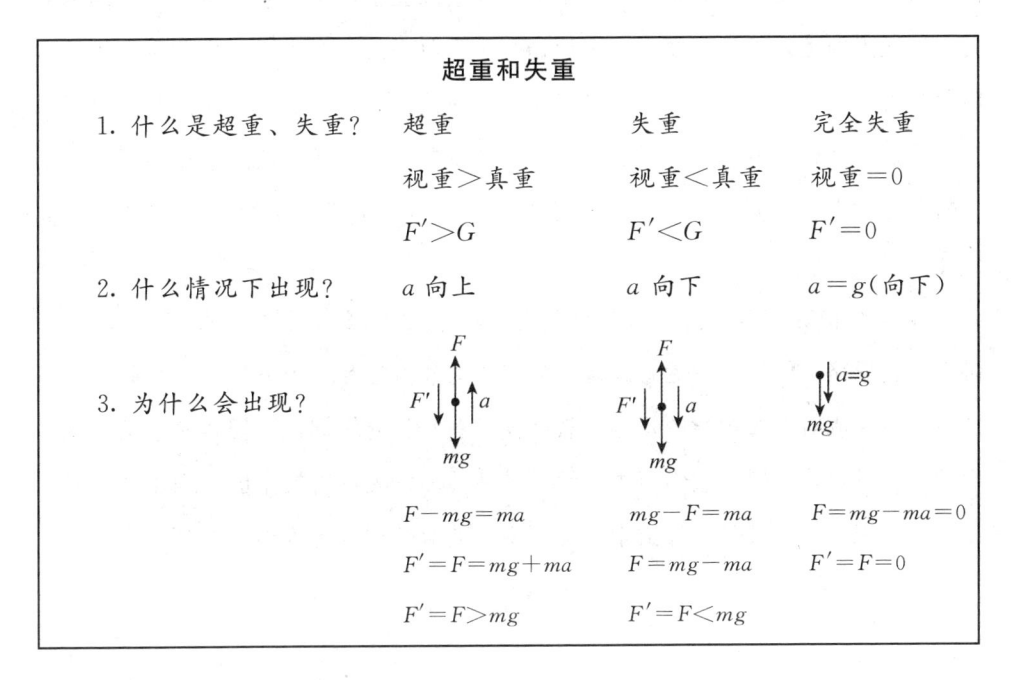

超重和失重			
1. 什么是超重、失重？	超重	失重	完全失重
	视重＞真重	视重＜真重	视重＝0
	$F'>G$	$F'<G$	$F'=0$
2. 什么情况下出现？	a 向上	a 向下	$a=g$（向下）
3. 为什么会出现？	$F'\downarrow \bullet \uparrow a$ $\downarrow mg$	$F'\downarrow \bullet \downarrow a$ $\downarrow mg$	$\bullet\; a=g$ $\downarrow mg$
	$F-mg=ma$	$mg-F=ma$	$F=mg-ma=0$
	$F'=F=mg+ma$	$F'=F=mg-ma$	$F'=F=0$
	$F'=F>mg$	$F'=F<mg$	

八、教学反思

1. 在教学中除了要注意对概念内涵的剖析、把握概念之间的逻辑关系外，还要特别注意概念的定位，这对学生能否正确认识概念具有举足轻重的作用。引入"真重"与"视重"概念的价值就在于此。不仅有利于对超重与失重的解读，还对超重与失重的定义起到了参照作用，使学生明确超重与失重的内涵与外延，从而达到对教学内容的真正理解。

2. 本节课以日常生活中常见现象创设问题情境，让学生产生质疑，以三个"问题"统领"全局"。课程内容采用探究式教学展开，不仅设备、仪器易选取易操作，而且更接近学生的生活实际，能引起学生的兴趣、好奇心，并能让学生自己亲身感受，学习激情较高。

3. 探究实验的设计直观、有效，注重全体学生的动手、动脑。既强调对学生探究技能和思维能力的培养，又通过对问题的分析、讨论和归纳强化内容的重要性。比如：为增加直观性，用数字展台的摄像头对准体重秤的示数盘，将其投影到大屏幕；为便于观看，"喷水"中加入几滴红墨水；学生对超重和失重的判断是以速度方向还是以加速度方向为依据，是学习中的一个难点，为此设计了让塑料瓶自由落下、竖直上抛、水平抛出，通过讨论、分析和演示，对此难点有了清晰的认识；结合乘电梯亲身感受超重和失重现象。另外通过播放宇宙飞船升空及宇航员在太空中失重的画面，激发学生学科学、用科学的热情，实现课堂的高效化。

4. 教师精讲，学生精练。对超重现象产生的原因，教师应用牛顿运动定律讲好解题思路，使学生掌握解决问题的基本物理方法和思维方法，在教师引导下学生自主完成对失重规律的建构。教师要注意"度"的把握：讲授过多，会替代学生的思考过程，妨碍学生学习主动性、创新性的发展；讲授不够，则不能把学生引领到知识的"临界区"，导致学生无法主动获取知识，更难创新思维。

第五章　必修 2 部分教学设计案例

曲线运动

北京师范大学　曾秀

一、教学内容分析

《曲线运动》是《普通高中物理课程标准(2017年版)》必修课程必修 2 模块中的"曲线运动与万有引力定律"主题下的内容，内容要求为：通过实验，了解曲线运动，知道物体做曲线运动的条件。《普通高中物理课程标准(2017年版)解读》对该内容的解读为：本内容与学生在必修课程中所学的直线运动和定性了解曲线运动相衔接，通过拓展学生对机械运动的认识，进一步发展学生运动和相互作用的观念和运用所学知识研究新问题的能力。要求学生从观察生活中的曲线运动和实验现象入手，了解曲线运动的速度方向沿切线方向，发展学生对速度的矢量性的认识，从而知道曲线运动是变速运动。进而运用牛顿第二定律进行科学推理，得出物体做曲线运动的条件是物体所受的合外力方向与运动方向不在同一直线上，深化学生对力与运动的关系的认识。

必修 1 模块中的直线运动和牛顿运动定律的知识，是学习本节内容的重要基础。本节内容则是本章学习内容的知识基础，本节研究一般的曲线运动，在此基础上再研究特殊的曲线运动——平抛运动和匀速圆周运动，进而学习天体运动，将"天上力学"与"地上力学"统一。从知识体系上看，曲线运动的速度方向是曲线运动的运动学特征，而做曲线运动的条件则是曲线运动的动力学特征，从运动学到动力学，符合牛顿力学的研究思路。从学生认知建构的过程来看，了解曲线运动的速度方向只是知道一个事物的结果，掌握了曲线运动发生的条件才能理解出现该结果的原因，这样才能在逻辑上帮助学生深刻理解本节的两个重点内容。

二、学情分析

知识层面上，学生在必修1的学习中对直线运动的特点和规律已经理解透彻，掌握了力的基本知识和牛顿运动定律，但学生对矢量的理解还不够深刻。能力层面上，学生具备一定的观察、分析实验现象和总结物理规律的能力，但自主探究能力处于初级阶段，将物理知识应用于生活的能力还有待提升。学生具有好奇心强、求知欲旺、思维活跃、喜欢动手操作、厌倦枯燥乏味的特点。

三、教学目标

1. 学生迁移直线运动，了解曲线运动，拓展对机械运动的认识，进一步发展运动和相互作用的观念。

2. 学生运用牛顿第二定律进行科学推理，得出物体做曲线运动的条件是物体所受的合外力方向与运动方向不在同一条直线上，加深对力与运动的关系的认识。

3. 学生体验建立曲线运动的物理模型，运用类比推理方法，进行曲线运动的描述，发展运用所学知识研究新问题的能力，并运用所学知识分析、解决实际问题。

4. 学生观察生活中的曲线运动和实验现象，经历基于观察提出物理问题、形成猜想和假设、设计实验与制订方案、获取和处理信息、基于证据得出结论并作出解释这一科学探究过程，了解曲线运动的速度方向沿切线方向，深化对速度的矢量性的认识，科学推理曲线运动是变速运动。体会科学探究严谨认真、实事求是的精神。

四、教学重难点

教学重点：曲线运动速度方向的变化；物体做曲线运动的条件。

教学难点：曲线运动速度方向的变化；理解曲线运动是变速运动。

教学方法：启发—引导式教学、谈话法、讨论法、实验法、概念图法。

教学用具：墨水、小钢珠、粉笔、纸板轨道（自制）、磁铁。

五、教学流程

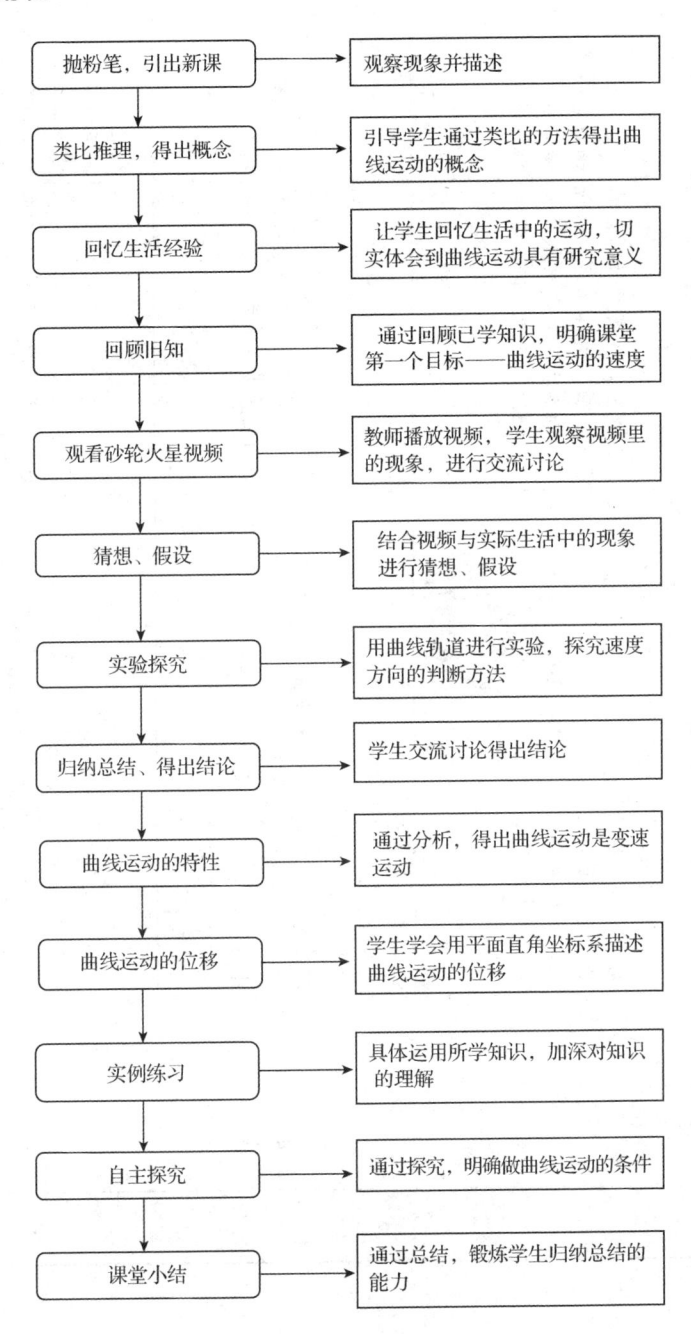

抛粉笔，引出新课	观察现象并描述
类比推理，得出概念	引导学生通过类比的方法得出曲线运动的概念
回忆生活经验	让学生回忆生活中的运动，切实体会到曲线运动具有研究意义
回顾旧知	通过回顾已学知识，明确课堂第一个目标——曲线运动的速度
观看砂轮火星视频	教师播放视频，学生观察视频里的现象，进行交流讨论
猜想、假设	结合视频与实际生活中的现象进行猜想、假设
实验探究	用曲线轨道进行实验，探究速度方向的判断方法
归纳总结、得出结论	学生交流讨论得出结论
曲线运动的特性	通过分析，得出曲线运动是变速运动
曲线运动的位移	学生学会用平面直角坐标系描述曲线运动的位移
实例练习	具体运用所学知识，加深对知识的理解
自主探究	通过探究，明确做曲线运动的条件
课堂小结	通过总结，锻炼学生归纳总结的能力

六、教学过程

环节	情境	问题	教师活动	学生活动	设计意图	学生发展
创设情境，引入新课	演示实验：粉笔自由下落和被水平抛出。	请同学们观察老师手中粉笔的运动，粉笔两次运动的轨迹有什么不同？	展示：教师手拿粉笔，分别让粉笔自由下落和被水平抛出。	仔细观察，认真思考，回答问题：做自由落体运动的粉笔的轨迹为直线，被水平抛出的粉笔的轨迹为曲线。	通过创设学习情境，激发学生的学习兴趣。	观察现象，并使用物理语言正确描述现象。
		第一种运动是自由落体运动，运动轨迹为直线，可以称之为直线运动。同学们类比一下，第二种运动能定义为什么运动？	引导学生得出曲线运动的定义。	类比直线运动的定义得出曲线运动的定义——物体运动的轨迹为曲线的运动。	通过问题引导学生使用类比推理的方法。	学习使用类比推理的方法。
		同学们回忆一下，生活中运动的轨迹都是什么样的？	展示生活中的运动图片。	思考生活中运动的轨迹，回答问题。	通过让学生回忆生活中运动的轨迹，体会到生活中直线运动比曲线运动更普遍，具有研究意义，激发学生的求知欲。	回忆生活中的运动，切实体会曲线运动的研究意义。

续表

环节	情境	问题	教师活动	学生活动	设计意图	学生发展
创设情境，引入新课	演示实验：粉笔自由下落和被水平抛出。	1. 同学们回忆一下，描述直线运动时，使用了哪些物理量？ 2. 曲线运动的速度方向是什么样的？	引导学生回忆描述直线运动的物理量，引出在描述曲线运动时，首先要研究速度，强调速度为矢量。	回忆直线运动中学习过的物理量，并回答：位移、速度、加速度等物理量描述直线运动。	通过引导学生回顾已学知识，明确课堂第一个目标——曲线运动的速度。	回顾已学知识，巩固速度是矢量这一观念。
观看视频，描述现象，猜想假设	观看砂轮摩擦产生的炽热微粒沿边缘飞出的视频。	请同学们观看这个视频，注意观察砂轮摩擦产生的炽热微粒飞出的方向，一会儿告诉老师你觉得圆周运动的速度方向是什么样的？	引导学生观察砂轮摩擦产生的炽热微粒的速度方向。	观看视频，描述炽热微粒的速度方向。	通过再现运动，提出问题，为下一步猜想做铺垫。	观看视频，能描述现象。
		通过观察视频中炽热微粒的运动，回忆生活中雨伞转动时雨滴的运动轨迹，我们猜想一下圆周运动中同学们运动到任意一点时速度方向是什么样的？	引导学生猜想圆周运动的速度方向。	通过观察、思考、交流与讨论，圆周运动任意一点时刻的速度方向沿这一点的切线方向。	通过结合生活中的情境，让学生进行猜想。	结合实际生活中的现象作出合理的猜想。

111

续表

环节	情境	问题	教师活动	学生活动	设计意图	学生发展
实验探究	用具有普通意义的任意曲线轨道进行实验，探究判断速度方向的方法。	同学们思考一下，能不能用你身边的一些物品设计实验来验证你的猜想呢？	提问，让学生思考如何设计实验方案。	讨论、设计实验方案。	让学生勤于思考。	积极参与设计实验方案的过程。
		同学们，老师这里设计了方案，也用生活中的物品自制了方案，用生活中的物品自制了实验器材进行实验来验证了圆周运动到曲线运动的特殊曲线运动，老师这里的实验意就是使用任意曲线轨道、实验器材有小白板、钢珠和墨水，大家想如何进行实验证呢？	使用自制的纸板轨道（利用小白板、纸板制作的三段可拆卸的轨道）进行演示实验。	协助教师完成实验，观察现象，进行描述。	用具有普通意义的任意曲线轨道进行实验，探究判断速度方向的方法；同时用日常用品自制实验，让学生明白日常用品也是重要的实验资源。	获取信息并进行处理，体会到日常用品可以作为实验材料。
得出结论		通过实验，我们可以得出什么结论？	引导学生得出结论。	交流讨论得出结论：曲线运动的速度方向为切线方向，时刻在变化（做曲线运动的物质在某一点的速度，沿曲线在这一点的切线方向）。	引导学生得出结论。	能够基于证据得出结论。

续表

环节	情境	问题	教师活动	学生活动	设计意图	学生发展
得出结论	澄清模糊的认识。	知道了速度的方向,同学们思考两个问题:曲线运动的大小是否变化?曲线运动是否一定是变速运动呢?	引导学生分析,因为曲线运动的速度方向所以时刻在变化,曲线运动一定是变速运动。	思考并回答:曲线运动速度大小可变可不变。通过实验分析速度矢量,并根据速度方向的变化,科学推理出结论——曲线运动在时刻一定是变速运动。	强调速度为矢量,让学生会通过已有知识进行科学推理。	巩固速度是矢量的观念,学会观察实验,通过已学知识进行科学推理。
实例练习:描述红蜡块的运动	红蜡块在玻璃管中运动。	探究了速度,接着我们一起想想如何描述曲线运动的位移呢?同学们请翻开教材,试试能不能描述红蜡块的运动。	引导学生讨论,在研究曲线运动时,无法应用直线坐标系,而应选择平面直角坐标系。	思考书上的实例,学会用平面直角坐标系描述曲线运动的位移。	从直线运动到曲线运动的描述拓展,为下一节平抛运动等特殊曲线运动的描述做铺垫。	知道描述曲线运动须使用平面直角坐标系。
回顾旧知,推出新知	分析做曲线运动的条件。	学会描述曲线运动后,同学们有没有疑问:为什么有些物体做直线运动,有些物体做曲线运动?	引导学生从物体做直线运动的条件入手讨论:物体所受合外力为零,或合外力和运动方向在同一直线上。根据牛顿第二定律,要使物体的速度发生改变,必须对物体施加力的作用。因此得出:做曲线运动的物体所受合外力不能为零,且合外力的方向与运动方向不在同一直线上,从而	在老师的引导下,一步步分析得出物体做曲线运动的条件。	让学生在已有知识基础上,建构新的知识,分析得出做曲线运动的条件。	利用已掌握的知识推出新的结论,发展科学推理能力。

113

续表

环节	情境	问题	教师活动	学生活动	设计意图	学生发展
回顾旧知，推出新知			总结出物体做曲线运动的条件。进一步说明，做曲线运动的物体的加速度方向和运动方向不在同一直线上。			
自主探究	分组实验。	钢珠在水平面上做直线运动，磁铁要在什么方向上吸引钢珠，钢珠才会偏离原来的运动方向而做曲线运动？	指导学生使用钢珠和磁铁进行分组实验。	进一步实验验证做曲线运动的物体所受外力的合力不能为零，且合外力方向与运动方向不在同一直线上。	让学生通过自己设计实验，加深理解做曲线运动的条件。	通过实验明确合外力的方向与运动方向不在同一直线上时，物体才能做曲线运动。
课堂小结	总结本节课的收获。	同学们说一说这节课有哪些收获？	展示PPT，使用概念图进行总结。	总结本节课的收获。	回顾本节课内容，提高学生的总结能力。	学会归纳和总结。
布置作业	课后延伸。	自行车的挡板是如何设计的？	提出问题，引发学生探究。	课下自由探究。	开阔学生思路，锻炼动手协作能力。	学会合作探究。

七、板书设计

```
                        曲线运动

一、定义：物体运动的轨迹为曲线的运动

二、速度方向：
    做曲线运动的质点在某一点的速度，沿曲线在这一点的切线方向

三、速度大小：可以变化，也可以不变

四、性质：变速运动

五、条件：物体所受合外力的方向跟它的速度方向不在同一直线上
```

八、教学反思

1. 自制教具，激发学生学习物理的兴趣

使用生活中简单易得的材料制作教具，进行实验探究，让学生体会到实验不仅在实验室用标准的器材能完成，还可以取材于生活。日常用品、废旧材料也是重要的实验资源，在生活中可以自己动手做出实验器材。激发学生尝试自己在生活中用身边的器材去探究的兴趣。同时，用自制教具进行实验探究时，学生进行辅助，亲身体验实验演示，提高了学习的积极性。

2. 重视情境创设，加强培养物理学科核心素养

课堂一开始用粉笔创设具体情境，并展示生活中的运动的图片，让学生在诸多客观情境中抽象出物体做曲线运动的共同特征，形成曲线运动的概念，完成从经验性常识向物理观念的转变。探究曲线运动速度的方向时，学生辅助教师一起使用自制实验装置进行实验；验证做曲线运动的条件时，学生分小组自主设计并完成实验，学生在活动中感受科学探究过程，提高了科学探究能力。

3. 使用类比推理的科学方法，培养科学推理能力

在曲线运动的教学中，多处类比直线运动，让学生从已有知识经验中建构新知识。学生学会迁移所学知识，利用所学知识进行科学推理。

平抛运动

北京师范大学 金晨

一、教学内容分析

《平抛运动》是《普通高中物理课程标准(2017年版)》必修课程必修2模块中的"曲线运动与万有引力定律"主题下的内容，内容要求：通过实验，探究并认识平抛运动的规律。会用运动的合成与分解的方法分析平抛运动。体会将复杂运动分解为简单运动的物理思想。能分析生产生活中的抛体运动。《普通高中物理课程标准(2017年版)解读》对该内容的解读：要通过实验探究平抛运动的规律。重点是学会运用运动合成与分解的方法分析平抛运动，体会其中蕴含的化繁为简的物理思想。要求学生能理论联系实际分析日常生活中的抛体运动，例如，飞机投放救灾物资等，并能与静电场知识相联系，将平抛运动的规律迁移应用到分析垂直于电场方向进入匀强电场的带电粒子的受力情况及运动轨迹。

从知识结构上来看，平抛运动是学生学习的第一类曲线运动，但区别于对圆周运动的研究，平抛运动采用的是直线运动的研究方法，巧妙地利用运动的合成与分解的方法将其转化成了学生熟悉的匀速直线运动和自由落体运动这两种直线运动，体现了将复杂运动分解为简单运动的物理思想。同时平抛运动模型也是以后解决机械能守恒问题和匀强电场中带电粒子的运动问题中常用的物理模型。从教材设计思路来看，首先给出了抛体运动和平抛运动的特征，然后通过理论推导，分别得出了平抛运动的速度和位移的表达式，最后将结论推广到一般的抛体运动中。

二、学情分析

从知识层面上讲，学生已经熟练掌握了牛顿运动定律、匀速直线运动和自由落体运动,知道曲线运动可以分解为两个方向上的直线运动。

从能力层面上讲,学生具备一定的模型构建能力、抽象思维能力和实验探究能力,但对于高一的学生来说,这些能力仍需进行进一步的培养。

从认知难度上讲,对于学生来说很难熟练地将高度抽象的物理模型与实际问题相联系,这就要求教师特别注重情境的创设,引导学生体验从实际情境出发建构物理模型的过程;同时,学生虽然已经知道可以使用运动的合成与分解的方法分析曲线运动,但却无法熟练掌握。

三、教学目标

1. 学生通过体验平抛运动模型建构的过程,发展运动与相互作用观念;掌握并运用平抛运动模型发现和解释生活中的平抛运动。

2. 学生体验基于经验事实构建平抛运动模型的抽象概括过程,并掌握运动的合成与分解等物理方法在分析曲线运动时的具体运用;通过构建平抛运动模型的过程,体验科学探究的方法,在面对问题时,能运用科学的方式收集证据,并作出合理解释,与他人进行交流。

3. 学生养成处理问题时的证据意识,以及运用物理视角解决真实问题的意识。

四、教学重难点

教学重点:基于匀速直线运动模型和自由落体运动模型,运用运动的合成与分解的方法构建平抛运动模型,并通过实验探究对模型进行验证。

教学难点:如何合理设置问题,搭设概念进阶的台阶,引导学生将平抛运动分解为水平和竖直两个方向上的直线运动进行分析,并设计实验进行探究。

教学方法:讲授法、实验探究法、分组讨论法。

教学用具:平抛竖落仪、双轨平抛演示器、网球。

五、教学流程

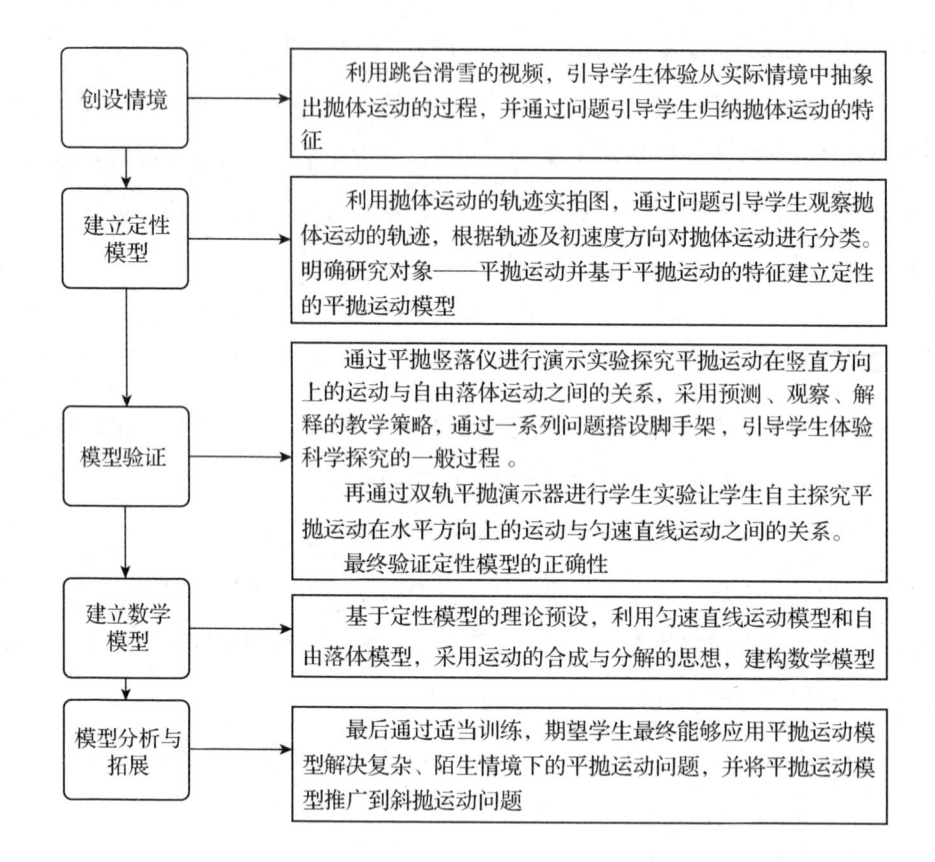

```
┌──────────┐      ┌────────────────────────────────────────────────┐
│ 创设情境 │ ───→ │  利用跳台滑雪的视频，引导学生体验从实际情境中抽象  │
│          │      │  出抛体运动的过程，并通过问题引导学生归纳抛体运动的特 │
│          │      │  征                                              │
└──────────┘      └────────────────────────────────────────────────┘

┌──────────┐      ┌────────────────────────────────────────────────┐
│ 建立定性 │ ───→ │  利用抛体运动的轨迹实拍图，通过问题引导学生观察抛  │
│   模型   │      │  体运动的轨迹，根据轨迹及初速度方向对抛体运动进行分类。│
│          │      │  明确研究对象——平抛运动并基于平抛运动的特征建立定性 │
│          │      │  的平抛运动模型                                   │
└──────────┘      └────────────────────────────────────────────────┘

┌──────────┐      ┌────────────────────────────────────────────────┐
│          │      │  通过平抛竖落仪进行演示实验探究平抛运动在竖直方向  │
│          │      │  上的运动与自由落体运动之间的关系，采用预测、观察、解 │
│ 模型验证 │ ───→ │  释的教学策略，通过一系列问题搭设脚手架，引导学生体验 │
│          │      │  科学探究的一般过程。                              │
│          │      │  再通过双轨平抛演示器进行学生实验让学生自主探究平  │
│          │      │  抛运动在水平方向上的运动与匀速直线运动之间的关系。   │
│          │      │  最终验证定性模型的正确性                          │
└──────────┘      └────────────────────────────────────────────────┘

┌──────────┐      ┌────────────────────────────────────────────────┐
│ 建立数学 │ ───→ │  基于定性模型的理论预设，利用匀速直线运动模型和自  │
│   模型   │      │  由落体模型，采用运动的合成与分解的思想，建构数学模型 │
└──────────┘      └────────────────────────────────────────────────┘

┌──────────┐      ┌────────────────────────────────────────────────┐
│ 模型分析与│ ───→ │  最后通过适当训练，期望学生最终能够应用平抛运动模  │
│   拓展   │      │  型解决复杂、陌生情境下的平抛运动问题，并将平抛运动模 │
│          │      │  型推广到斜抛运动问题                             │
└──────────┘      └────────────────────────────────────────────────┘
```

六、教学过程

环节	情境	问题	教师活动	学生活动	设计意图	学生发展
创设情境	观看视频滑雪跳合滑。	如果运动员下落的高度 H 和飞出的水平距离 L 一定,从跳合飞行一段时间后的速度多大?	通过播放跳合滑雪视频,创设物理情境:运动员从高处起跳,在空中飞行一段时间后,落到地面上。	观看视频,思考该运动的特征,并回答问题。根据已有知识,无法得到初始速度。	通过观看视频,引导学生从实际情境中抽象出抛体运动。	体会从实际情境出发,建构物理模型的抽象概括过程。
		运动员腾空后的运动是直线运动吗?如果忽略空气阻力,运动员都受到哪些力的作用?	进一步提问,引导学生思考并作出回答。	思考并回答问题:不是直线运动,是曲线运动,且只受重力作用。		
建立定性模型	观察抛体运动图片,并进行讨论和总结。		结合前两个问题,明确抛体运动的特征:以一定的初速度将物体抛出,且物体仅受重力的作用,这时物体的运动就叫抛体运动。	思考并认真记录。	归纳抛体运动的特征。	
		1. 如何研究平抛运动呢? 2. 是否可以根据平抛运动的特征,利用力的分解与合成的方法,将其分解后进行研究呢?	展示抛体运动轨迹实拍图,明确抛体运动开始时的速度叫作初速度,按照抛体运动分类运动的方向不同,可以将抛体运动分类(竖直上抛运动、竖直下抛运动、斜上抛运动、斜下抛运动、平抛运动)。	观察,思考并认真记录。	进一步观察抛体运动轨迹实拍图,让学生认识抛体运动的轨迹,明确抛体运动的分类。	发展分析综合、推理论证等能力,并发展模型建构能力。

119

续表

环节	情境	问题	教师活动	学生活动	设计意图	学生发展
建立定性模型			基于抛体运动的特征,总结归纳出平抛运动的特征:水平方向:$v_0 \neq 0$,$F = 0$;竖直方向:$v_0' = 0$,$F' = G$。	思考并回答问题:利用运动的分解方法将平抛运动分解为水平、竖直两个方向上的运动进行研究。	总结平抛运动特征,通过问题引导学生利用运动的分解与合成的方法研究平抛运动。	
			提出定性的平抛运动模型的猜想:平抛运动可以分解为水平方向上的匀速直线运动与竖直方向上的自由落体运动。	思考并认真记录。	提出定性的平抛运动模型的猜想。	
模型验证	教师演示实验。	1. 如何通过实验验证平抛运动在竖直方向上的分运动是自由落体运动呢? 2. 如何设计实验验证两个小球任意时刻在竖直方向上到达的位置都是一样的呢?	利用平抛竖落仪,实验探究平抛运动在竖直方向上的分运动与自由落体运动之间的关系。 ①提出问题,引导学生思考并回答。 ②展示平抛竖落仪并讲解实验。 ③进行演示实验。 ④分析结果,得出结论。	认真思考、回答问题,观察实验,明确操作原理和实验现象,并得出结论。 实验原理:做平抛运动和自由落体运动的两个小球在同一时刻处在同一高度。 实验操作:利用平抛竖落仪,在同一时刻,让两个小球分别做平抛运动和自由落体运动。然后改变高度,重复实验。	采用预测、观察、解释的教学策略,设计一系列的脚手架问题,引导学生收集证据,并用实验验证理论模型,最终将实验结果与同学进行交流。依托科学探究的一般过程,发展学生的科学探究能力。	学会基于证据得出结论以及对科学探究过程和结果进行支持的解释,评估、交流和反思。

120

续表

环节	情境	问题	教师活动	学生活动	设计意图	学生发展
模型验证	学生分组实验。	1. 平抛运动在水平方向上的分运动是什么直线运动？ 2. 如何说明平抛运动在水平方向上的分运动是这种直线运动？ 3. 如何利用双轨演示器设计实验证明平抛运动在水平方向上的分运动是这种直线运动？ 4. 平抛运动与其分解运动具有等时性吗？	利用双轨平抛演示器，通过学生实验探究平抛运动在水平方向上的运动与水平方向上匀速直线运动之间的关系。给出四个问题引导学生的思路。 （图：双轨平抛演示器，标注 A B、C D、G H、E F）	实验现象：改变高度，两个小球都能同时落地。 得出结论：平抛运动在竖直方向上的分运动是自由落体运动。 在演示实验的基础上，设计实验，分组探究并得出结论：平抛运动在水平方向上的分运动是匀速直线运动。		发展基于观察和实验提出物理问题，形成猜想和假设，设计实验方案与制订方案，获取和处理信息，基于证据得出结论并作出解释，以及对科学探究过程和结果进行交流、评估、反思的能力。

121

续表

环节	情境	问题	教师活动	学生活动	设计意图	学生发展
建立数学模型	教师引导学生进行科学推理、模型建构。	如何建立数学模型呢？	引导学生深入地研究平抛运动的规律，在定性模型的基础上，得到定量的平抛运动数学模型。 平抛运动在竖直方向上是自由落体运动，所以 $v_y=gt$，$y=\frac{1}{2}gt^2$。 水平方向上是匀速直线运动，所以 $v_x=v_0$，$x=v_0t$。 利用平行四边形定则，对于合运动，有 合位移大小 $s=\sqrt{x^2+y^2}$， 合位移方向 $\tan\theta=\frac{y}{x}=\frac{gt}{2v_0}$， 合速度大小 $v=\sqrt{v_x^2+v_y^2}$， 合速度方向 $\tan\alpha=\frac{v_y}{v_x}=\frac{gt}{v_0}$。 由此可见，速度偏向角的正切值是位移偏向角的正切值的2倍，即 $\tan\alpha=2\tan\theta$。	思考并认真记录。在匀速直线运动模型和自由落体运动模型的基础上，利用运动的合成与分解的方法，建构平抛运动的数学模型。	基于实验结果，指导学生推导平抛运动的数学模型。明确将水平和竖直两个方向上进行理论推导，力求让学生进一步体会将曲线运动分解为直线运动进行研究的思想。	发展模型建构和推理论证的能力。

续表

环节	情境	问题	教师活动	学生活动	设计意图	学生发展
建立数学模型			利用消元法，可以得到合运动的轨迹方程：$y=\dfrac{g}{2v_0^2}x^2$。可见平抛运动的轨迹是一条抛物线。			
模型分析与拓展	练习解惑。	如何将平抛运动模型应用于具体的场景，并将建构的过程迁移到一般抛体运动中去？	1. 回答课程开始时的问题：在跳台滑雪的过程中，如果飞出的水平距离 L 一定，从跳出时的初速度 v_0 和跳员下落离的高度 H，多大？ 2. 以 v_0 的水平初速度抛出的物体，飞行一段时间后，垂直地撞在倾角为 θ 的斜面上，求物体在飞行的时间。 3. 在倾角为 θ 的斜面顶端，水平抛出一钢球，落到斜面底端。已知抛出点到落点距离长为 L，钢球抛出的初速度是多少？运动时间最长？ 4. 地面上的水龙头斜向上向四周喷水，所有水珠喷出时的初速度大小均为 v_0，可以认为它们都做抛体运动。假设喷口距地面高位置为 H，试求水束来最远落地面上形成的圆的半径 R。	思考并认真计算，应用平抛运动模型解释问题，并迁移到斜抛运动中去。	通过适当训练，期望学生最终能够应用平抛运动模型解决复杂情境下的平抛运动问题，并将平抛运动模型推广到斜抛运动问题。	发展对模型的迁移能力。

七、板书设计

平抛运动

一、抛体运动

二、平抛运动→曲线运动

　水平方向(初速度)：匀速直线运动

　竖直方向(受重力)：自由落体运动

三、实验探究

　1. 演示实验

　2. 分组实验

四、规律

（图：平抛运动轨迹示意图，含 O、v_0、x、X、α、s、A、v_x、θ、y、Y、v_y、v 等标注）

1. 水平方向：

水平速度 $v_x = v_0$

水平位移 $x = v_0 t$

2. 竖直方向：

竖直速度 $v_y = gt$

竖直位移 $y = \dfrac{1}{2}gt^2$

3. 合运动：

合位移大小 $s = \sqrt{x^2 + y^2}$

合位移方向 $\tan\theta = \dfrac{y}{x} = \dfrac{gt}{2v_0}$

合速度大小 $v = \sqrt{v_x^2 + v_y^2}$

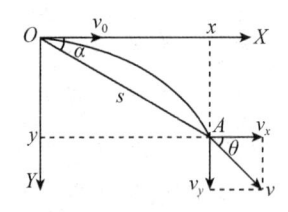

合速度方向 $\tan\alpha = \dfrac{v_y}{v_x} = \dfrac{gt}{v_0} = 2\tan\theta$

合运动轨迹方程 $y = \dfrac{g}{2v_0^2}x^2$ →抛物线

八、教学反思

1996 年 Halloun 将基于模型的问题解决和教学过程分为 5 个阶段：模型选择、模型建立、模型验证、模型分析和模型拓展(图11)。Halloun 认为，在教学中可以通过互动与辩证的过程，帮助学生在建模过程中发展模型的有效性和迁移性。不过，他也强调这 5 个阶段并没有等级的关系，甚至步骤会重叠。

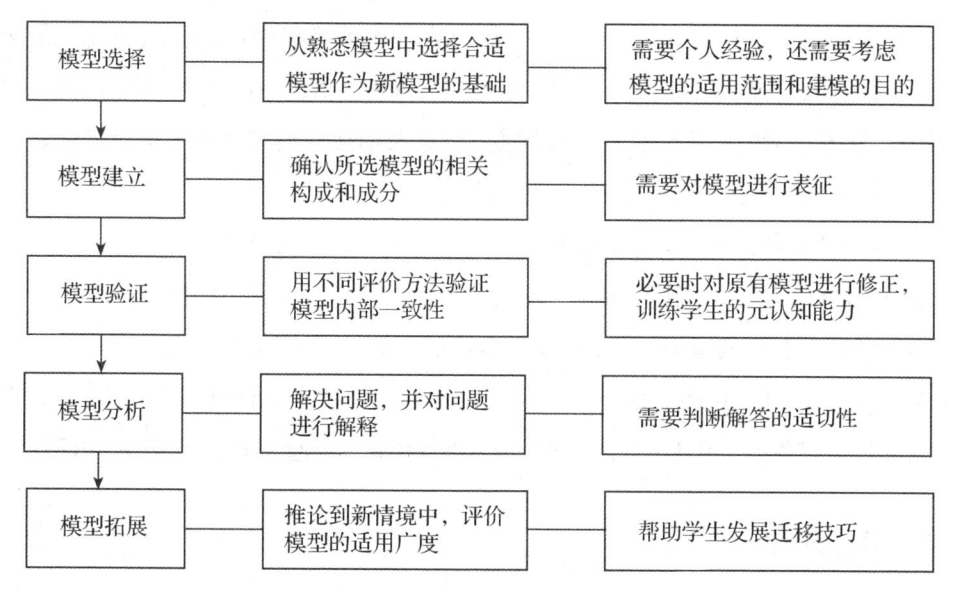

模型选择	从熟悉模型中选择合适模型作为新模型的基础	需要个人经验，还需要考虑模型的适用范围和建模的目的
模型建立	确认所选模型的相关构成和成分	需要对模型进行表征
模型验证	用不同评价方法验证模型内部一致性	必要时对原有模型进行修正，训练学生的元认知能力
模型分析	解决问题，并对问题进行解释	需要判断解答的适切性
模型拓展	推论到新情境中，评价模型的适用广度	帮助学生发展迁移技巧

图 11 Halloun 的建模教学过程

基于 Halloun 的建模教学过程，设计了创设情境、建立定性模型、模型验证、建立数学模型、模型分析与拓展 5 个教学环节。引导学生从真实情境出发，基于自由落体运动模型和匀速直线运动模型提出定性的平抛运动模型的猜想，通过实验收集证据验证猜想，最终完成平抛运动的数学模型的建构。最后利用该模型分析平抛运动相关问题，并拓展到斜抛运动中，力求发展学生基于经验事实建构物理模型的能力。

圆周运动

北京师范大学　潘怀宇

首都师范大学附属回龙观育新学校　丁慧

一、教学内容分析

《圆周运动》是《普通高中物理课程标准（2017 年版）》必修课程必修 2 模块中

的"曲线运动与万有引力定律"主题下的内容，内容要求为：会用线速度、角速度、周期描述匀速圆周运动。《普通高中物理课程标准（2017年版）解读》对该内容的解读为：学生要通过观察、实验建立匀速圆周运动模型，理解角速度、线速度、周期等描述匀速圆周运动快慢的物理量。

本节课为学生第一次接触圆周运动，直角坐标系不能描述圆周运动，需要建立新的圆周运动模型。圆周运动的模型有许多种，如圆锥摆、倒圆锥内壁、竖直方向的绳模型、杆模型等。本节课学生学习角速度、线速度和周期等，适合建构匀速圆周运动中的传动模型，为此后学生探究向心力大小的影响因素、离心运动和万有引力定律做好铺垫。因此本节课的教学内容在课程整体上起到了承上启下的作用。

二、学情分析

学生通过先前的学习，已经具有较为完备的直线运动和初步的曲线运动的知识，并认识了平抛运动的规律。平抛运动是建立在将复杂的运动分解为简单的直线运动的物理思想上的，而匀速圆周运动是学生第一次接触，其物理思维的特殊性和物理模型的复杂性使学生的学习存在不小的困难。

三、教学目标

1. 学生知道什么是圆周运动，什么是匀速圆周运动，形成圆周运动概念。

2. 学生了解圆周运动的特点，学习角速度和线速度的定义、单位、物理意义；用极限法思维探究线速度方向。

3. 学生运用角速度、线速度、周期、频率、转速等物理量描述匀速圆周运动的快慢。

4. 学生通过体验自行车，建构圆周运动的传动模型；运用科学思维进行推理，找出角速度与线速度间的关系；锻炼观察和实验能力，培养设计方案和合作分工的能力。

四、教学重难点

教学重点：匀速圆周运动的概念；用角速度、线速度、周期、频率和转速描述匀速圆周运动的快慢；角速度与线速度的关系；圆周运动的传动模型。

教学难点：形成建构概念和意识，认识到引入新概念的必要性；角速度与线速度及二者在描述圆周运动时的区别与联系，以及在生活中的运用。

教学方法：讲授法、实验探究法、讨论法。

教学用具：水流星、教室里的风扇、手表、时钟、卷尺、圆周运动线速度方向演示仪、自行车、彩色磁铁或小回形针。

五、教学流程

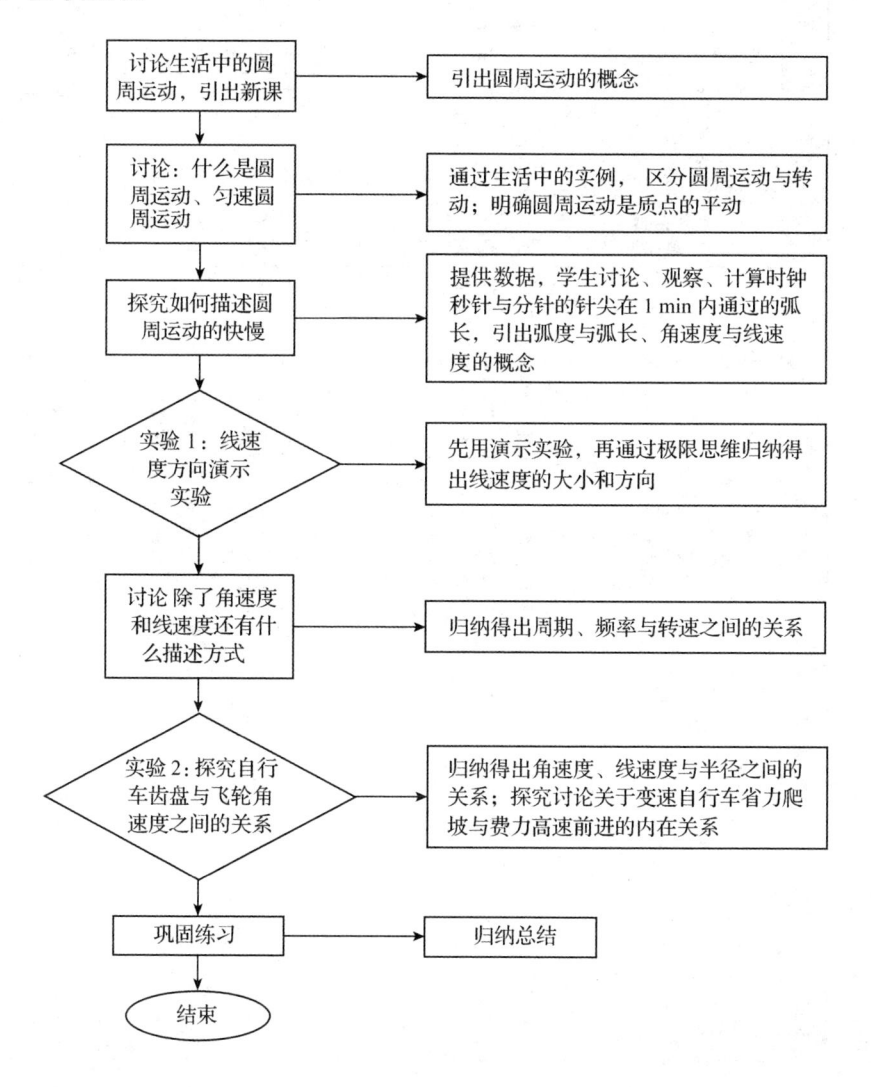

```
讨论生活中的圆周运动，引出新课 ──→ 引出圆周运动的概念
          │
          ↓
讨论：什么是圆周运动、匀速圆周运动 ──→ 通过生活中的实例，区分圆周运动与转动；明确圆周运动是质点的平动
          │
          ↓
探究如何描述圆周运动的快慢 ──→ 提供数据，学生讨论、观察、计算时钟秒针与分针的针尖在 1 min 内通过的弧长，引出弧度与弧长、角速度与线速度的概念
          │
          ↓
实验 1：线速度方向演示实验 ──→ 先用演示实验，再通过极限思维归纳得出线速度的大小和方向
          │
          ↓
讨论除了角速度和线速度还有什么描述方式 ──→ 归纳得出周期、频率与转速之间的关系
          │
          ↓
实验 2：探究自行车齿盘与飞轮角速度之间的关系 ──→ 归纳得出角速度、线速度与半径之间的关系；探究讨论关于变速自行车省力爬坡与费力高速前进的内在关系
          │
          ↓
巩固练习 ──→ 归纳总结
          │
          ↓
        结束
```

127

核心素养导向的高中物理教学设计

六、教学过程

环节	情境	问题	教师活动	学生活动	设计意图	学生发展
创设情境，引入新课	水流星。	这是什么运动？和之前学过的运动有何区别？	演示水流星实验，并在讲述操作要点后，邀请学生上台尝试挑战水流星，并向学生提问：这些运动具有什么特点，能否像平抛运动一样进行分解？	参与挑战，观察、分析，认真思考，总结归纳，回答问题。	创设学习情境，引出问题，激发学习兴趣。	提升分析、归纳能力。
总结圆周运动的概念	展示电风扇、时钟、自行车轮等。	什么是圆周运动？	提问：生活中哪些运动能被称为圆周运动？对自行车轮、摩天轮上做圆周运动的手进行追问，举出花样滑冰选手的自转和绕场滑行、转圈等案例并进行反问，帮助学生区分圆周运动和转动。	回答生活中常见的圆周运动实例，并总结圆周运动的概念。	让学生通过列举生活实例区分平动与转动。	了解平动与转动，构建圆周运动模型。
引入描述圆周运动的物理量：角速度与线速度		如何比较圆周运动的快慢？	演示：在自行车前轮的辐条上用彩色磁铁或回形针做标记。让学生观察在轮子不同半径位置彩色磁铁或回形针通过的弧长，引出线速度；再引导学生讨论：虽然弧长不同但圆心角相同，引出角速度。	观察、讨论、辨别不同方式描述圆周运动快慢的特点。	引导学习描述圆周运动的不同物理量及其特点。	能用不同的物理量描述圆周运动的快慢。
		什么是匀速圆周运动？	带领学生具体观察教室内风扇或者时针上做圆周运动的某一点，并引导学生思考这些圆周运动有什么特点。	认真观察、分析、讨论，并回答问题；总结匀速圆周运动的概念。	引导学生分析讨论、归纳匀速圆周运动的概念。	建立匀速圆周运动模型。

128

续表

环节	情境	问题	教师活动	学生活动	设计意图	学生发展
讲解圆周运动的方向	利用圆周运动方向演示仪演示线速度方向。	圆周运动的方向是怎样的？	利用演示仪进行演示实验，演示转动起来，让学生观察，墨水在纸面上留下痕迹，思考为什么会产生这样的痕迹；提问：圆周运动的方向是怎样的？让学生进行猜想，并引导学生使用极限法推理，同时明确匀速圆周运动是速率不变的运动。	认真观察演示实验，思考、讨论为什么会产生这样的痕迹，使用极限法进行推理，得出圆周运动线速度的方向。	通过直观演示让学生对实验现象进行猜想，最终转化为结论。	提升观察、分析问题的能力，并掌握极限法。
引入周期、频率和转速	探究角速度与线速度的关系。	除了角速度与线速度，还有什么描述运动快慢的方式？	讲述周期、频率和转速的物理意义，引导学生推导三者之间的关系。	了解周期、频率和转速的概念，并总结三者的联系与区别。	让学生了解周期、频率和转速的概念。	掌握所有描述匀速圆周运动快慢的物理量。
探究活动	探究角速度与线速度的关系。	角速度与线速度之间有什么关系？	将学生分成多个小组（每组4～8人），为每组学生提供一辆自行车，将自行车倒放，为学生介绍自行车轴及链条等组成的传动装置，让学生进行分工，分别操作自行车踏板、测量、记录、分析、总结。在学生进行探究活动过程中对学生进行适当指导，并在学生得出结论后，进行理论推导和总结归纳。	设计并制订实验方案，动手操作，完成实验，基于精想并提出猜想，收集到的数据得出结论，作出解释并交流。	通过实验构建圆周运动模型。	经历探究问题、证据、解释、交流的科学过程。
课堂小结	总结与课后延伸。	通过这节课你有哪些收获？	展示PPT，进行总结。布置作业。	总结本节课的收获。	回顾本节课内容，完成知识梳理。	提升总结能力；建立系统的知识结构。

七、板书设计

圆周运动

一、线速度

    弧长：l　　线速度：$v=\dfrac{l}{t}$（单位：m/s）

    线速度的方向：圆周上该点的切线方向

二、匀速圆周运动

    概念：物体沿着圆周运动，且线速度大小处处相等

三、角速度

    弧度：φ　　角速度：$\omega=\dfrac{\varphi}{t}$（单位：rad/s）

四、周期、频率与转速

    周期：T　　频率：f　　转速：R
      ↓　　　　　↓　　　　　↓
    单位：s　　单位：Hz　单位：r/s

五、角速度与线速度的关系

    $v=\omega r$

八、教学反思

本节课通过情境激发学生学习物理的兴趣，基于学生已有的知识经验和本节课的相关学习任务，在课堂中联系具体的生活应用（转动的电风扇上各点、运动的车轮上的点等），采用启发法、直观演示法、实验探究法、讨论法等教学方式，着重培养学生的观察、总结、归纳和实验探究能力，使学生不只是掌握一定的科学知识和技能，还受到科学方法的教育与熏陶，领悟科学思维的本质。

教师在课堂上大胆地放手让学生进行自主探究、讨论交流、分析拓展，真正体现以学生为主体、生活即课程的理念，并且通过讨论与辨析使学生理解方法、学会应用，发现物理知识的内在价值。

向心力

天津市河北区教师进修学校　吴春霞

天津外国语大学附属外国语学校　高永生

一、教学内容分析

《向心力》是《普通高中物理课程标准(2017年版)》必修课程必修2模块中的"曲线运动与万有引力定律"主题下的内容，内容要求为：通过实验，探究并了解匀速圆周运动向心力大小与半径、角速度、质量的关系。《普通高中物理课程标准(2017年版)解读》对该内容的解读为：学生要通过观察、实验建构匀速圆周运动模型，知道什么是向心力，通过向心力概念的学习，深化对力与运动关系的认识。

本节课是在学生学习了线速度、角速度、周期等概念之后学习的一节内容，是从动力学视角认识、分析匀速圆周运动。学生通过向心力的学习，能够在下一节课中应用牛顿第二定律很好地理解向心加速度。向心力是后续学习和研究天体运动、带电粒子在磁场中做圆周运动等知识的基础。圆周运动是生活中常见的运动形式，与现代科技息息相关，向心力的学习，对于学生运用物理知识解释自然现象、解决实际问题具有积极的意义和作用。

二、学情分析

本节课之前，学生掌握了力的概念，能够较为准确地分析物体所受的重力、弹力、摩擦力，而且能够进行力的合成和分解；对圆周运动的概念和描述匀速圆周运动快慢的物理量——线速度、角速度、周期、频率和转速有了一定的认识。之前所研究的变速运动都是匀变速运动，物体受到恒力作用，而圆周运动的向心力的方向不断地变化，学生们对此认识不足，理解圆周运动问题的实质具有一定的困难。因此，探究影响向心力大小的因素是本节课的重点和难点。

三、教学目标

1. 学生知道什么是向心力，深化对力与运动关系的认识。
2. 学生利用所学知识，分析实际情况下物体做圆周运动的向心力，从而发展分析和解决实际问题的能力。

3. 学生通过初步感受和定量研究两个层次对向心力进行科学探究，获得影响向心力大小的因素，并通过分析实验结果，总结出向心力大小的表达式。

4. 学生经历影响向心力大小因素的探究过程，提高与他人合作的意识和能力，养成认真严谨、实事求是的科学态度。

四、教学重难点

教学重点：理解向心力的概念，探究做圆周运动的物体所需向心力大小的影响因素及它们之间的定量关系。

教学难点：向心力的来源、向心力大小的表达式。

教学方法：科学探究法、分析归纳法。

教学用具：拴有细线、轻重不同的小球若干，秒表，计算机，自制教具——向心力定量验证仪，铁架台，学生电源等。

五、教学流程

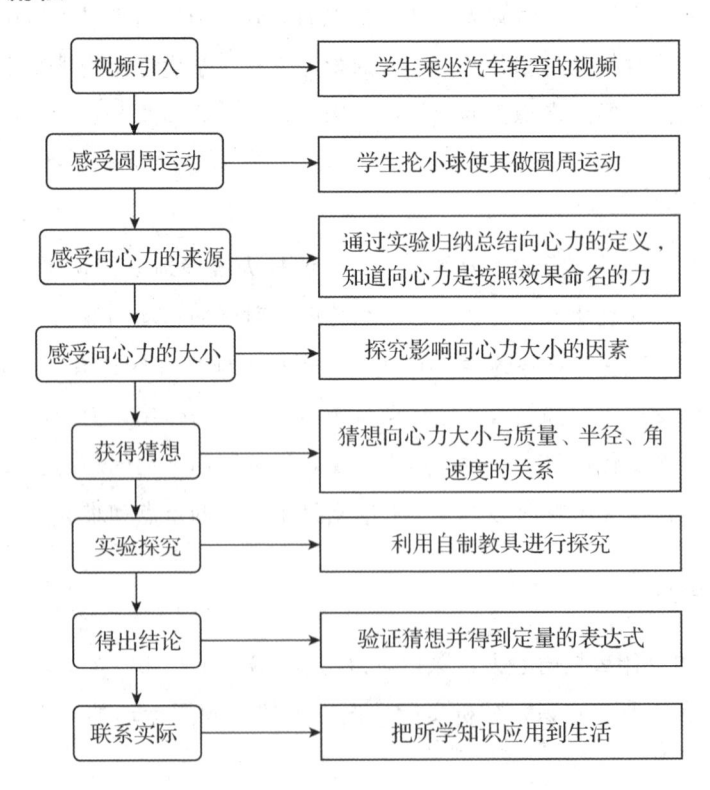

视频引入	学生乘坐汽车转弯的视频
感受圆周运动	学生抡小球使其做圆周运动
感受向心力的来源	通过实验归纳总结向心力的定义，知道向心力是按照效果命名的力
感受向心力的大小	探究影响向心力大小的因素
获得猜想	猜想向心力大小与质量、半径、角速度的关系
实验探究	利用自制教具进行探究
得出结论	验证猜想并得到定量的表达式
联系实际	把所学知识应用到生活

六、教学过程

环节	情境	问题	教师活动	学生活动	设计意图	学生发展
引入新课	播放视频：教师与学生在行驶的汽车中，车向左转弯。	坐在汽车里的同学随着汽车左转弯时，会有什么感觉呢？	播放视频，并提醒学生带着问题仔细观察、回忆自己坐车转弯的感觉。	全体学生观看视频，视频中出现的细节谈谈自己的感受。	引入新课，以视频出现的真实生活情境，引导学生回想自己坐车转弯时的感觉并对视频中的现象产生兴趣。	结合汽车转弯的生活实际，通过自己的观察和体会，产生强烈的探究欲望。
感受向心力的方向	用绳子拴住小球，学生手执绳子另一端，让小球在水平桌面上转动。	在水平桌面上做圆周运动的小球所受的力的方向是怎样的？	给学生准备好拴有绳子的小球，组织学生手执绳子另一端，使其在水平桌面上做圆周运动。	手执绳子的另一端，抢小球在水平桌面上做圆周运动，感受小球受到的力；小球受到的拉力，拉力的指向圆心的。	让每个学生通过抢小球，来亲身感受向心力，引导学生特别注意向心力的方向。	感受到做圆周运动是总需要向心力的。从小游戏中感悟圆周运动的向心力，增强从观察自然现象中物理角度分析的意识和能力。
分析向心力的来源	学生再次在水平桌面上抢小球使其做圆周运动。	在水平桌面上做圆周运动的小球，指向圆心的力是由什么力提供的？（假设桌面光滑）	引导学生体会向心力，同时请学生思考，什么力提供了向心力？要求画出小球的受力示意图进行分析。	手执绳子一端抢小球，使小球在水平桌面上做圆周运动。得出：绳子的拉力就是小球受到的沿半径方向的合力，绳子的拉力提供了小球做圆周运动的向心力。	通过抢小球使其做圆周运动的活动体验，使学生切实感受向心力的作用效果和对向心力的理解障碍。依据学生知识水平和认知水平，引导学生构建向心力的概念。	通过对圆周运动的效果观察和对"指向圆心方向的力"的深刻领悟，提升观察和分析问题的能力。通过对圆周运动向心力方向的分析，完成对向心力概念的建构过程。

133

续表

环节	情境	问题	教师活动	学生活动	设计意图	学生发展
分析向心力的来源	学生手执细绳让小球在空中做匀速圆锥摆运动。	在空中做匀速圆周运动的小球，是由什么力提供的？同时请学生思考，此时又是什么力指向圆心？	巡视，指导学生进行实验和受力分析。 指导学生完成实验，请学生思考，此时是什么力提供了向心力？ 要求画出小球的受力示意图进行分析。	画出受力示意图： (图：$F_支$，$F_拉$，mg) 抢动小球，使小球在空中做圆锥摆运动。画出小球的受力情况，并分析力指向什么方向。 (图：$F_合$，$F_拉$，mg，θ) 分析得出：重力和绳子拉力的合力提供了指向圆心的力。	的概念，理解圆周运动的特点和向心力的来源。	对圆周运动的受力特点有较准确的认识，从而准确理解向心力的来源。

134

续表

环节	情境	问题	教师活动	学生活动	设计意图	学生发展
猜想向心力大小与哪些因素有关	请学生在水平桌面上抡小球,分别只改变抡的快慢、绳长、小球的质量。	向心力大小与绳长、小球运动的快慢及质量有关系吗?	组织学生安全地抡小球,且提醒学生尽量在桌面上做匀速圆周运动。(录制实验的视频,投影到屏幕上)启发学生应用控制变量法,分析和研究向心力的影响因素。引导学生思考影响向心力大小的因素。	进行实验,分析总结影响向心力大小的几个因素。讨论交流,得出:向心力大小与绳长、质量及运动快慢有关。小球质量越大,向心力越大。小球运动得越快,向心力越大。绳越长,向心力越大。	让学生感受向心力大小与哪些因素有关,猜想并作出合理的判断,为下面科学探究做好铺垫。	对小球所受向心力的影响因素进行猜想并作出合理的判断,既加深对向心力的认识,也认识到人们的物理学意识是基于对自然现象的描述与解释。
设计方案探究向心力大小与半径、质量、角速度的关系	利用自制教具测量做匀速圆周运动时的角速度、绳子的拉力及半径。	如何利用实验器材上量探究向心力大小与半径,质量和角速度的关系?	介绍自制教具:电动机带动圆盘,可使小球在圆盘的水平槽中做稳定的匀速圆周运动。(水平槽非常光滑,摩擦力可忽略)绳子的拉力就是小球所受的向心力,拉力通过电子秤显示。小球转动电压可以通过改变支架的高度来调节,用刻度尺来测量圆周运动的半径。	观看实验仪器使用方法的视频。结合向心力大小实验,设计实验方案。可以采用控制变量法:分别采用表格(仅以探究向心力与质量关系表格为例)设计数据记录表格。 向心力与质量的关系 | 次数 | 质量/Kg | 示数/Kg | 绳拉力/N | |---|---|---|---| | 1 | | | | | 2 | | | | | 3 | | | | | 4 | | | |	通过一起观看实验教具介绍的视频,让学生了解实验器材的工作原理和使用方法。引导学生设计实验方案。	制订方案探究做匀速圆周运动物体所需向心力与影响因素的关系;提出问题,逐层深入地研究问题的方法,以及掌握控制变量法。

135

续表

环节	情境	问题	教师活动	学生活动	设计意图	学生发展
分组实验，记录数据	学生利用教具进行实验，记录数据。	根据上述实验思考：向心力与半径、质量、小球快慢转动都成正比吗？	在学生实验操作中，进行指导。	进行实验，在表格中记录数据，最后上传数据到主控平台。	利用实验仪器进行实验，让学生动手的实际操作能力，并能准确获取实验数据。	提高在实验过程中的操作和正确记录数据的能力，以及与他人协作、交流的能力。
分析实验数据	分析"向心力与半径的关系""向心力与质量的关系"的实验数据。	通过实验数据，如何直观地得到向心力大小与半径、质量、角速度的关系？	引导学生用图像法分析数据。结合图像来直观地表示向心力大小与半径、质量、角速度的具体关系。	从记录的"向心力与半径的关系"的数据得出：小球做圆周运动的半径越大，向心力越大。作出向心力大小与半径的关系图像，进一步研究向心力大小与半径的关系。以原点为坐标，拟合图像为直线，得出规律：向心力大小与半径成正比（$F_n \propto r$）。 根据"向心力与质量的关系"数据，画出向心力-质量图像，拟合后得出：向心力大小与质量成正比（$F_n \propto m$）。 向心力与半径的关系 F_n/N 1.5 1.0 0.5 0 0.05 0.10 0.15 半径/m	通过本环节，给学生提供展示自己分析和探究过程的机会，逐步培养学生利用收集的数据进行分析、处理问题的能力。	通过数据发现规律，并用图像来直观表述；用多种方法分析数据，发现规律的科学探究结果与进行交流和反思。

136

续表

环节	情境	问题	教师活动	学生活动	设计意图	学生发展
分析实验数据	分析"向心力与角速度的关系"的实验数据。	根据实验数据，小球转动的角速度越大，向心力越大。向心力与角速度成正比吗？	让学生结合本组实验数据，作出向心力大小与角速度的图像，说明向心力大小与角速度的关系。 结合学生讨论的结果，推翻猜想，引出可能与角速度的平方成正比。引入"化曲为直"思想并用图像验证，进行数据拟合，得到向心力大小与角速度平方的图像。	依据探究的实验数据，作出向心力大小与角速度的图像。 （向心力与质量的关系图像） （向心力与角速度的关系图像） 结论：向心力与角速度关系的图像不是一条直线，说明向心力大小与角速度不是正比关系。 进一步思考：从图像的弯曲情况看，图像是二次函数曲线，要验证 F_n 与 ω 是二次函数关系，就需要作出向心力大小	向心力大小与角速度的关系不是直线，想法与实验不符，进而促使学生利用数据进行合理的分析、思考、交流，进一步得到向心力与角速度的平方成正比的关系。	观察向心力大小与角速度关系的图像，合理分析，合理猜测二者是一次函数关系；会处理实验数据的方法，即用图像处理数据的方法是形成实事求是的科学探究态度的方法具备性；逐步形成严谨的认真度。

137

续表

环节	情境	问题	教师活动	学生活动	设计意图	学生发展
推导向心力表达式	依据向心力大小与半径、质量、角速度的关系,确定向心力大小的表达式。	仅知道正比关系量,还不够,如何确定向心力大小的表达式呢?	引导学生利用探究结果,总结出向心力大小与半径、质量、角速度的关系式,即 $F_n \propto m\omega^2 r$。引导学生在此基础上,尝试将正比符号换成等号。	依据探究结果,得出向心力大小与半径、质量、角速度的关系比例式为: $F_n \propto m\omega^2 r$。思考后决定用待定比例计算法。得出结论:比例系数为1。由此得出向心力大小的表达式: $F_n = m\omega^2 r$。	通过代入数据计算,得到比例系数和向心力大小相等,让学生用收集到的数据进行论证,把合理的数学知识运用在科学探究中来。	通过待定系数法,准确得到向心力表达式,获得正确的数学结论,并作验证,增强了严谨的物理思维能力和灵活的应用数学知识的能力;以反"用多种方法分析数据,形成合理结论"的素养。
				结论:向心力与角速度的平方关系图像是过原点的直线,说明 $F_n \propto \omega^2$。		

角速度的平方与向心力的关系图像。

向心力与角速度的平方的关系

138

续表

环节	情境	问题	教师活动	学生活动	设计意图	学生发展
实践应用	展示情境图。在公路的转弯处常设有限速牌,请运用本节物理知识进行解释。	公路转弯处为什么要限速?	讲解:向心力在生活中有很多地方都有涉及,例如投掷链球等。提问:公路的转弯处为什么要限速?请运用向心力的知识进行解释。	讨论并回答:汽车在中等道路运动,由弯道提供向心力,摩擦力能够提供的向心力有限,但是静摩擦力有最大值,一旦汽车所需向心力超过静摩擦力可以提供的最大值,就可能发生交通事故,所以要减速,按照公路上规定的速度行驶。	结合现实例,让学生把所学知识应用到生活中,培养学生应用物理知识解决实际问题的能力。	结合本节课的知识和生活中的实例,从物理学的视角认识身边的事物和现象,养成应用物理知识解决实际问题的习惯,提升运用物理知识解决实际问题的能力。
总结	根据板书进行本节课的小结。	通过本节课的学习,你有什么收获?	讲解:本节课我们学习了向心力的概念,知道它是效果力,并初步得到了匀速圆周运动向心力大小表达式,最终学习应用知识解决实际问题。生活中很多圆周运动不是匀速圆周运动,这是我们下节课要探讨的问题。	根据板书进行本节课小结:通过轮滑球实验,初步得出向心力大小与半径、质量、角速度的关系;通过自制教具,定量探究了向心力与相关物理量之间的关系;通过分析进一步得出向心力大小的表达式,掌握了控制变量法等物理方法。	引导学生进行归纳总结,提升学习能力。	经过总结和归纳课堂内容,促进学科素养的提升;通过物理观念对物理的反思和提高了科学思维和科学研究方法;通过对实际问题进行思考和分析,认识到物理对人类社会进步的贡献,增强学习物理的动机。

139

七、板书设计

```
                        向心力

  一、定义：做圆周运动的物体受到指向圆心的合力，这个合力叫
      作向心力
      方向：指向圆心（向心力是效果力）
  二、影响向心力大小的因素
      1. $F_n$ 与 $m$、$r$、$\omega$ 有关
      2. 实验探究（控制变量法）
      例：当 $r$、$\omega$ 一定时

      | 序号 | $m$/kg | $r$/m | $\omega$/(rad/s) | $F_n$/N |
      |------|--------|-------|------------------|---------|
      |      |        |       |                  |         |

      结论：$F_n \propto m$    $F_n \propto r$    $F_n \propto \omega^2$    $F_n \propto rm\omega^2$
      论证结论：$F_n = m\omega^2 r$
  三、应用实例
      汽车转弯、投掷链球
```

八、教学反思

本节课通过视频导入，结合在不同情境中抡小球的分组实验，应用"感受——猜想——探究（实验）——分析数据——处理数据"的科学研究方法，让学生带着问题去探究和论证，并能通过交流协作作出合理解释，进而得到向心力大小与各物理量之间的定量关系。让学生在探究的过程中形成清晰、系统的物理观念，以及深入分析、研究问题的科学方法，提高科学探究的能力。在教学中重现知识的发现过程，培养学生严谨的科学态度、深入认识物理情境中的科学本质的能力，切实培养学生的学科核心素养。

本节课的教学还存在一些不足，如分析向心力大小与角速度的关系时，在数据拟合的过程中，部分学生感到有难度，最后是在教师的协助下完成图像拟合的。说明教师在设置问题时要注意问题的梯度和层次性，给学生更多思考与交流的时间。

离心现象及其应用

天津市第二中学 朱峰

天津市河北区教师进修学校 吴春霞

一、教学内容分析

《离心现象及其应用》是《普通高中物理课程标准(2017年版)》必修课程必修2模块中的"曲线运动与万有引力定律"主题下的内容，内容要求为：了解生产生活中的离心现象及其产生的原因。《普通高中物理课程标准(2017年版)解读》对该内容的解读为：会分析实际情况下物体做圆周运动的向心力，发展学生分析和解决实际问题的能力，在此基础上了解什么是离心现象，应用所学知识分析生活、生产中的离心现象，例如洗衣机脱水的过程、汽车拐弯时乘客身体倾斜等。

本节课要求学生通过身边的物理现象，引发学习与圆周运动相关的新知识的兴趣，并认识离心现象。通过分析做匀速圆周运动的物体的"向心力的供需关系"，了解离心现象产生的条件。掌握原来做匀速圆周运动的物体，合外力突然消失或者合力不足以提供所需向心力时会如何运动。通过本节课的学习，学生能够应用"向心力的供需"关系，判断物体的运动状态，学会用科学的概念和物理语言解释离心现象，明白离心现象的本质，掌握离心现象的应用和防止。离心现象产生的条件是本节课的难点内容之一，是对曲线运动的深入研究，是后续课程中研究卫星变轨问题的基础。

二、学情分析

学生对联系生活实际的圆周运动的学习容易受到生活中思维定式的干扰，分析问题时容易受表面现象的影响，从而形成错误的前概念。离心现象是惯性的一种表现，学生虽然在本节课以前已经学习了圆周运动的相关知识，但在分析离心现象时，经常将惯性错误地当成惯性力，或者将离心现象的原因错误地归结为受到离心力作用。通过本节课的学习，学生应具有用科学的概念和物理语言解释离心运动及其有关现象的能力。

三、教学目标

1. 学生掌握离心现象的概念，以及物体做离心运动的条件，并能应用所学知识分析生活、生产中的离心现象。

2. 学生通过科学探究、分析综合、推理论证，揭示和理解离心现象的基本规律，体会科学探究方法，提高动手能力，发展物理学科核心素养。

3. 学生联系生活情境提出物理问题，经历实验探究过程，并对探究结果进行交流，提高科学探究能力。

4. 学生了解离心现象的本质，养成严谨认真、实事求是、勇于创新的科学态度。

四、教学重难点

教学重点：物体做离心运动的条件，离心现象的应用和防止。

教学难点：用科学的概念和物理语言解释离心现象，明确离心现象的本质。

教学方法：情境教学法、自主学习、合作学习、演示实验、探究实验、研究性学习等。

教学用具：遥控玩具汽车、水平玻璃实验台、手机、钩码若干、细线、棉花糖机、手摇甩干桶、泡沫转盘、鸡蛋、长筒袜、剪刀、胶带等。

五、教学流程

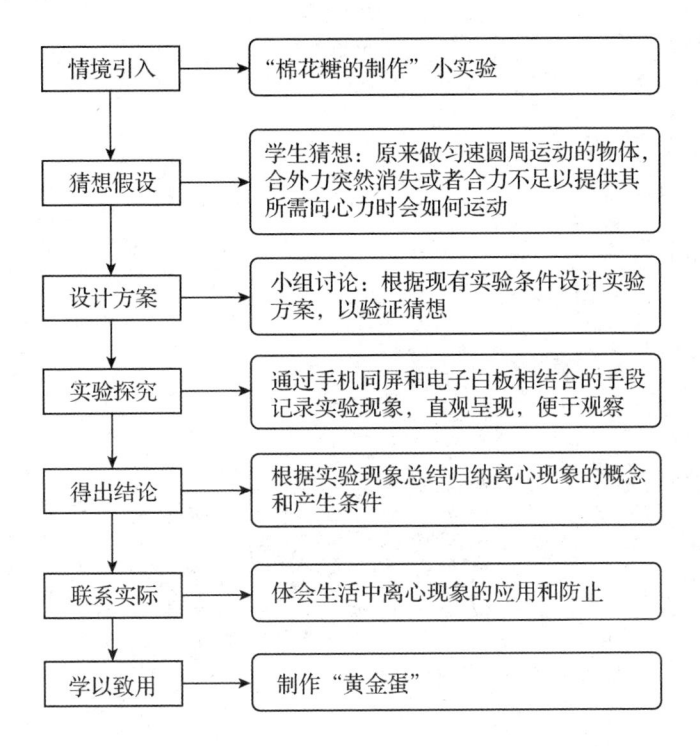

情境引入	"棉花糖的制作"小实验
猜想假设	学生猜想：原来做匀速圆周运动的物体，合外力突然消失或者合力不足以提供其所需向心力时会如何运动
设计方案	小组讨论：根据现有实验条件设计实验方案，以验证猜想
实验探究	通过手机同屏和电子白板相结合的手段记录实验现象，直观呈现，便于观察
得出结论	根据实验现象总结归纳离心现象的概念和产生条件
联系实际	体会生活中离心现象的应用和防止
学以致用	制作"黄金蛋"

六、教学过程

环节	情境	问题	教师活动	学生活动	设计意图	学生发展
创设情境	制作棉花糖	棉花糖是如何制作的呢?	请一位同学到讲台前,指导学生制作棉花糖。	一位同学在教师的指导下,利用棉花糖机制作棉花糖,其他同学认真观看。	从学生童年吃棉花糖的趣事入手,激发学习兴趣,使学生进入积极主动的思考状态。	通过观看棉花糖的制作,对棉花糖的制作充满好奇,对所形成的"离心现象"有初步的感知。
		棉花糖的制作原理是什么呢?	介绍棉花糖机的结构和棉花糖的制作过程,引导学生思考棉花糖的制作原理与离心现象之间的联系。	认真观察和思考,并与同伴进行讨论,得出小结:白砂糖放加热成糖水,随着加热容器高速转动被甩成纤细的棉花糖丝,从而得到细棉花糖。	创设贴近学生生活的学习情境,激发学生对"离心现象"的兴趣和求知欲。	了解与"离心现象"相关的生活实际,并对"离心现象"的本质产生兴趣。
引入新课	学生动手利用遥控实验玩具汽车进行观察。	遥控器只是能够让玩具汽车加速或者减速,玩具汽车为什么会做圆周运动呢?	指导学生进行演示实验,让遥控玩具汽车在水平玻璃板上做匀速圆周运动,并打开手机上方的手机与电脑正上方的"同屏"功能,将小车的运动情况投放到大屏幕上。	遥控玩具汽车的侧面挂细线另一端挂细钩砝码,悬挂的钩砝码在细线的拉力作用下做匀速圆周运动。一位同学控制车速,另一个同学全班实验现象,玩具汽车在水平玻璃板上做匀速圆周运动。	进一步调动学生的学习积极性,增强参与度及合作热情;将手机和大屏幕信息技术整合,实现物理与信息技术的有效融合,增强实验现象的有效可视性。	能在教师指导下使用离心物理研究仪器,认识到实验是物理和实验研究创造性工作的基础,建立在观察上的提高一项科学探究能力;通过实验"同屏"技术,感受信息技术的应用。

144

续表

环节	情境	问题	教师活动	学生活动	设计意图	学生发展
建模分析	研究玩具汽车为什么能做圆周运动，从汽车的受力着手，展示示意图。（图示：M、m）	玩具汽车和钩码受哪些力的作用？	请学生对运动过程中的玩具汽车和钩码进行受力分析。	画受力分析图并回答问题。（图示：F_N、F_T、Mg、mg）		
		玩具汽车和钩码受到的力存在着怎样的联系？	总结"向心力"关系：玩具汽车即细线的合力为其提供做匀速圆周运动所需的向心力（忽略径向摩擦力）。	明确玩具汽车和钩码的受力情况：钩码：$F_T = mg$（平衡）。玩具汽车：$F_N = Mg$，$F_{合} = F_T$（沿细线方向）。分析：玩具汽车所受合力为细线的拉力恰好提供了其做匀速圆周运动所需的向心力。用公式表示为 $F_T = M\dfrac{v^2}{R}$。	将问题转化为物理模型进行理论分析，让学生通过玩具汽车做匀速圆周运动，体会"向心力"的供需关系，将已学知识进一步深化，为接下来研究的问题做必要铺垫。	能将玩具汽车及其所做的匀速圆周运动转换成所学的物理模型；提高模型建构能力；能对物理问题进行分析；认识到自然现象的研究是一种对抽象的创造性工作。

续表

环节	情境	问题	教师活动	学生活动	设计意图	学生发展
	当改变钩码数量而改变拉力时，研究玩具汽车将怎样运动。	对于做匀速圆周运动的物体，当合外力突然减小或突然消失时，物体会做什么样的运动？	通过课件在大屏幕上将学生的问题进行展示。	思考并进行猜想，然后将猜想的玩具汽车的运动轨迹记录下来，并将猜想在黑板上画出。在教师的引导下对情境的运动轨迹进行"生生互评"，应用已有的知识进行合理解释。	通过展示猜想，了解学生对离心现象的认知程度；引导学生进行有依据的猜想并实现知识的正向迁移。	对玩具汽车在突然减小合外力后的运动情况进行分析和推理，基于问题进行合理猜想与假设，并能对已有的观点提出质疑，提高科学思维素养。
探究离心现象产生的条件	减少或撤去钩码完成实验，验证学生的猜想。	突然减小或撤去做匀速圆周运动的玩具汽车所受的合外力，玩具汽车的运动轨迹与猜想一致吗？	提供实验器材，组织并辅助学生进行实验探究。（对车的运动情况进行直播和录像，然后将现场录制的视频回放，最后通过电子白板绘制玩具汽车的运动轨迹）。	观察并描述实验现象： 1. 突然撤去全部钩码，小车沿切线做匀速直线运动； 2. 突然撤去其中一个钩码，小车沿圆弧与切线之间一条曲线逐渐远离圆心。	培养学生基于实验进行分析实验探究的能力。激发学生动手思考，主动学习的热情。	能基于物理现象提出可探究的问题，制订科学探究方案，灵活选用合适的器材获取数据，提高科学探究素养。

续表

环节	情境	问题	教师活动	学生活动	设计意图	学生发展
探究离心现象产生的条件	分析小车做离心运动时"向心力"的关系。	小车做离心运动时，提供的向心力与需要的向心力关系如何？表达式如何？是否有其他办法使小车做远离圆心的运动？	1. 引导学生表达出什么是离心现象。2. 引导学生总结出小车做离心运动时"向心"表达式。3. 在上述分析的基础上，引导学生设计使小车做离心运动的其他方案，并进行实验探究。	1. 总结概括出什么是离心现象。2. 在实验观察的基础上，分析思考，得出物体做离心运动的条件： $F_{供} < F_{需}$ $\left(F_{需} = M\dfrac{v^2}{R}\right)$。即：做匀速圆周运动的物体，所受合力突然消失或者不足以提供所需向心力时，物体将做离心运动。3. ①依据物体做离心运动的条件，可以保持钩码个数不变，使小车突然加速。②进行实验，验证猜想。	使学生理论分析与实验相结合，总结得出物体做离心运动的条件；引导学生应用物体做离心运动的条件设计在合力不变条件下使物体做离心运动的方法，使学生掌握控制变量法；纠正学生头脑中形成的受到"惯性力"或"离心力"等错误的前概念，形成正确的运动与相互作用观念。	通过对知识进行总结和应用，提升了总结归纳能力；掌握控制变量法认识学科本质；实验过程中实事求是，加强与同伴的交流与合作，提升科学态度与责任素养。

续表

环节	情境	问题	教师活动	学生活动	设计意图	学生发展
拓展延伸	遥控玩具汽车一端悬挂有钩码的细线的拉力作用下做匀速圆周运动。	如果合外力大于所需向心力，物体会怎样运动？	组织学生进行实验探究。	经过思考提出实验方案：保持车速大小不变，突然增加钩码个数；保持钩码个数不变，使小车突然减速。进行实验，观察实验结果：物体沿着一条曲线逐渐靠近圆心的曲线运动。	使学生能够通过"向心力"的供需关系判断物体的运动状态；帮助学生建立完整知识体系；为学习卫星变轨打好基础。	理解"离心运动"的概念以及产生条件，学会通过"供需"关系判断物体的运动状态，提高科学推理能力。
联系实际	演示洗衣机脱水实验。	离心现象在生活中的应用还有哪些？	给学生提供模拟洗衣机脱水实验器材：脱水桶、毛巾、水等。1.引导学生分组实验，观察并解释脱水原理；2.思考并举例说明离心现象在生活中的其他应用。	利用模拟洗衣机脱水桶自制教具，进行洗衣机脱水实验。观察实验现象：湿毛巾中的大部分水被甩出，水滴飞溅到透明桶内壁上。思考、研究在转速不同的情况下，毛巾中的脱水效果，并实验、分析和解释实验现象。	将离心现象与生活实际相联系，引导学生应用物理知识解释现象。	进一步理解"离心现象"的产生原因，应用本节课所学知识解释现象和解决实际问题，巩固物理观念素养。

148

续表

环节	情境	问题	教师活动	学生活动	设计意图	学生发展
联系实际	演示砂轮转动时边缘的自转瓦解现象。	如何防止离心现象产生危害？生产生活中还有哪些避免离心现象产生危害的例子？	演示实验：将泡沫塑料块放在转盘的边缘，逐渐增大转盘的转速，当转速增大到一定程度时，泡沫塑料块被甩出。引导学生思考如何防止类似的离心现象产生的危害。	观察演示实验：位于转盘边缘的泡沫塑料块随着转盘一起转动，当转速增大到一定程度时，泡沫塑料块被甩出。思考并讨论防止离心现象产生危害的方法。如用坚固的材料制作砂轮，或在砂轮周边加防护罩，自行车下雨天湿泥板可防止离心现象而减到骑车人的身上。	通过离心现象的应用与防止，使学生明白事物有利和弊两个方面，培养辩证思维能力；引导学生应用物理知识解决离心现象产生危害的问题，提升解决实际问题的能力。	通过离心现象的利用和防止的分析和讨论，认识科学·技术·社会·环境的关系，提升科学态度与责任素养，以及实际应用物理知识解决问题的能力。
课堂小结	分类小游戏	通过这堂课，我们学到了哪些知识？	请同学谈谈本节课的学习感受，帮助学生自主构建完整的知识体系。	1. 谈自己对离心现象的认识； 2. 操作电子白板课件，对离心现象的应用与防止进行分类。	通过自主归纳总结，使学生把握课内"离心现象"的知识脉络，掌握对离心现象的应用与分享中体验"离心现象"的两面性，培养辩证看待问题的思想。	理解"离心现象"概念和产生条件，形成正确的物理观念，并在交流和分享中体验"离心现象"的两面性，用正确的科学态度看待的辩证问题。

续表

环节	情境	问题	教师活动	学生活动	设计意图	学生发展
学以致用	有些儿童挑食，不喜欢吃煮鸡蛋的蛋黄，为解决这个问题，请想办法在蛋壳不打破的情况下，将蛋黄和蛋清混合，煮熟后形成"黄金蛋"。	如何利用今天所学的知识，在蛋壳不打破的情况下，将蛋黄与蛋清混合，煮熟形成"黄金蛋"？	提供鸡蛋、长短不同的长筒袜、剪刀、胶带等教学用具。请学生以小组为单位，设计制作"黄金蛋"的方案，并实验验证方案的可行性。利用手机同屏功能将学生的成果在大屏幕上进行展示。	1.利用所学知识，开动脑筋，集思广益，团队合作，并动手实验，提出方案。 2.用手直接打开鸡蛋，发现蛋黄和蛋清混合得并不均匀，进一步研讨、修改方案。将鸡蛋放入长长的丝袜中，手执丝袜的两开口端快速转动，再打开鸡蛋，蛋黄和蛋清完美混合。将实验用过的鸡蛋收集到餐盒中，作为晚餐的食材。 3.品尝老师事先煮熟的"黄金蛋"，谈体会。	通过制作"黄金蛋"，加强观察和体验，利用所学的知识解决实际问题，增强学生的合作意识。	提升了解决实际问题的能力；在制作"黄金蛋"的过程中，不怕挫折，并能灵活运用合适的器材，实践能力和创新能力得到提高；在交流合作中既能发挥团队作用，又能主动参与，并学会分享给他人；将实验成果用过的鸡蛋收集到餐盒中，节约资源，保护环境，促进可持续发展的良好习惯。
布置作业		生活中的离心现象还有哪些？利用"离心"可以解决生活中的哪些生活困难？	布置作业：1.对本节内容进行小结。 2.设计方案，并进行实验，利用"离心现象"解决生活和学习中的一个难题。	完成作业，查阅资料。	激励学生在课后继续进行实验探究，总结收获。	解决实际问题的能力和收集整理相关信息、探究的能力得到提升。

七、板书设计

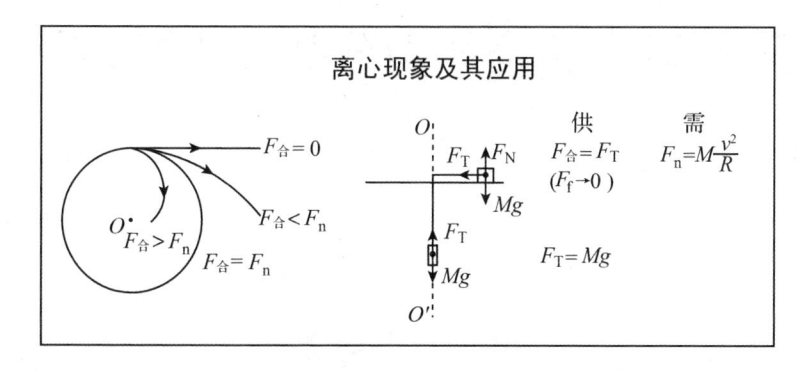

离心现象及其应用

$F_合 = 0$
$F_合 < F_n$
$F_合 > F_n$
$F_合 = F_n$

F_T F_N
Mg
F_T
Mg

供 $F_合 = F_T$
($F_f \to 0$)

$F_T = Mg$

需 $F_n = M\dfrac{v^2}{R}$

八、教学反思

利用"棉花糖的制作"趣味小实验导入新课,激发学生进一步学习与圆周运动相关的"离心现象"的兴趣,引出本节课学习的重点内容,有利于学生对"离心现象"形成正确清晰的物理观念。教师通过自制的实验器材——离心现象演示仪,让学生进行演示实验,并通过手机同屏功能将实验现象投到大屏幕上,请学生通过观察、作图的方式对玩具汽车做匀速圆周运动时的运动特点进行分析;进一步引出问题,提出问题,让学生设计实验,并分组探究,提高合作意识,培养学生科学探究的能力。在课程结束时学习"黄金蛋"的制作,解决生活中儿童挑食的问题,达到学以致用的目的。最后,将实验用过的鸡蛋收集到餐盒中,养成保护环境、节约资源、促进可持续发展的良好习惯。

在制作"黄金蛋"的过程中,很多学生第一次没有成功,及时地分析原因后重新制作并获得成功。但还是有个别组没有成功,由于上课时间所限,只能让学生在课下继续完成,此为本节课遗憾之处。

总之,本节课的教学设计通过真实生活中"物理情境"的设置,激发学生的学习热情,从学生的学习兴趣出发,通过一系列探究或演示实验,让学生在活动中分析、总结从而获得物理规律,掌握科学探究方法,培养学生的物理观念、科学思维、科学探究、科学态度与责任等学科核心素养。

第六章　必修 3 部分教学设计案例

电势　电势差

天津市第二中学　祝艳萍

天津市河北区教师进修学校　吴春霞　吴珺　赵子轩

一、教学内容分析

《电势 电势差》是《普通高中物理课程标准(2017 年版)》必修课程必修 3 模块中的"静电场"主题下的内容，内容要求为：知道静电场中的电荷具有电势能。了解电势能、电势和电势差的含义。《普通高中物理课程标准(2017 年版)解读》对该内容的解读为：让学生通过用电场力做功与电势能变化的关系来计算电荷在电场中的电势能，了解电势能的系统性和相对性。通过对检验电荷在具体电场中电势能的分析，知道用比值定义电势表示电场另一方面的性质——能的性质。通过具体电场中电势的分析，了解电势的客观性、标量性和相对性；理解电势差的概念，知道电势差与电势零点的选择无关，具有绝对性。会用等势面描绘静电场，了解电场线和等势面的关系。

本节课是继电场强度之后从另一角度描述电场性质的。本节课是学生学习了电势能之后学习的内容，电场强度和电势均是描述电场的物理量，也都是通过比值法定义的，在静电场的学习中具有重要地位，是静电场的核心内容。本节的重点是建立电势概念，在此基础上理解电势差概念，以及几种典型电场的电势分布特点。本节内容较为抽象，学生学习难度较大，本节课是后续学习静电现象的应用等内容的基础。

二、学情分析

学生已经学习了电场强度的概念，掌握了比值定义法的特点，并掌握了电势能及功能关系等相关知识，已经具备基本的科学思维和科学探究能力。电势的概念是学生从来没接触过的，十分抽象，高中学生的抽象思维能力还不是很强，这就给学生的学习增加了一定的困难。

三、教学目标

1. 学生理解电势差的概念，知道电势差与电势零点的选择无关，会用等势面描绘静电场，了解电场线与等势面的关系。

2. 学生通过电势的定义，进一步了解用物理量之比定义新物理量的方法。

3. 学生通过对不同电场中电势分布特点的研究，掌握不同电场的电势分布特点，提升科学探究素养。

4. 学生通过观察和分析生活情境，提升用物理知识分析和解决问题的能力。

四、教学重难点

教学重点：电势、电势差概念。

教学难点：电势概念的建立，几种典型电场中电势的分布特点。

教学方法：演示实验法、实验探究法、讲授法。

教学用具：辉光球、日光灯管、橡胶棒、毛皮、塑料三角尺、氖泡、平行金属板、高压静电感应圈、导线、灵敏电流计、水槽、点状电极、学生电源、楼房模型、同屏设备。

五、教学流程

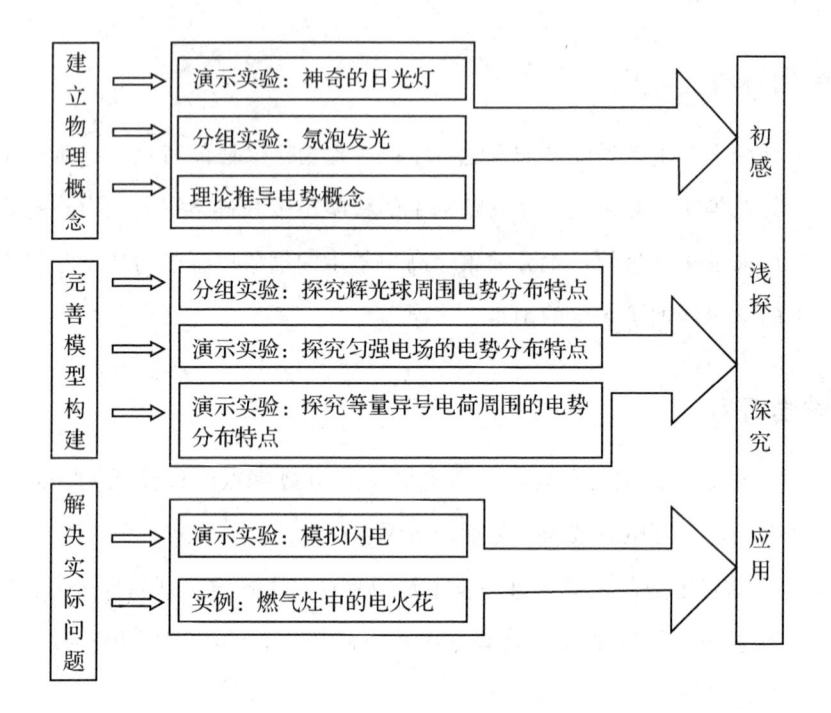

```
建立物理概念  →  演示实验：神奇的日光灯
              →  分组实验：氖泡发光           ⟹  初感
              →  理论推导电势概念

完善模型构建  →  分组实验：探究辉光球周围电势分布特点
              →  演示实验：探究匀强电场的电势分布特点   ⟹  浅探 深究
              →  演示实验：探究等量异号电荷周围的电势分布特点

解决实际问题  →  演示实验：模拟闪电           ⟹  应用
              →  实例：燃气灶中的电火花
```

六、教学过程

环节	情境	问题	教师活动	学生活动	设计意图	学生发展
创设情境，引入新课	将不接电源的日光灯管靠近辉光球，日光灯亮了。	为什么没接电源的日光灯管靠近辉光球能亮起来呢？	将不接电源的日光灯管靠近辉光球，手持不同位置日光灯发光部分不同。	观察实验现象：日光灯管手持处靠近辉光球一端亮了。	引发学生认知冲突，激发学生好奇心与求知欲。	通过观察演示实验，引发认知冲突，激发学习物理的兴趣。
电势概念教学		电荷在电场中具有的电势能量与电荷有什么关系呢？	指导学生完成实验：不接电源的氖泡靠近带电体，氖泡发光。	实验：手持氖泡的一板，将氖泡的另一板靠近摩擦过的橡胶棒或塑料三角尺（带电体），观察到氖泡亮了。	让学生进一步感受电场的存在，解决电场抽象难以来身感受观察的难题；培养小组合作的能力。	通过分组实验进一步感受电场的存在，加深对电场这种物质的理解；实验中加强与同学的交流合作。
	将不同的试探电荷放在电场中A、B两点，研究电荷所具有的电势能。	电场中A、B两点的电荷所具有的电势能与电荷的电量有什么关系？	以表格的形式给出试探电荷的电量和在A、B两点的电势能，引导学生分析表格中的数据，提出问题：电场中同一点具有的电势能与电荷的电量有怎样的关系？引导学生用比值法分析数据。	分析表格中的数据，得出：①不同的电荷在电场中的同一点，电势能与所放试探电荷的电量的比值是相同的。②在同一点，这个比值又是不同的。③在电场中的不同点，这个比值又是不同的。	让学生通过对电量和电势能数据的分析，发现规律，为电势的学习做好铺垫。培养学生对物理问题的分析推理能力。	通过对表格中数据的分析，发现规律，能使用表格的数据表达电势和电荷量的关系；能根据表达电荷量和电势简单的物理问题进行分析和推理，并获得结论的能力。

155

续表

环节	情境	问题	教师活动	学生活动	设计意图	学生发展
电势概念教学	电场强度为 E 的匀强电场中，规定电势能为零。A 为电场中任意一点，计算电荷 q 在 A 点的电势能 E_{pA} 及 E_{pA}/q。	电荷 q 在 A 点的电势能 E_{pA} 及 E_{pA}/q 的表达式是怎样的？	巡视并指导学生推导。	运用已掌握的知识进行理论推导，得出表达式：$E_{pA}=W_{AB}=EqL\cos\theta$，$E_{pA}/q=EL\cos\theta$。产生问题：$E_{pA}=EL\cos\theta$ 具有什么物理意义？	让学生通过理论推导，由上面特殊点推广至一般情况，加深对电场力做功的理解。	能用电场力做功与电势能变化关系计算电势能，与电荷量的比值一与电荷量的比值一步分析，掌握由特殊到一般的研究问题的方法。
	分析 $E_{pA}/q=EL\cos\theta$ 的物理意义。	$E_{pA}/q=EL\cos\theta$ 具有什么物理意义？	1. 指导学生分析表达式 $E_{pA}/q=EL\cos\theta$，该比值与什么有关？与什么无关？ 2. 将 E_{pA}/q 与比值 F/q 进行对比，发现其中的相同点。	1. 分析、思考、讨论，得出：由于 E 是描述电场物理量，$L\cos\theta$ 是描述该点位置的物理量。所以，E_{pA}/q 与电场有关，与该点有关，同时也说明，在电场中的不同点，E_{pA}/q 的值不同。 2. 与 F/q 得出对比，自主得出 E_{pA}/q 也是描述电场性质的物理量，得出电势的概念。	引导学生对电势能表达式与电荷量的比值深入分析，自主得出该比值与电场有关，与电荷量无关的结论。	对电势与电荷量的特点进行深入分析，自主得出电势的概念，实现电势概念在头脑中的提炼和升华。

续表

环节	情境	问题	教师活动	学生活动	设计意图	学生发展
电势概念教学	计算 A、B 两点的电势大小并比较其关系。	电荷 q 为正电荷，在 A、B 两点的电势能分别为 E_{pA}、E_{pB}（$E_{pA} > E_{pB}$），A、B 两点的电势是多少？	1. 引导学生计算出电势大小。 2. 引导学生思考电势沿电场线方向如何变化。 3. 讲解电势的单位。	1. 通过电势的定义计算出 A、B 两点的电势： $\varphi_A = \dfrac{E_{pA}}{q}$， $\varphi_B = \dfrac{E_{pB}}{q}$。 q 为正电荷，故 A 点电势高。 2. 结合电场线可得：沿电场线方向电势逐渐降低。	让学生建立电势概念，掌握电势的单位，加深对比值定义法的理解。	加深对比值法定义的新物理量——电势的理解，通过对电场线和 A、B 两点的电势的计算和电势的关系，增强观察问题和分析问题的能力。
电势差教学	上述 A、B 两点电势不同，计算 A、B 电势差的值。	A、B 两点电势差有什么特点？	1. 巡视并查看学生完成情况。 2. 引导学生分析电势差与电势零点的选取是否有关。	1. 认真计算电势差 $\varphi_A - \varphi_B$。 2. 由于电势位置与电势能有关，所以电势的选取与电势能位置的选取有关，电势差的选取无关，具有绝对性。	让学生建立电势差概念，增强物理观念。	建立电势差概念，形成物理观念；了解电势的绝对性，进一步理解电势、电势差间的联系。

157

续表

环节	情境	问题	教师活动	学生活动	设计意图	学生发展
电势差教学	展示PPT：手持氖泡（日光灯）的一端靠近辉光球，氖泡（日光灯）亮了。	日光灯和氖泡亮了。这一现象和电势差有什么关系呢？	引导学生思考：手持氖泡（日光灯）的一端电势差为多少？氖泡（日光灯）亮度与电势差有何关系？A点（远离手持端）电势（日光灯）电势大小可否反映氖泡（日光灯）两极的大小？	认真思考讨论，得出结论：手持氖泡（日光灯）的一端电势大小数值上等于氖泡（日光灯）两极间电势差，A点电势不同，则氖泡（日光灯）亮度不同，A点电势（日光灯）越高，氖泡（日光灯）越亮。	学以致用；让学生寻找工具——氖泡，提高解决问题的能力。	通过对实验（日光灯）反映可知氖泡（日光灯）的亮暗反映空间各点电势高低，氖泡的体积更小，更适合探测工具；用电势差概念对现象进行分析推理，并表达自己的观点，提高科学思维能力。
探究点电荷电场中电势分布	学生将氖泡放在辉光球周围不同位置来探测其电势分布情况。	氖泡亮暗可以反映电场中各点电势大小，那么点电荷电场中电势分布有怎样的特点呢？	巡视并引导学生思考：辉光球周围的电场类似于点电荷电场。	学生将氖泡远离辉光球发现氖泡变暗；将氖泡沿辉光球周线一圈，发现亮暗程度基本一致，得出结论：电势沿半径方向由内向外逐渐降低，同一球面上电势基本相同。	定性研究点电荷电场电势分布情况；学生应用物理知识合理猜想，制订探究实验方案，观察实验器材，培养科学探究的能力。	进一步理解电势的客观性。通过探测辉光球周围氖泡电势分布特点，了解点电荷电势分布特点；应用基本实验方法设计科学合理探究方案的能力；认识物理研究方案和实验是建立在观察现象基础上的一项创造性工作。

续表

环节	情境	问题	教师活动	学生活动	设计意图	学生发展
探究匀强电场中的电势分布	用氖泡探究匀强电场的电势分布情况。	匀强电场的电势分布的特点是怎样的呢?	学生分组讨论后教师演示：自制氖泡探测装置与平行板电容器负极板连接，所有氖泡一板板悬空，分别沿电场方向反方向及垂直于电场方向放置平行于板间。	认真思考、讨论，提出自己的探究方案，将氖泡放在不同位置（或沿垂直于电场方向不同位置），依据电场方向与电场线的关系猜想：沿着电场线方向，氖泡亮度依次变化，垂直于电场线方向氖泡亮度相同。实验：验证猜想是否正确。	定性研究匀强电场的电势分布情况；培养学生科学探究能力。	能够利用所学概念和规律，通过实验探究，获得匀强电场的电势分布特点，体会科学探究的乐趣，提升用已有知识解决实际问题的能力。
定量研究等量异号点电荷电场的电势分布	定量分析等量异号点电荷电势相同的电势情况，并将电势相同的点连接起来。	等量异号点电荷电场电势分布情况如何呢?	引导学生思考如何寻找电势相等的点。	1. 设计方案。学生认真思考后给出答案：利用灵敏电流计，当灵敏电流计示数为零时，即被测两点电势差为零，即两点电势相同。 2. 实验探究。实验找到A点，演示其他同学与A点相对应的几个点；同时观察并找到几个点，其他同学实时投屏灵敏电流计指针是否指零。	定量研究等量异号点电荷的电势分布情况；引出等势面的概念；培养学生严谨的科学探究态度及科学素养；提升实验基本技能；实现信息技术与物理教学的有效融合。	制订合理的探究方案，选用合适的仪器，巧妙利用灵敏电流计零示法，进一步加深对电势差、电势、电荷量等概念的理解；获得等势面的特点，掌握研究物理问题的方法，知道科学实验需要严谨的态度。

续表

环节	情境	问题	教师活动	学生活动	设计意图	学生发展
等势面教学	展示几种典型电场的等势面分布情况。	等势面与电场线有什么关系？	引导学生观察并思考等势面与电场线之间的关系。	认真观察并发现等势面与电场线垂直。	让学生建立等势面概念，会用电场线描述电场，了解等势面与电场线间的关系。	通过观察不同电场分布情况，获得等势面与电场线间的垂直关系，提高观察分析能力。
	模拟闪电实验。	两金属板间加上电压后，为什么会产生"闪电"？	引导学生思考为什么出现"闪电"，将模型房子烧着了？	积极思考，并说出由于房顶和云层间电势差过大，空气间，引起闪电。	学以致用；培养学生应用所学知识解决问题的能力；激发学生学习物理的兴趣。	
学以致用			谁能最快找到闪电图片？认真观察图片，发现什么物理问题，如何解释？引导学生作出回答。	1. 学生发现教材封面上的闪电图片，很兴奋。2. 仔细观察闪电照片打到了高大建筑物上，而且闪电都不走直线。3. 学生思考，讨论，交流，在老师的指导下作出解释：避雷针保护建筑物，避免闪电对人类的伤害；空气中的导电粒子分布不均匀造成闪电的路径不是直线。	挖掘教材中的素材，使学生更重视教材；指导学生用物理视角观察自然现象，提高学生的观察能力。	能用电势差概念解释闪电等自然现象；进一步增强学习物理的兴趣；具有清晰的物理观念，从观察视角正确描述和解释自然现象。

160

续表

环节	情境	问题	教师活动	学生活动	设计意图	学生发展
学以致用	展示燃气灶利用"闪电"点燃煤气。	生活和生产中还有哪些利用电势差的现象呢?	1. 引导学生分析燃气灶中"闪电"产生的原因。2. 引导学生思考生活和生产中还有哪些电势差应用的实例。	1. 分析出燃气灶中的"闪电"现象是由于电势差过大引起的击穿现象。2. 思考生活和生产中还有哪些电势、电势差应用的实例。	学以致用,激发学习物理的兴趣。	
课堂小结	课堂小结。	通过本节课你有哪些收获?	倾听学生的总结并作点评。	讨论并总结本节课的收获:1. 描述电场的能的性质即物理量:电势。2. 利用氖泡直观感受到几种电场的存在,并探究了电势的电场分布特点。3. 将所学知识应用到了生活中。	培养学生概括能力,帮助学生把握知识脉络,建构知识体系。	通过总结概括本节内容,更清晰、系统地了解电势、电势差等概念;能用所学知识描述和解释一些自然现象。
课后作业	布置课后作业。	你能用今天所学的知识解决生活中的一个难题吗?	布置作业:1. 猜测匀强电场中电势差与电场强度关系,并查阅资料验证。2. 收集有关电火花的应用及防护的案例,并上传至学习平台。3. 应用所学知识解决生活中的一个难题。	查阅资料,完成作业。	深化所学内容;培养学生自主收集、整理资料的能力。	提升物理观念;知道物理是认识自然的方式之一;能用所学知识解决实际问题。

七、板书设计

```
                    电势  电势差

   一、电势                   二、电势差
       1. 定义                    1. 定义
       2. 定义式                  2. 表达式
       3. 单位                    3. 绝对性
       4. 相对性              三、等势面
```

八、教学反思

对于电势、电势差的概念，学生往往感觉太抽象，不好理解。为了使学生更容易感受和理解电势，本课教学中创设了丰富的物理情境和实验，使抽象的电势概念得以直观体现，增强了学生的感性认识，促进了学生理性思维的发展。

在课堂引入环节本课创设了两个实验：一是神奇的日光灯，二是摩擦塑料尺使氖泡发光。这两个实验能够很好地激发学生的学习兴趣，让学生感受到抽象的静电场的客观存在性，感知电场具有能的性质。本节课按照"初感、浅探、深究"的顺序，层层深入地创设物理情境，合理设计科学探究，充分挖掘学生认知过程中的每一个思维阶梯，从而使学生的科学思维得到有序的发展。学生在实验探究中完善对电势的认知，突破教学难点。在学习了电势概念后，自然地唤起学生探究电场中电势特点的欲望。在实验探究过程中，学生通过猜想、设计实验方案、推理论证得出结论，并进行交流展示，提升了科学探究素养。最后演示的模拟闪电实验，使学生关注自然，认识到物理研究是一种对自然现象进行抽象的创造性工作，引导学生从物理学的视角认识自然、理解自然，养成科学思维习惯。

静电现象的应用

天津市新华中学 杨晨

一、教学内容分析

《静电现象的应用》是《普通高中物理课程标准(2017年版)》必修课程必修3模块中的"静电场"主题下的内容，内容要求为：通过实验，了解静电现象。能用原子结构模型和电荷守恒的知识分析静电现象。了解生产生活中关于静电的利用与防护。分析讨论静电在激光打印、静电喷雾和静电除尘等技术中的应用。知道在有可燃气体、粉尘的环境中如何防止静电事故。《普通高中物理课程标准(2017年版)解读》对该内容的解读为：基于静电现象的实验事实，用原子的结构模型和电荷守恒知识建构物理模型解释现象，培养学生基于事实证据进行科学推理的核心素养。学生对激光打印、静电喷雾和静电除尘等技术应用中的静电现象进行分析，了解静电在生产生活中的应用。通过在有可燃气体、粉尘的环境中防止静电的方法，了解静电防护的原理。

本节课是学生学习了电学中的电场、电势、电场的叠加等重要概念和规律后学习的内容，是静电感应现象的具体应用。本节的重要内容是静电平衡状态下导体的特点及静电在生产生活中的应用与防护，是前面所学电学内容的综合及拓展，涉及静电平衡、静电屏蔽、尖端放电等，内容较抽象。本节与生产生活、科技进步、社会发展密切相关，能培养学生观察和解释自然现象、解决简单实际问题的能力。

二、学情分析

学生已对摩擦起电、感应起电及电荷间相互作用有所掌握，知道电场是一种物质，会用电场强度来表示电场的强弱及方向。但是，抽象思维能力不是非常强，静电平衡状态下导体特点的微观解释应该是学习的难点。高中生有自主学习的能力，能以生活中的实例为背景，独立思考、分析问题，在学习中需要增强探究意识，在探究、学习过程中感受物理知识来源于生活，又服务于生活。

三、教学目标

1. 学生用原子结构模型，分析静电场中实心导体内自由电荷的受力及运动情况，概括出静电平衡状态下导体的特征，建构物理模型。

2. 学生在静电屏蔽事实的基础上，由静电平衡状态下导体的特征进行科学推理，分析出空腔导体对电场的屏蔽作用。

3. 学生通过自制学具进行实验探究，观察、分析并总结出带电导体电荷分布的特点。通过探究式学习过程，加强学生间的交流与合作，提高科学探究素养。

4. 学生通过静电除尘等静电现象的应用的资料收集及理论分析，从物理学的视角正确描述和解释与静电有关的自然现象，综合应用物理知识解决静电的应用与防护问题，培养可持续发展的责任感。

四、教学重难点

教学重点：理解静电平衡的特征，认识导体的电荷分布特点，了解静电现象的应用。

教学难点：静电平衡的特征，带电导体的电荷分布特征。

教学方法：演示法、小组合作探究。

教学用具：自制学具、感应起电机、验电丝线、自制验电箔、透明胶带、导线、PPT课件、避雷针模型、高压带电工作服、感应圈、酒精棉球、镊子。

五、教学流程

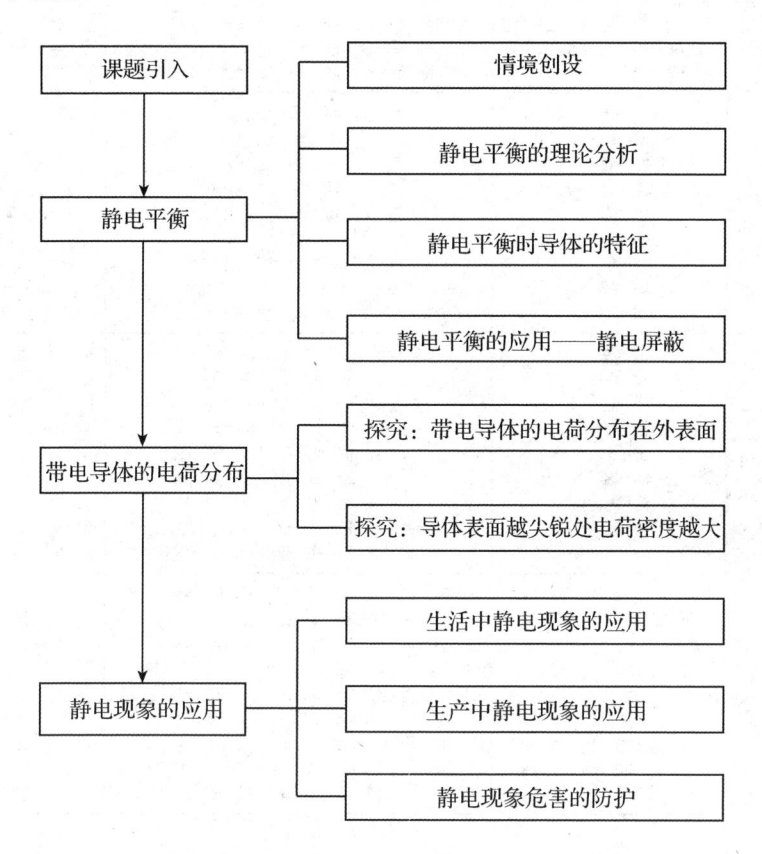

```
课题引入 ──┬── 情境创设
           │
           ├── 静电平衡的理论分析
           │
静电平衡 ──┼── 静电平衡时导体的特征
           │
           └── 静电平衡的应用——静电屏蔽

带电导体的电荷分布 ──┬── 探究：带电导体的电荷分布在外表面
                     │
                     └── 探究：导体表面越尖锐处电荷密度越大

静电现象的应用 ──┬── 生活中静电现象的应用
                 │
                 ├── 生产中静电现象的应用
                 │
                 └── 静电现象危害的防护
```

六、教学过程

环节	情境	问题	教师活动	学生活动	设计意图	学生发展
创设情境，新课引入	与衣服摩擦过的泡沫塑料板很容易吸附在黑板上。	泡沫塑料板为什么能吸附在黑板上？	明确本节课的标题是"静电现象的应用"，同时将印有标题的泡沫塑料板与衣服摩擦后"粘贴"在黑板上。	了解本节课的学习任务，观察静电的最简单应用。	让学生感受静电应用无处不在，激发学生的学习兴趣。	通过静电吸附现象感知物理与生活的联系。从物理视角观察好奇的现象，增强好奇心和求知欲。
静电平衡的教学引入	两平行板间的"闪电"击中的"模型人"，"模型人"燃烧了起来。让"模型人"穿有电工防护服的老师安然无恙。	为什么"模型人"被电击后燃烧了起来，而穿有特殊服装的老师被电击后却安然无恙呢？这件衣服有什么特殊之处？	演示实验：用两个水平放置的平行金属板，分别用特斯拉线圈和大地，用特斯拉线圈在两平行金属板之间加很高的电压，两板间形成"闪电"，"模型人"被闪电击中而燃烧，随后电工防护服的老师穿电工防护服却安然无恙。	观察实验现象，思考：为什么有的老师穿防护服能不怕电击？老师衣服的老师有什么之处？对电击后的老师进行采访，触摸老师的服装。	创设真实的"闪电"情境，让学生观察对比实验的现象。通过观察不同的现象，引导学生将相关物理知识与实际相联系，让学生感受物理科技的魅力。	通过电击实验与物理学习实际的联系，增强物理学习兴趣和研究静电应用的兴趣。从电工防护作用中感受物理对社会的贡献，进一步作出自己的贡献。
	学生采访、触碰电工防护服。	电工防护服中有特殊材料吗？会是什么材质？	用图片展示电工防护服中织有导电纤维。	感受、思考电工防护作用。了解防护服中纺织有导电纤维，且面料较平常的服装要硬一些。	为"电场中导体的特点"教学增加铺垫，进一步做好认识并激发学生的探究欲。	挖掘防电现象背后的本质原因，增强发现问题和探究问题的意识和能力。

166

续表

环节	情境	问题	教师活动	学生活动	设计意图	学生发展
静电平衡原理教学	用动画展示导体中有大量自由电子。	金属导体中有大量自由电子，金属纤维为什么能保护教师不受电击伤害？	电场中导体内的自由电子在电场力的作用下会定向移动，现象无法观察，又较为抽象。动画模拟自由电子的定向移动，展示静电平衡状态建立的动态过程。引导学生通过电场叠加分析导体静电平衡的最终状态。	观察多媒体动画，同时思考和分析导体中的自由电子受电场力作用下的定向移动。感应电场的产生，分析电场叠加的结果，得出导体内部达到静电平衡时的最终状态 $E=0$。	利用动画生动形象地展示导体内部自由电子移动的情境，引导学生观察、思考，自主得出处于静电平衡状态的导体内部的电场特点，突破教学难点。	在观察动画演示的基础上进行思考，分析电子受电场力定向移动并产生感应电场，实现由感性思维向理性思维的转化。通过对导体内电场叠加的分析和推理，自主获得静电平衡时导体内部电场强度特征，能对静电平衡作出解释，原理提高科学思维素养。
	处于静电平衡状态的导体，内部场强处处为零。	处于静电平衡状态的导体中的 A、B 两点，哪点电势高？	展示PPT，并提出问题：场强和电势的物理量，描述电场的物理量，处于静电平衡状态的导体中的 A、B 两点哪一点电势高？	分析回答：如果 A、B 有电压，自由电子定向移动，与电子静电平衡状态相矛盾，故可总结出静电平衡时导体是个等势体。	引导学生应用已掌握的电势高低进行分析推理，提升知识反证法能力及从不同角度思考问题获得导体静电平衡状态特征。	学会从不同角度思考处于静电平衡状态的导体的电势特征；提升推理论证能力；掌握反证法，并自主分析得出处于静电平衡状态导体是等势体的结论。

续表

环节	情境	问题	教师活动	学生活动	设计意图	学生发展
静电平衡原理教学	探究处于静电平衡状态的空心导体的电势特征。	相当于空心导体的防护服能够保护老师的原因是什么？	提问：前面研究了实时静电平衡的特征，那么，日常生活中常见的空心导体（金属壳）处于静电平衡状态时的特征是什么呢？	思考、交流并得出：由于处于静电平衡状态的实心导体内部场强处处为零且电势处处相同，故把导体内部挖空，不会对导体内部的电势造成影响，仍然具有导体内部 $E=0$ 和等电势体的特点。解释"穿防护服能力"的原因（防护服壳），理解静电屏蔽现象。	在防护服防护的真实情境下，由实心导体过渡到空心导体，体现问题由简单到复杂的研究方法；促进学生将实际问题转化为物理问题，并用所学物理知识解决实际问题。	将防护服的实际问题抽象为空心导体的物理问题；经过建构物理模型、推理理解原理过程，掌握应用于屏蔽的物理的贡献；经历由实心导体到静电平衡研究点单到复杂问题的研究方法。
静电平衡的应用	展现高压电防护服及带电作业场景。	工人师傅是如何利用防护服进行高压带电作业的？	讲解：最初防护服中只有密密的金属丝，随着工艺的发展和进步，用导电纤维丝代替了金属丝，大大提高了防护服的舒适性和耐穿性。防护服能让工人师傅带电停电作业，避免高压停电而产生经济损失。	感受静电现象在生产中的应用。体会物理学应用如何推动科学技术的进步、促进电工作业方式的变化。	让学生感受静电屏蔽的应用，体会生产中的物理如何促进社会物理方式的优化。	了解静电现象在生产中的应用，关注STSE，体会物理学应用于技术带来的工作方式的变化，增强社会参与意识和社会责任感，提高节约能源的意识。

168

续表

环节	情境	问题	教师活动	学生活动	设计意图	学生发展
探究空心导体带电后的电荷分布	自制学具：将金属茶叶盒或易拉罐固定在绝缘的矿泉水瓶上。	使自制学具中的金属茶叶盒或易拉罐带电后，电荷会如何分布呢？	让学生课前动手自制学具：将废弃的金属茶叶盒或易拉罐固定在绝缘的矿泉水瓶上。介绍实验器材，请学生利用自制学具及感应起电机，设计实验方案，探究带电空心导体的电荷分布。	实验：探究带电空心导体的电荷分布规律。首先猜想带电金属盒的电荷分布，然后利用老师提供的器材设计实验方案，经过交流确定实验方法：将金属箔粘贴在金属盒内、外表面不同位置，用起电机使绝缘金属盒带电，观察金属箔的张角，从而确定电荷分布。分组进行实验探究，交流实验结果。总结归纳得出实验结论：带电空心导体的电荷分布在外表面。	金属箔的张角能让学生快速准确地得出电荷的分布，比使用电荷量体探测的方法更直观；让学生利用自制的学具及其他实验器材进行实验探究，拉近物理与生活的距离，进一步激发学生的学习热情，从而突破教学难点。	在教师帮助下制订科学探究方案，根据金属箔的张角判断电荷分布，形成合理实验结论；经过观察、分析问题，提升能力；增强探究意识，通过交流合作具提高动手能力，并利用身边的物品完成实验，增强学习物理的内研究动机。

续表

环节	情境	问题	教师活动	学生活动	设计意图	学生发展
探究实心带电导体的电荷分布		实心带电导体的电荷如何分布？	引导与实心对比，思考：实心带电导体的电荷分布是如何的？实心导体内部是否有多余的净电荷？	思考、分析、交流得出结论：实心带电导体也应该分布在外表面。如果带电导体内有电荷，导体就不处于静电平衡状态了，所以电荷分布在实心导体的外表面，并且实心导体内部没有多余的净电荷。	引导学生应用前面学过的探究空心特点的方法，由空心导体反推实心导体的情况，自主分析得出电荷分布在导体外表面的结论。	利用类比、对比的研究方法，解决带电导体电荷分布"空心"到"实心"问题，掌握分析问题的方法，形成科学思维习惯。
尖端放电教学	将顶端和尖形导体分别为圆形和尖形的金属板上，实验演示尖端放电现象。	为什么顶端尖形导体有放电现象，而顶端圆形的导体却没有放电现象？	介绍实验器材：两个水平金属板，下板上面同时放有顶端尖形和顶端圆形的两个物体（导体）。演示实验：用特斯拉线圈给两板加上高电压，演示尖端放电。并让学生思考，对现象进行分析和解释。	观察尖端放电现象。思考：为什么形的导体有放电现象。交流讨论、分析，对现象进行分析得出结论：只有顶端尖形的导体出现电荷分布现象，说明电荷分布有疏密的差异，在尖端的表面与形状有关，越尖锐的位置电荷的密度越大。	引导学生认识物理研究是建立在观察和实验基础上的；促使学生对现象进行分析和推理，应用已有知识作出解释，得出导体电荷分布与形状有关。	通过对尖端放电现象的分析和推理，既掌握了物理规律，也从认识自然的视角理解自然；交流讨论中基于证据和逻辑发表自己的观点。

170

续表

环节	情境	问题	教师活动	学生活动	设计意图	学生发展
静电现象的应用与防护	了解生活中如何避免静电现象造成的危害。	生活中我们可以通过哪些方法避雷？	请学生应用静电知识列举生活中避雷的方法。	思考、举例，并用所学知识分析讨论方法的可行性。针对进行提出避雷放电的方法（尖端放电）。在户外时要避雷击打雷时不要打伞，避免长金属针顶部汽车里（静电屏蔽），以避免尖端放电。	让学生能够将理论和实际联系起来，进一步丰富静电现象的应用。	能灵活应用电荷分布特点、尖端放电、静电屏蔽的知识解决实际问题；提高指导生活实践的能力；增强理论联系实际的意识和能力。
		静电现象在生活中还有许多应用，你还能举出哪些实例？	请展示我们生产生活中静电现象的应用实例。	展示静电现象在生活中的应用，如静电复印、静电除尘和激光打印、静电喷雾等技术，并应用本节课中所学的知识解释其中的一些静电现象原理。	通过联系具体的现代科技和生活中的应用，创设活泼的课堂氛围；引导学生从生活中发现问题，再回归生活来解决问题。	将学生了解静电现象的原理，又加深对静电现象知识面的拓展，在解决实际问题中提高探究实践意识和能力。
课后作业	布置作业。	生活中静电有哪些危害？设计方案降到最低。	布置作业： 1. 总结今天的收获，你能用它们来解释生活中的哪些实际问题？ 2. 干燥的冬天，静电给我们的生活带来不便和安全隐患，请你设计相应的解决方案，将危害降到最低。课后各小组完成一篇以"我学我研究"为题的科普报告。	思考、总结当天的学习收获，并完成自我小结。	请学生自行完成课堂小结，提升能力；引导学生从静电应用的实践中增强创新意识和实践能力。让学生在生活中发现物理问题，运用物理知识解决实际问题，增强实践意识和创新能力。	将学习由课内延伸到课外，由书本学习到研究性学习，掌握科研方法，增强科学思维习惯，增强实践意识和创新能力。

七、板书设计

```
                    静电现象的应用

        一、静电平衡
            1. 静电平衡状态
            2. 特征：(1) 导体内部场强 $E_合 = 0$
                    (2) 导体是等势体，导体表面是等势面
        二、带电导体的电荷分布
            1. 电荷分布在导体外表面
            2. 导体越尖锐的位置电荷分布越密
        三、应用
            1. 静电屏蔽
            2. 尖端放电
```

八、教学反思

本节课与生活联系非常紧密，虽然内容较为抽象，但却能很好地体现新课程理念。课堂开篇从演示被电击后而燃烧的"模型人"与穿着防护服被电击后安然无恙的教师作对比引入，大大激发了学生探究新知的兴趣——如何从物理学的视角描述和解释自然现象。然后利用多媒体课件模拟静电感应的动态过程，让学生直观、形象地了解静电感应，并能分析概括出静电平衡的特征，理解、认识导体的电荷分布特点，攻克本节的教学重点，培养学生的科学思维和科学探究素养。由于带电导体的电荷分布特点对于学生来说是十分深奥的问题，所以本节课利用自制学具和教师准备的器材进行分组探究实验，让学生通过自己猜想、设计、实验、交流、总结，得到带电导体电荷的分布特征，从而突破本节的学习难点。自制学具较以往的法拉第圆筒，增加了直观性，提升了实验效果。最后，学生在已经有了静电感应、静电平衡知识的基础上，以小组为单位列举生产、生活中静电现象的应用。课后的开放性作业让学生能够灵活运用所学知识解决实际问题，感受物理来源于生活，又服务于生活，能有效指导工作和生活实践。整节课在教学设计上重视实验情境和问题情境的创设，让学生积极观察、发现问题，通过探究、思考、讨论解决问题。同时，在实验和思考得出结论的过程中感受学习物理的乐趣。

本节课将静电的危害和防护，以课后作业的形式让学生完成，在批改作业时，还需特别关注在有可燃气体、粉尘的环境中防止静电的方法的可行性。

I-U 图像描述电路元件的电阻特性

天津市第一中学　贾杰

一、教学内容分析

《I-U 图像描述电路元件的电阻特性》是《普通高中物理课程标准(2017年版)》必修课程必修3模块中的"电路及其应用"主题下的内容，内容要求为：通过 I-U 图像了解材料的电阻特性。分别描绘电炉丝、小灯泡、半导体二极管的 I-U 特性曲线，对比它们导电性能的特点。《普通高中物理课程标准(2017年版)解读》对该内容的解读为：在实验探究中经历问题、证据、解释与交流等科学探究的过程，体验用图像处理数据的科学方法，促进实验探究能力的提升。

本节课探究定值电阻及其他电学元件的电流随电压的变化关系，引入伏安特性曲线。学习利用 I-U 图像分析电学元器件的电阻特性，是本节课的重点内容。通过小灯泡 I-U 图像的描绘，引领学生经历科学探究的全过程，使学生深刻体会科学实验的重要性。本节课的内容是在巩固初中所学的欧姆定律基础上，定义电阻，学习图像法描述物理量关系这一科学方法，也为后续闭合电路欧姆定律的教学以及用 I-U 图像描述电源两端的电压与电流的关系埋下伏笔。

二、学情分析

学生在初中已经学习过欧姆定律，对电阻的概念具有初步的认识，但由于学生在初中阶段概念的建立更多依赖于感性认识，因此对于用图像描述元件的电流随电压变化的规律这种相对抽象的方法不够熟悉，尤其是对通过 I-U 图像分析元件电阻的非线性特征理解起来有一定的难度。本节课通过图像分析物理量之间的关系，并渗透数形结合思想，能够有效地启发学生从不同角度思考物理问题，培养学生利用不同方法处理物理问题的意识。小灯泡 I-U 图像非线性特征的成因分析可以提升学生思维的深刻性。另外，学生在初中已经具有一定的电路设计能力，通过分压电路的原理的学习及设计过程，也可以进一步提升学生进行电学实验的技能。

三、教学目标

1. 学生通过迁移初中所学的知识，进一步理解欧姆定律，并设计探究方案，学会利用伏安特性曲线描述电路元件的电流随电压变化的规律，进一步了解不同器材的导电特性。

2. 学生体会列表法、公式法、图像法在描述物理量关系上的优缺点，体验用图像处理数据的科学方法，促进实验探究能力的提升。

3. 学生经历设计电路、采集数据、分析数据、描绘图像等一系列探究活动，提升合作研究意识。对非线性特征的探究结果进行分析讨论，经历发现问题、基于证据提出合理猜想，并设计实验解决问题的科学探究过程，合理评估实验过程，逐渐形成实事求是、尊重实验结论的科学探究精神。

四、教学重难点

教学重点：理解伏安特性曲线；利用伏安特性曲线描述电路元器件的电阻特性。

教学难点：理解分压电路设计以及电路连接；分析小灯泡 I-U 图像的非线性特征。

教学方法：讲授法、讨论法、演示法、任务驱动的探究法。

教学用具：调压电源、电流传感器、电压传感器、定值电阻、节能灯、小灯泡、干电池组、滑动变阻器、电流表、电压表、开关、导线。

五、教学流程

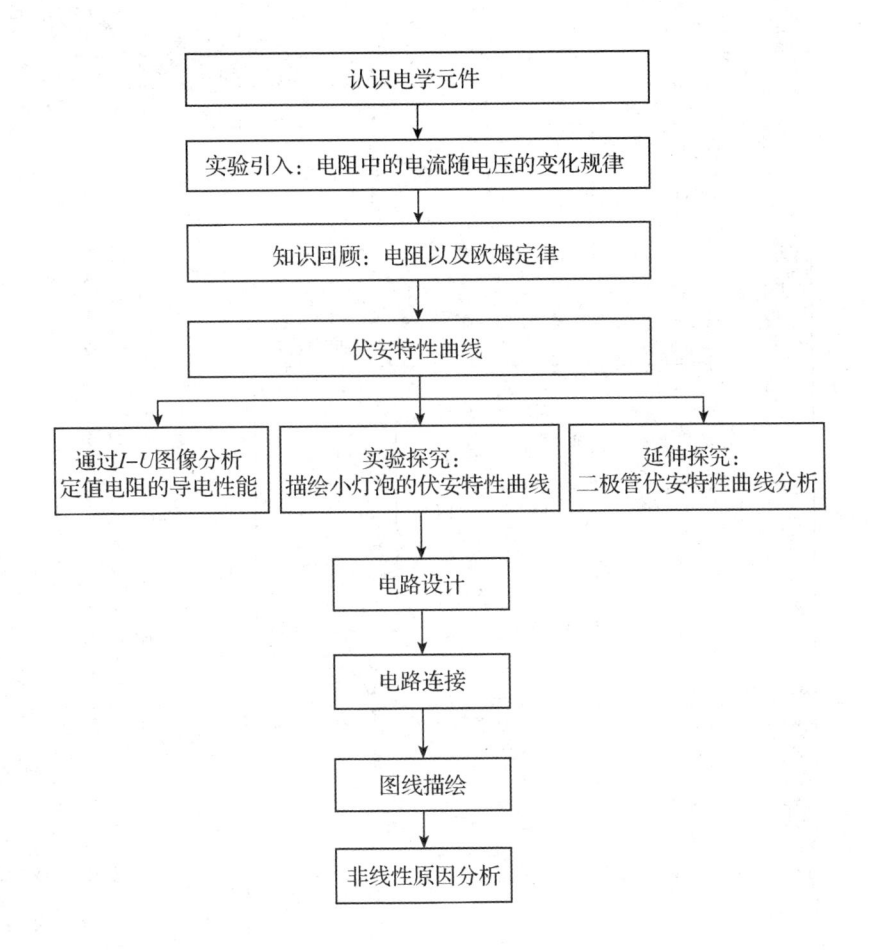

```
认识电学元件
    ↓
实验引入：电阻中的电流随电压的变化规律
    ↓
知识回顾：电阻以及欧姆定律
    ↓
伏安特性曲线
    ↓
┌─────────────┬─────────────┬─────────────┐
通过 I–U 图像分析    实验探究：          延伸探究：
定值电阻的导电性能   描绘小灯泡的伏安特性曲线   二极管伏安特性曲线分析
                     ↓
                   电路设计
                     ↓
                   电路连接
                     ↓
                   图线描绘
                     ↓
                  非线性原因分析
```

六、教学过程

环节	情境	问题	教师活动	学生活动	设计意图	学生发展
引入新课	展示电学元件：电阻、二极管。	这两个元件是什么？在电路中有什么作用？	展示电学元件——电阻、二极管。	观察老师展示的电学元件，并识别电阻和二极管的外观。	让学生识别电路中的基本元件：电阻、二极管。	识别常见的电学元件：电阻、二极管。加强物理知识与实际的联系。
新课教学	实验探究：定值电阻中电压变化电流随电压变化的规律。	给电阻两端加上电压，电阻中就会有电流通过，电阻中的电流随电压的变化有什么规律呢？	1. 介绍实验目的：探究阻中的电流随电压变化的规律。2. 介绍测量工具——传感器。3. 演示实验：改变电压，测量同一定值电阻在不同电压下的电流值。	观察演示实验及实验中的电压值和电流值，通过列表法记录实验数据，分析数据并总结规律：电流随电压变化规律——电流随电压成正比例地变化。 | 电流/A | 电压/V | |---|---| | 0.08 | 0.5 | | 0.16 | 1.0 | | 0.32 | 2.0 |	1. 培养学生的观察、分析能力，为引出电阻的定义做好铺垫。2. 引入传感器，让学生感受传感器准确、便捷，连接与处理数据等优势，体验现代科技的力量。	通过观察现象、实验推理，对实验进行分析结论；了解传感器在实验中的应用。
		电压与电流的比值表示什么？怎么计算电阻的定值？	板书电阻的定义式 $R=\dfrac{U}{I}$。引导学生对表达式进行分析：成正比例地变化，电流与电压的比值不变，引导学生给出电阻的比值的定义。	在对实验结果进行分析的基础上，学习计算方法，体会用公式法描述物理量的关系相对于列表法的优缺点。	强化电阻的定义以及表达式，引导学生体会公式法与列表法相对的关系的表达法的优点。	经历比值法的过程，构建清晰的物理公式概念；了解用公式法描述物理量的关系相对于列表法的优点。

续表

环节	情境	问题	教师活动	学生活动	设计意图	学生发展
新课教学		欧姆定律的表达式是什么？这个表达式的含义是什么？电阻的单位是怎么定义的？	板书欧姆定律的表达式 $I=\dfrac{U}{R}$。复习初中的欧姆定律内容及含义，进一步理解电阻的单位定义——欧姆。	回忆初中学习的欧姆定律的表达式，体会欧姆定律的内涵，进一步了解电阻的单位定义的规定。	体会电流的形成原因以及电阻对电流的阻碍作用，让学生理解电阻的单位定义过程。	正确理解电流形成的原因与电阻对电流的阻碍作用，将电阻的概念纳入已有的知识结构，提升认识，正确理解观念，体会科学的本质。
	利用数学图像表示实验数据，并定义伏安特性曲线。	图像的物理意义是什么？图像反映电流随电压的变化有什么规律？	引导学生观察屏幕上的数学图像，分析图像处理数据的优点，并通过实验图像归纳总结通过图像分析电流随电压的变化规律。	观察图线上各点的物理含义，通过坐标分析图像的物理意义，分析图线的变化规律。	引入数学图像描述物理量间变化规律。	提升采用不同方式分析、解决物理问题的能力。
		定义伏安特性曲线的含义？	定义伏安特性曲线。讲解I-U图像的含义，引导学生通过图线形状的变化规律，体会图像法的优点。	学习利用伏安特性曲线描述电流随电压变化规律的方法。	让学生更直观地反映物理规律。	增强数形结合，运用数学手段来研究和解决物理问题的能力，提升科学思维素养。
分组实验	实验：描绘不同阻值的伏安特性曲线。	1. 分析 A、B 两个电阻的伏安特性曲线哪个电阻对电流的阻碍作用大？ 2. 如何通过伏安特性曲线判定电阻的阻值呢？	1. 通过实验描绘不同定值电阻的I-U图线。 2. 引导学生从三个角度分析两个定值电阻的阻碍作用。 3. 定义线性与非线性元件。介绍常见的非线性元件。	观察实验现象及图像，分析判断两个电阻对电流的阻碍作用：电压相同时，电阻小的电流大；电流相同时，电阻大的电压大。对比两条线的斜率变化。	分析图像，让学生掌握利用I-U图像分析电阻线性的方法，分析图像的导电特性。	通过对I-U图像的分析，尝试从不同角度思考物理问题，掌握利用线性电阻的I-U图像分析电阻的方法，提高分析问题的能力。

177

续表

环节	情境	问题	教师活动	学生活动	设计意图	学生发展
分组实验	设计、描绘小灯泡的伏安特性曲线的实验电路。	1. 小灯泡的伏安特性曲线是什么样？ 2. 利用给出的实验器材，怎样设计电路能够描绘出小灯泡的伏安特性曲线？	1. 简单介绍爱迪生发明白炽灯的历程。引导学生精测小灯泡的伏安特性曲线的。 2. 请学生设计实验电路，并画出电路图。 3. 总结学生设计的电路，展示分压电路、限流电路，引导学生分析比较分压电路、限流电路的优缺点。	1. 了解白炽灯的发明过程。 2. 根据钨丝的金属材料特性，精测伏安特性曲线为过原点的倾斜直线。 3. 设计实验电路。在老师引导下，利用已有的电路知识，对分压电路、限流电路进行交流评估，方案进行交流评估，确定最优方案。	1. 让学生体会科学发明的艰苦，用科学家锲而不舍的科学精神感染学生。 2. 引导学习经历对小灯泡的伏安特性进行实验猜测，并实验验证猜测是否正确的科学探究过程。 3. 利用已有电路知识，评估电路，分压、限流电路的优缺点，确定最终实验方案。	了解白炽灯的发明过程，体会一项基础性实验在创造性工作和对社会进步有巨大贡献。提高在社会新情境中对综合性物理问题进行分析和推理的能力。
分组实验	实验操作，探究小灯泡的电流随电压变化的关系。	按照怎样的顺序连接电路既快又正确？	1. 引导学生交流、研讨连接电路的简便方法。 2. 每组选出一名同学监督该组实验过程，并按照《实验过程评价表》所列项目对该组同学的操作打分。 3. 巡查学生的实验过程，对出现的问题进行个别指导，并选出好的测量结果。	1. 交流、研讨连接电路的方法——分层连接：先连接电路的部分电路，再连接电源部分的电路。 2. 连接电路，进行测量，记录实验数据并描绘出小灯泡的伏安特性曲线。 3. 监督同学组《实验过程评价表》的实验过程评价打分。	1. 让学生根据已有的实验方案，使用基本器材进行实验，采集数据，描绘小灯泡的 I-U 图像，能动手解决问题，能够发现问题的能力。 2. 将实验过程给出以《实验过程评价表》的方式导学生按实验规范完成实验，也便于监督组的同学评估。	能够利用基本的实验器材获得数据并进行数据初步处理，具有实验的意识，在实际操作过程中，能够有意识地高效解决问题；在合作与交流中既能主动发挥团队的作用，又能友好协作，提高合作意识。

178

续表

环节	情境	问题	教师活动	学生活动	设计意图	学生发展
实验结果分析	基于实验数据进行分析。	实验结果与预期不符。1. 金属钨丝灯的伏安特性曲线为什么不是一条直线呢？2. 小灯泡是线性元件吗？	展示三组实验结果，引导学生思考。小灯泡的伏安特性曲线为什么不是一条直线？其非线性特征成因是什么？小灯泡是线性元件吗？（图：I/A 0.30 0.20 0.10，O 1.0 2.0 3.0 U/V）	分组讨论。情境是因为灯泡发光，导致灯丝的温度升高，进而使钨丝的电阻变大，不再是线性关系。根据伏安特性曲线上点尝试作出解释，切线斜率逐渐减小，所以电阻不断增大。	实验结果与已有的科学认识出现矛盾，让学生运用已有的知识经验对实验进行推理，多角度寻找原因，提升发现问题和解决问题的意识和能力。	通过实验及分析，提升学习参与度，乐于自主探究，勤于思考，以及自主探求知能力，尊重实事求是、严谨的科学态度的表现；加强发现问题、积极探索解决问题的精神。
	实验探究小灯泡的伏安特性曲线不是直线的原因。	小灯泡电阻变化是由什么引起的呢？温度的升高吗？探究什么方法在同一温度下的电流、电压的关系？	1. 组织学生讨论如何实现电流增大，而灯丝温度保持不变。2. 设计实验，利用采集数据的方法在极短时间内采集实验数据，但灯丝温度来不及改变，"传感器"的特点进行验证。①将电源电压缓慢增加，描绘小灯泡的伏安特性曲线。②在某电压状态下(电压为U)迅速将电压改变，发现数据点是过原点的直线。（图：I/A 0.25 0.20 0.15 0.10 0.05，O 0.5 1.0 1.5 2.0 U/V）	1. 思考、讨论电压增大，灯丝温度不变的过程探究的方法，相互探讨方案的可行性分析。2. 感受传感器能瞬间测量多组数据的能力，借此瞬间强逆向思维采集的方法，让电压瞬间减小，完成实验。3. 观察并分析实验数据，印证了小灯泡非线性的伏安特性曲线是温度变化的原因，进一步明确伏安特性曲线斜率的倒数的含义。	1. 提出问题，引导学生分析问题讨论解决问题的方法，强调科学探究过程，培养学生科研的意识，激发兴趣，培养探索意识，合作意识。2. 证明小灯泡伏安特性曲线不是直线的原因是其电阻因温度变化造成，伏安特性曲线斜率的倒数是电阻值的直观显示。纠正学生认为电阻值是定值的错误认识。	通过实验探究解决问题的能力，重视物理概念的重要性，对比审视质疑的知识，重新加深对电阻的理解，形成观念，明确研究点，能修正错误。既要坚持观点，又能利用现代信息技术解决问题，认识到"切线斜率"代表电阻值的方法，丰富科学研究，感受科技成就对工作的促进作用和对社会的推动作用。

179

续表

环节	情境	问题	教师活动	学生活动	设计意图	学生发展
实验结果分析			3. 总结规律。证明由于温度改变造成小灯泡的伏安特性曲线不是直线的猜想是正确的。 4. "概念强化"斜率"的意义。		3. 让学生进一步体会传感器在测量方面的优势，理解研究发展对科研的促进作用。	
实际应用巩固提高	演示实验：电源迅速将电压从零迅速提高，稳定后，再将电压迅速降低至零。通过计算机描绘此过程的 I-U 图像。	为什么得到的图像会分为三段？	介绍实验过程，演示如图曲线，请学生对进行分析，形成对曲线理解温度对电阻图的影响。 I/A 0.30 0.25 0.20 0.15 0.10 0.05 O 0.2 0.4 0.6 0.8 1.0 1.2 U/V	观察演示实验过程，分析实验数据，尝试用已有的知识进行解释： 第一段，电压较短，时间不变，几乎不变，温度几乎不变，电压与电流成正比例地表示电阻； 第二段，电压突然增大，电压随时间延长，灯丝温度逐渐升高，电阻增大，电流减小，导致电压与电流反比例地表示电阻； 第三段，电压突然减小，电流减小，电流随时间不变化，电压与电流成正比例的倒数表示电阻。 第一段和第三段相比，温度较低，灯丝没有发光，电阻较小，斜率较大，导电性能较好。	让学生通过进行安培伏特性曲线的分析，分析电压变化的情况以及小灯泡的变化情况，分析所用电阻性能。应用现象，提高综合能力，促进能力迁移。	通过对图像的观察，提高观察能力和发现问题的能力，提高实验对所学知识的分析。提升物理结果对物理意义的认识，对伏安特性曲线全面观察；提升灵活运用所学知识解释的能力的实际问题的能力。

第六章　必修3部分教学设计案例

续表

环节	情境	问题	教师活动	学生活动	设计意图	学生发展
拓展延伸	展示某晶体二极管的伏安特性曲线。	二极管的电流随电压如何变化？其导电性能如何？	1. 展示晶体二极管及其伏安特性曲线（见板书设计），引导学生分析电流随电压的变化规律，分析二极管的导电特性。 2. 结合二极管的单向导电性介绍二极管的电路符号。 3. 介绍常见的非线性元件，如日光灯、半导体等。	观察图像，通过研究规律以导出单向电压非线性电特性：当电压增大，二极管正向电流随电压增大，二极管正向导电性能增大。导电性能以反向电压不足以击穿二极管时，电阻很大，但电压大于击穿电压，二极管被击穿，电流随电压增大急剧增加。 2. 了解常见的非线性元件。	学以致用。让学生利用伏安特性曲线分析二极管正向导通、反向截止的电特性。	分析图像，发现特点，形成正确的结论，提高利用I-U图像分析不同元件导电性能的能力。
课堂小结	课堂总结。	通过本节课内容你有什么方法上的收获？	请学生自己总结本节课的收获。	总结本节课的物理研究装置关系的多种方法：列表法、公式法、图像法。 2. 实际描绘了小灯泡伏安特性曲线，了解了通过伏安特性曲线分析电学元件性能的方法。	引导学生学习总结本节课的内容，锻炼学生的概括总结能力。	总结本节课的探究过程，认识建立在观察和实验基础上的一项工作，提高探究素养。
布置作业	布置作业：其他物质的导电性能如何呢？	电解液、电炉丝、光敏电阻、热敏电阻的伏安特性曲线是什么样的？如何通过伏安特性曲线分析其导电性能？	列举身边的电学材料，如电解液、电炉丝、光敏电阻、热敏电阻等，请学生上网搜集这些元件的伏安特性曲线，利用其I-U图线来分析其电性能。	查阅资料，自主探究，分析所学知识电解液、光敏电阻、热敏电阻等电学元件的导电性能，完成作业。	引导学生探究更多电学元件的导电性能，进一步激发学生课外探究的欲望，提升学生探究的能力。	从真实的情境入手，通过收集资料、制订方案、课外探究，增强自我探究能力，提升分析问题和解决问题的能力。

181

七、板书设计

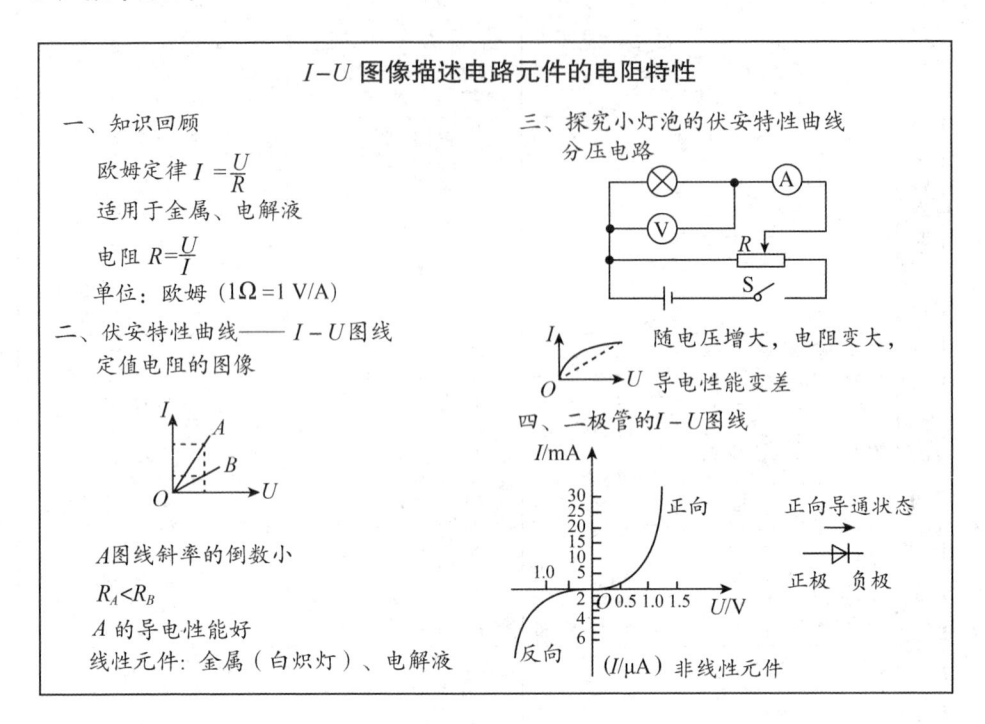

```
I–U 图像描述电路元件的电阻特性
```

一、知识回顾

　　欧姆定律 $I=\dfrac{U}{R}$

　　适用于金属、电解液

　　电阻 $R=\dfrac{U}{I}$

　　单位：欧姆（$1\Omega = 1\,\text{V/A}$）

二、伏安特性曲线——I–U 图线
　　定值电阻的图像

　　A 图线斜率的倒数小
　　$R_A < R_B$
　　A 的导电性能好
　　线性元件：金属（白炽灯）、电解液

三、探究小灯泡的伏安特性曲线
　　分压电路

　　随电压增大，电阻变大，
　　导电性能变差

四、二极管的 I–U 图线

　　正向导通状态
　　正极　负极
　　非线性元件

八、教学反思

本节课在定义伏安特性曲线之后，由学生亲自进行小灯泡伏安特性曲线的描绘的实验，充分经历了实验设计、连接电路、采集实验数据、描绘曲线等实验过程，对比处理实验数据的不同方法，培养了学生的团队协作意识，提高了正确实施探究方案、获取证据的能力。在实验研究过程中，发现小灯泡的电流随电压的变化呈现非线性规律，与最初的预想矛盾时，学生又经历了发现问题——提出猜想——设计实验验证——修正错误、形成正确认知的科学研究过程，在这一波三折的探索过程中，学生深刻认识到物理研究是建立在观察和实验基础上的一项创造性工作。此外，在实验验证过程中，保证温度不变是关键。传感器显示了其不可替代的优势，而且使学生感悟了反向思维解决问题的方法，学生通过实验得到完美的过原点的线性变化的曲线，证实了猜想的正确性，加深了对电阻概念的理

解,以及对伏安特性曲线非线性原因的理解。传感器作为先进的数据采集装置,其方便、快捷、准确的优势领先于传统仪器,在今后的教学中、课外活动中可以多应用传感器,使传统实验器材与传感器相得益彰!

但是由于课堂时间有限,在实验电路的设计与连接方面由教师讲解的内容偏多。如果能有充分的时间让学生通过实验过程亲自对比两种电路(分压电路、限流电路)在描绘曲线方面的优、缺点,在实际电路连接过程中,交流研讨最优的电路连接顺序,这样对提高学生的科学研究能力和科学研究兴趣更有裨益。

电源电动势和内阻

北京师范大学　黄玲

一、教学内容分析

《电源电动势和内阻》是《普通高中物理课程标准(2017年版)》必修课程必修3模块中的"电路及其应用"主题下的内容,内容要求为:会测量电源的电动势和内阻。《普通高中物理课程标准(2017年版)解读》对该内容的解读为:掌握电源电动势与路端电压和内电压的关系,并能用能量观点进行解释。通过对实验现象的观察和对实验现象的解释,理解电动势的概念和物理含义,知道电源电动势和内阻是标志电源性能的重要参数。学生能利用闭合电路欧姆定律设计"测量电源电动势和内阻"的实验方案,并能通过实际操作测量出电源电动势和内阻,学习有关的电路连接、测量方面的实验操作技能和规范,通过对实验数据的处理体会图像在物理研究中的作用。

本节课将通过创设情境"两个具有电势差的导体球用导线连接"解释电源的工作原理,通过类比抽水机,引出衡量电源"供电"本领的物理量——电动势。随后通过创设"为什么手电筒用一段时间不亮了,换上新电池又亮了"的物理情境,引导学生自主设计探究实验方案,并通过演示实验得到旧的干电池内阻更大的结论。

二、学情分析

　　学生对于电源有一定的生活经验，例如知道干电池两极间的电压是 1.5 V，但并不了解电源内部的工作机理，电动势和内阻对于学生来说都是新概念。

　　通过前面的学习，学生已经知道了电流的实质是自由电荷的定向移动，电流产生的条件是存在电势差和自由电荷。

　　因此，在教学中要注意从创设的物理情境中引导学生深化对恒定电流产生条件的理解，尤其是电源的作用和特性，同时要注意从能量角度解释电源的工作原理和外电路，以加深学生对电源"供电"原理的理解，消除学生所认为的"电源为电路提供物质"等错误的前概念。

三、教学目标

　　1. 学生通过观察和解释实验现象，理解电动势的概念和物理含义，知道电源电动势和内阻是标志电源性能的重要参数。

　　2. 学生经历"测量电源电动势和内阻"的实验探究，设计实验方案、测量电源电动势和内阻、处理实验数据，体会图像在物理研究中的作用。

　　3. 学生通过一系列探究活动，体验科学探究的过程，领悟科学严谨、实事求是的科学态度。

　　4. 学生观察生活情境，自主设计实验，分析、解决实际问题，体会等效替代法的妙用。

四、教学重难点

　　教学重点：电源电动势的定义和常用测量方法，探究电源是否存在内阻。

　　教学难点：电源电动势的概念和定义式，消除学生认为电源没有内阻的前概念。

　　教学方法：讲授、启发式教学，实验探究，认知冲突。

教学用具：新、旧干电池，小灯泡，演示电压表，滑动变阻器，开关，导线。

五、教学流程

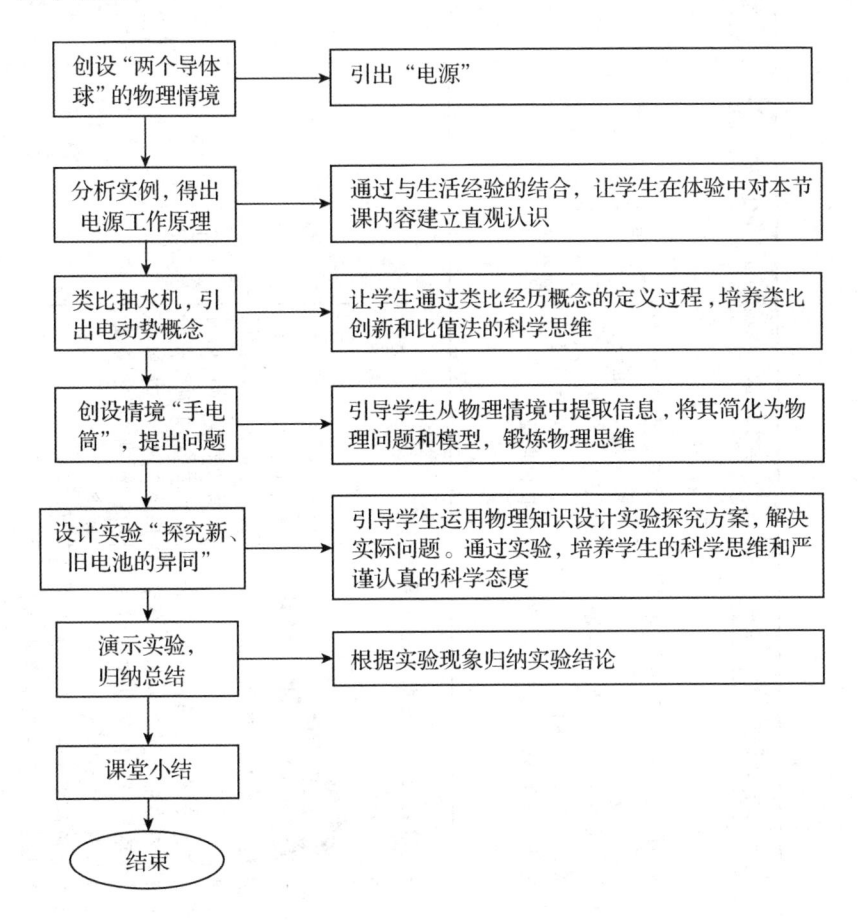

创设"两个导体球"的物理情境	→	引出"电源"
分析实例，得出电源工作原理	→	通过与生活经验的结合，让学生在体验中对本节课内容建立直观认识
类比抽水机，引出电动势概念	→	让学生通过类比经历概念的定义过程，培养类比创新和比值法的科学思维
创设情境"手电筒"，提出问题	→	引导学生从物理情境中提取信息，将其简化为物理问题和模型，锻炼物理思维
设计实验"探究新、旧电池的异同"	→	引导学生运用物理知识设计实验探究方案，解决实际问题。通过实验，培养学生的科学思维和严谨认真的科学态度
演示实验，归纳总结	→	根据实验现象归纳实验结论
课堂小结		
结束		

六、教学过程

环节	情境	问题	教师活动	学生活动	设计意图	学生发展
新课引入	—	1. 生活中常见的电源有哪些？ 2. 它们共同的作用是什么？	1. 提问：生活中常见的电源有哪些？ 2. 多媒体展示生活中常见的电源。 3. 提问：它们共同的作用是什么？ 3. 引导学生回顾形成电流的条件。	1. 回答：干电池、锂电池、太阳能电池…… 2. 回答：供电。 3. 回答：有电势差和有自由电荷。	通过与生活经验相结合，让学生在体验中对本节课内容直观认识。	—
探索新知	两个具有电势差的导体球用一条导线连接，接入电源，则易形成简单电路。	分别从微观角度和能量转化角度说明电源是如何"供电"的。	创设情境：两个具有电势差的导体球用导线连接。 提问1：从微观角度说，什么形成了电流？ 引导学生分析：若A、B间不接入电源，自由电子不断地从B移动到A，会导致A、B间电势差降低直至减为零，电流消失。 提出电源的概念和作用，借助上述情境从微观角度说明电源内非静电力做正功对自由电荷的搬运效果。	回答1：定向移动的自由电荷。 回答2：在电源内部，电场力做负功，电荷的电势能增加；在外电路，自由电子不断做功，电场力做正功，电荷的电势能减少。	使学生产生认知冲突，证明电源的必要性和作用。	加深对电源"供电"原理的理解，消除"电源为电路提供物质"的错误前概念。

186

续表

环节	情境	问题	教师活动	学生活动	设计意图	学生发展
探索新知		如何衡量电源"供电"的本领？	提问2：当自由电荷在电源内部和外电路移动时，所受的电场力分别做什么功？根据功能关系说明在这个过程能的电势能如何变化。 不同的电源有不同的"供电"本领，因此有不同的应用。如何让学生举出生活实例？提出思考题：如何定义电源的"供电"本领？ 将电源类比抽水机，从能量角度来说，抽水机的抽水本领可以用单位质量的水做功过程使得增加的重力势能。 让学生尝试回答思考题。 提出电动势的概念和定义式 $E=W/q$，介绍电动势的常用测量方法和影响因素。	回答实例：遥控器、手机、电脑等。 根据类比思维，回答思考题：将电源的"供电"本领定义为电源内部非静电力对做功过程使得单位电荷增加的电势能。	通过类比，将电动势的概念可视化，促进学生理解。	经历"类比法"定义概念的过程，体会类比方法，发展科学思维。
科学探究	探究新、旧电池的异同。	为什么手电筒用一段时间不亮了，换上新电池又亮了？	创设物理情境，并提问1：为什么手电筒用一段时间不亮了，换上新电池又亮了？ 根据学生回答，提问2：旧电池里到底发生了什么变化，引导学生设计实验探究新、旧电池的异同。	回答1：旧电池没电了。 回答2：电动势/内阻。	创设物理情境，将物理知识与实际联系起来，增强学生学习的积极性和兴趣。	经历从实际问题中提取信息并将问题简化和模型化的过程，体会研究物理的方法。

187

续表

环节	情境	问题	教师活动	学生活动	设计意图	学生发展
科学探究			根据学生回答，引导学生比较新、旧干电池的电动势。提问：如何比较电动势？	回答：将电压表直接接在新、旧干电池的两极可近似测量。	以问题引导探究。引导学生运用物理知识设计实验探究，解决问题。	通过经历实验设计并发展科学探究，一步发展科学思维，科学态度等核心素养。同时经历运用物理知识解决实际问题的过程，体会物理在生活中的实际应用，提高学习物理兴趣和积极性。
			根据学生的设计在黑板上画出电路图，展示实验器材，连接仪器，闭合开关，测量值，读出新、旧电池的电动势值，发现新、旧电池的电动势测量值相同的假设不成立。引导学生将新、旧小灯泡串联，比较新、旧电池电路时小灯泡两侧的电压，比较新、旧电池接入电路时，多次比较（学生读数），得到新电池接入电池电压更大，小灯泡电压更大，由串联电路分压引导学生猜测旧电池电路中有其他无压的元件——内阻。	跟随老师引导并设计实验，采集数据，分析实验数据。	学生仿不具备完整的科学探究能力，不能独立设计实验。需要教师给予引导，但要通过引导过程使学生学会如何进行科学实验探究。	
			如何用实验验证电源存在内阻的猜想正确？根据学生设计的验证实验设计进行操作，按实验数据画出电路图，学生采集数据并分析实验数据。归纳实验结论：新、旧电池的电动势相等，旧电池的内阻更大。	在新电池电路的干路上加入滑动变阻器，如果滑动滑片到某一位置时小灯泡接入旧电池时电压与接入旧电池时相等，则验证猜想成立，反之不成立。		

188

续表

环节	情境	问题	教师活动	学生活动	设计意图	学生发展
科学探究			提问：现在可否用更科学准确的语言说明为什么手电筒用一段时间不亮了，换上新电池又亮？	回答：用了一段时间的干电池内阻变大，使得与其串联的小灯泡两端电压较小，因此小灯泡无法发光。	用实验结论解决实际问题，并让学生体会到生活处处有物理。	
归纳总结	—	—	随机抽查学生，考查本节课所学的重要知识点：电源的概念与作用，电动势的概念和定义式，电动势的特点，常用测量方法，电源内阻的特点等。	根据理解与记忆回答。	—	提高总结归纳能力。

七、板书设计

```
                电源电动势和内阻

    1. 电源
       概念：从内部将自由电子(正电荷)从电源正极
             (负极)移向负极(正极)的装置
       作用：保持电势差，维持电流
    2. 电动势
       概念：表征电源通过非静电力做功将其他形式
             的能转化为电势能的特性
       定义式：$E=\dfrac{W}{q}$
    3. 内阻
       电源用久了，内阻会变大
```

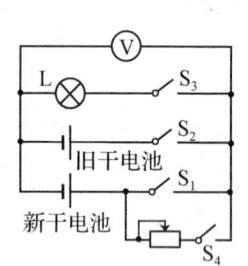

（板书右侧电路图：含灯泡L、电压表V、旧干电池、新干电池，开关 S_1、S_2、S_3、S_4 及滑动变阻器）

八、教学反思

1. 坚持问题引领，逐步深入

本节课坚持"问题引领"的课堂教学理念，通过由浅入深的问题，引领学生不断思考，充分激发学生的好奇心和求知欲，同时锻炼其科学思维。

2. 学生自主探究能力、学科核心素养的发展

本节课积极贯彻新课程"从生活走向物理，从物理走向社会"的理念，注意引导学生从生活情境"手电筒用一段时间后不亮了，换上新电池又能亮"中提取出物理问题"旧电池相对新电池发生了什么变化"或"新、旧电池有何差异"，在学生已知欧姆定律、电源电动势的概念和电源工作原理的基础上，引导学生设计实验方案，培养学生的科学思维。随后按照方案进行实验操作，分析实验数据从而得到实验结论。在实验过程中注意培养学生实事求是、科学严谨的科学态度。因此，本节课对教师的课堂引导能力、应变能力要求较高。

磁现象和磁场

天津市海河中学　孙涛　张杨

一、教学内容分析

《磁现象和磁场》是《普通高中物理课程标准(2017年版)》必修课程必修3模块中的"电磁场与电磁波初步"主题下的内容,内容要求为:能列举磁现象在生产生活中的应用。了解我国古代在磁现象方面的研究成果及其对人类文明的影响。关注与磁相关的现代技术发展。通过实验,认识磁场。《普通高中物理课程标准(2017年版)解读》对该内容的解读为:学生通过调查、查阅资料等活动,整理磁现象在生产生活中应用的例子和我国古代对磁学的研究成果,体验科学知识在生活和科技中的应用,体会科学·技术·社会·环境的关系。教师可以通过介绍我国古代磁学的研究成果,及其为人类文明作出的重大贡献,来增强学生的民族自豪感,落实物理学科的育人功能。通过实验的方法认识磁场,知道磁极和通电导线周围存在磁场;认识磁场也是一种物质,体会物质世界的多样性,丰富学生的物质观。

本节课安排在学生学习完电场和恒定电流之后,旨在引导学生认识磁现象和磁场,作为学习有关磁场内容的第一节课,起到了承上启下的作用。本节内容通过磁现象的具体实例,向学生展现磁现象的应用及其应用前景。电流的磁效应及磁现象的原理是本节课的重难点,也是后面深入学习磁场知识的基础。本节内容能够通过事物之间总是普遍联系的客观规律,引导学生寻找电和磁之间的联系,通过对电场和磁场的比较,了解磁场的特性。利用类比法学习本节,有助于学生掌握事物之间的相关性,提升学生的物理学科核心素养。

二、学情分析

磁现象和磁场的相关知识,学生在初中已经有所接触,在日常生活中学生对磁现象也有一定的了解。很多磁现象是比较抽象的,大部分学生知道电与磁之间是有联系的，但是不能用一种普遍联系的观点来看待电与磁的关系。通过本节课的学习，有助于学生进一步掌握类比法。由于学生对身边的磁现象及其应用比较感兴趣，因此本节课有助于学生利用所学知识解决实际问题，提升解决实际问题的能力；有助于学生通过多媒体手段，查找和了解有关地磁场的相关知识，在满足获取新知需求的同时，培养学生的高阶思维能力。

三、教学目标

1. 学生能够列举磁现象在生产生活中的应用，通过实验的方法认识磁场。

2. 学生探究电流的磁效应及其发现过程，体会科学发现的重要意义，关注与磁相关的现代技术发展。

3. 学生通过调查、查阅资料等活动，整理磁现象在生产生活中的应用实例，体验科学知识在生活和科技中的应用，体会科学·技术·社会·环境的关系。

4. 学生通过了解我国古代对磁学的研究成果，及其为人类文明作出的重大贡献，增强民族自豪感，弘扬爱国情怀。

四、教学重难点

教学重点：电流的磁效应和磁场概念的形成。

教学难点：磁现象的原理及其应用。

教学方法：类比教学法、实验探究法、任务驱动法、问题教学法、评价教学法。

教学用具：小磁针、条形磁铁、铁钉、学生电源、电流作用演示仪、开关、导线、电池、自制教具。

五、教学流程

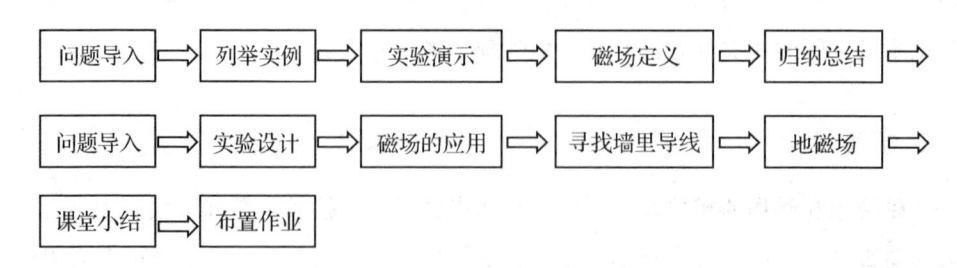

问题导入 ⇒ 列举实例 ⇒ 实验演示 ⇒ 磁场定义 ⇒ 归纳总结 ⇒

问题导入 ⇒ 实验设计 ⇒ 磁场的应用 ⇒ 寻找墙里导线 ⇒ 地磁场 ⇒

课堂小结 ⇒ 布置作业

第六章 必修3部分教学设计案例

六、教学过程

环节	情境	问题	教师活动	学生活动	设计意图	学生发展
激趣入境	播放磁悬浮的视频短片。	磁体能够在空中悬浮起来，是什么力作用？生活中有哪些现象与磁现象有关的实例呢？	播放视频短片，提出问题引导学生思考。视频短片：磁体在空中悬浮。1. 观看视频。2. 提出问题：能否列举出生活中的磁现象？	1. 观看视频短片，思考老师提出的问题。2. 思考并发言：生活中的磁现象，铁、电话卡、电视机、音响、电动机等都与磁现象有关。	通过观看视频的列举实例，引导学生联系生活实际，回想生活经验，使学生感受到身边的物理现象，就在身边，增强学习兴趣。	认识生活中有哪些磁现象和磁学应用。感知生活中的物理学，能够从物理学的视角描述和解释自然现象。
引导体验	将铁钉放在条形磁铁周围，当铁钉和磁铁还没有接触时，铁钉就被吸住；有的铁钉在条形磁铁周围不同位置时，吸引力的大小也不同。	1. 铁钉和条形磁铁没有直接接触，是靠什么发生相互作用的？条形磁铁周围磁场强弱是如何分布的？2. 电荷之间的相互作用与磁体之间的相互作用原理是否相同？	1. 演示实验：铁钉和条形磁铁之间的相互作用。介绍磁性和磁极，通过与电场进行对比，引出磁场的概念。2. 介绍磁铁的N极和S极的概念。 电荷A ⇌ 电场 ⇌ 电荷B B受到的力是A产生的电场对B的作用力 磁体A ⇌ 磁场 ⇌ 磁体B A受到的力是B产生的电场对A的作用力	1. 观察演示实验，分析磁吸引作用的形成原因。体会磁场形成的过程，通过观察思考磁场的分布，体验铁钉对磁体中磁性最强的地方吸引力大，磁极的部分——磁极。2. 对比电荷之间的相互作用，思考磁铁之间的相互作用是通过磁场产生的相互作用，磁体之间的相互作用是通过磁场产生的。	通过实验演示和问题思考，让学生感受现象，归纳总结，培养学生类比的能力。利用类比的方法培养学生知识迁移的能力。	通过观察实验了解铁钉和磁铁之间存在相互作用，认识建立磁场是物理研究和实验基础上的一项创造性工作。认识电荷与磁铁之间存在共同点，能够在熟悉情境中根据恰当的物理模型选用简单解决问题要求的物理规律。

193

续表

环节	情境	问题	教师活动	学生活动	设计意图	学生发展
导引体验	展示我国古代各国科学家对有关磁现象的研究以及磁现象的应用。	我国古代有关磁现象的发现和发明有哪些?代表人物是谁?	提出问题,引导学生思考。介绍我国古代有关指南针的发明,以及多位科学家对磁现象的研究及探索的艰辛历程。	小组讨论,思考回答老师提出的问题。指南针的发明是人类航海事业发展的基础,为人类航海事业奠定了坚实的基础。东汉学者王充在《论衡》一书中描述的"司南",是人们公认最早的磁性定向工具。	通过介绍古代科学家对磁现象的研究和古代人们对磁场的应用,弘扬我国优秀传统文化,增强学生的自豪感和责任感,激发学生的爱国主义精神,增强科学事业的传承和社会发展的热情。	学习我国古代人民对磁现象的研究,认识自然现象的方式之一,是人类认识发展不断的研究方式,具有相对持久性和普遍性。坚定国主义自信,促进人类传承和社会科学事业的发展而学习的热情。
	为每个小组提供小磁针、导线、电源、开关等实验器材。	电与磁之间是否存在联系呢?奥斯特是如何发现电和磁之间存在联系的?	为每组学生提供奥斯特实验特需实验器材,指导学生设计实验方案,并进行合理的实验操作,造奥斯特的足迹,探究电流周围的磁场。	积极思考问题,回忆科学发展过程及历史中所学内容。小组合作,分组进行实验,利用实验器材,将小磁针放在通电导线周围的不同位置,观察小磁针的转动情况,体验实验过程,分析实验现象及产生的原因。	通过设计实验方案以及依据方案进行实验,培养学生小组合作的能力和动手操作的能力,让学生体悟科学家在科学探索中的困难与艰辛。	认识到客观存在普遍联系是电和磁现象也不例外。物理现象可探究的,能够分析提出问题,能制订科学探究的方案,能选用合适的器材进行实验,能够观察现象、形成实验结论。

194

续表

环节	情境	问题	教师活动	学生活动	设计意图	学生发展
能力提升	回想之前播放过的磁体在超导体上空悬浮的视频。演示通电直导线和磁铁之间的相互作用。演示通电直导线之间的相互作用。	1. 磁体悬浮在超导体上空，磁体为什么会受到磁场力呢？ 2. 磁体和磁体、磁体和电流、电流和电流之间是如何相互作用的？	1. 引导学生回想之前播放的超导体实验视频，归纳总结磁悬浮的原因：磁体在超导体材料上空，在超导体中产生感应电流，感应电流周围磁场发生变化，磁体的磁场和磁场发生相互作用，使磁体悬浮。 2. 演示通电直导线和磁铁之间相互作用。 3. 利用通电直导线演示仪，演示通电导线之间的相互作用。引导学生归纳总结物理规律。	学生深入思考老师提出的问题，相互讨论回答问题。利用所学知识思考与磁悬浮磁现象的关系。 观察实验现象，归纳物理规律：磁体和磁体、磁体和电流、电流和电流之间都是通过磁场发生相互作用的。	通过提出问题一思考一讨论一解决问题一总结学习过程的素养能力。通过演示实验，观察总结物理规律，归纳总结学生的能力和科学思维的素养。	在思考超导悬浮的原理过程中，从物理学科的视角正确解释现象和思考。通过观察直导线通电相互作用的相关实验，提升观察和分析能力。能分析或发现其事实中的相关规律，形成合理的推论，并能用已有的物理知识进行解释。

195

续表

环节	情境	问题	教师活动	学生活动	设计意图	学生发展
训练达标	利用自制情境：教师需要在家里墙壁上打眼儿，安装模拟类似的墙壁模型，在模型的三个区域中可能埋有通电导线。	如何利用所学知识和工具，寻找探测墙壁中导线所在位置？	引导学生利用磁场的知识，思考解决生活中的实际问题：寻找墙壁中的导线。引导学生思考：若导线中通入的是直流电，将如何测定？若导线中通入的是交流电，又如何测定？无论是墙壁中的导线通入直流电还是交流电，解决问题的基本思路都是利用电流周围产生磁场这一基本原理。	思考讨论，利用磁场的相关知识，提出可行的设计方案，寻找墙壁中导线所在的位置。实验方案设计完成后，分小组进行演示，验证实验方案是否可行，其他同学对方案提出改进意见，寻求最佳实验方案。如果能够给导线中通入小磁针进行探测，通过观察小磁针是否偏转，判定墙壁中是否存在导线。如果导线中是交流电，需要用电流传感器等仪器探测电流的位置。	提出生活中的实际问题，使学生感受到身边就有物理，科学和科技知识在生活中的应用。体会科学、技术、社会、环境的关系。	能将探测墙壁中导线的位置的实际问题中的对象和过程转换成所学的物理模型，做到"学以致用"。能对常见的物理现象进行分析和推理，获得结论并作出解释。能在新的情境中对综合性问题进行正确推理，获得结论并作出正确的解释。

第六章 必修3部分教学设计案例

续表

环节	情境	问题	教师活动	学生活动	设计意图	学生发展
训练达标	播放视频：太阳发出的带电粒子流在地球南北两极附近的高空地区出现的极光现象。	1. 极光现象是怎么产生的呢？是不是一种磁现象呢？ 2. 人类对赖以生存的地球真正了解了吗？地球周围的磁场有什么特点？	1. 极光现象 引导学生观看视频并思考问题：视频中的极光现象是怎么产生？为什么带电粒子会发生偏转？ 2. 地磁场 播放视频短片，提出问题，引导学生积极思考：地球周围磁场的分布有什么特点？为什么南极和北极是可以变化的？	1. 观看视频，思考问题，通过小组讨论了解到极光现象也是自然界中的一种磁现象。 2. 观看视频，思考问题。人类生活在一个巨大的地球磁场当中，了解地球磁场的特点，知道科学家关于地磁场的研究内容。	让学生利用所学知识，理解现象的原因，提升物理学的本质。 让学生了解了人类赖以生存的地球家园，爱护环境，同时明白人类对地球的了解还远远不够，需要更加努力的去探索地球的知识奥秘。	在观察、讨论光现象形成原因的过程中，知道所学物理概念、规律及其相互关系。 能从物理学的视角正确描述和解释自然现象。 观看有关地磁场的视频介绍和了解地球的事物和问题，增强对未知科学探究精神和解决问题的能力。认识到人类在保护环境和促进可持续发展方面的责任。
课堂小结	依据板书内容，进行思考和小结。	在本节课中，你学习到了哪些知识？有什么收获？可以解决什么实际问题？	引导学生回顾本节课所学到的知识，将知识系统化，并建构知识体系。	归纳总结本节课认识了磁现象、了解了磁性和磁极的概念。通过演示实验比较了磁体和磁体、磁体和电流、电流和电流之间都是通过磁场进行相互作用。	让学生回顾课上所学知识，理解所学知识的层次结构和相互关系，培养学生的反思阶段能力。	知识进一步系统化、网络化，提升反思能力。认识物理观察和实验是建立理论基础上的创造性工作。

197

续表

环节	情境	问题	教师活动	学生活动	设计意图	学生发展
课堂小结				了解了科学家们对有关磁现象和磁场研究的辛苦历程。再利用所学的知识，了解生活中的实际问题。最后通过视频，了解了有关地磁场的相关知识。		
拓展延伸	布置课后作业。	通过查阅资料，小组讨论，了解科学家是如何推断月球内部是固态物质的。	布置作业：阿波罗登月计划之一，就是观测月球内部全部为固态物质，并由此推断月岩的科研活动，这是其他天文学方法所不能做到的。请问科学家是如何推断的？	学生课后通过查阅资料，并思考、讨论所提出的问题。	让学生运用已学知识解决实际问题，并将延伸到课外。通过自主学习，了解科学家对人类文明作出的重大贡献，关注科技进步和社会发展。	自主查阅有关月球的相关材料，认识到一种对自然现象进行抽象的创造性的工作。增进课外探究能力和自我管理能力，提升问题解决能力。

198

七、板书设计

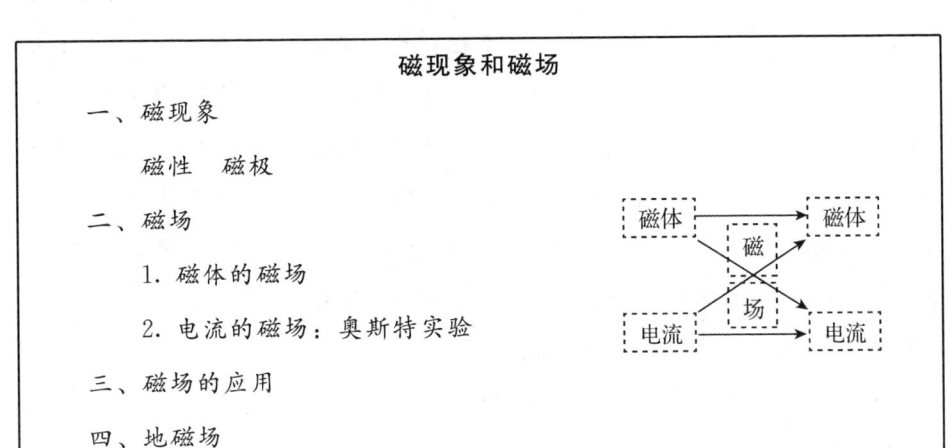

```
                     磁现象和磁场

    一、磁现象
        磁性    磁极
                                    ┌────┐      ┌────┐
    二、磁场                          │磁体│─────▶│磁体│
                                    └────┘  ╲ ╱ └────┘
        1. 磁体的磁场                         磁
                                             场
        2. 电流的磁场：奥斯特实验              ╱ ╲
                                    ┌────┐      ┌────┐
    三、磁场的应用                    │电流│─────▶│电流│
                                    └────┘      └────┘
    四、地磁场
```

八、教学反思

1. 回顾古代发明，激发爱国情怀

在科学技术发展突飞猛进的今天，磁现象在我们的生活中随处可见。但是任何自然科学原理的发展及其应用，都经历了漫长过程，每一个科学原理的发现、每一项科学技术的发明，都饱含着无数科学家的智慧和汗水。在认识生活中的磁现象之后，引出我国古代人民对磁现象的认识和应用，其中最著名的是我国古代四大发明之一——指南针，它的发明为人类航海事业的发展奠定了坚实的基础。东汉学者王充在《论衡》一书中描述的"司南"，是人们公认的最早磁性定向工具。学生通过进一步了解我国古代对磁现象的研究，了解到中华民族灿烂的历史文化，激发爱国情怀。在教学中学生对这方面的内容表现出积极的学习热情，在今后的教学中，要加强学生对物理学史相关知识的学习，进一步培养学生的民族自豪感和爱国情怀。

2. 还原科学实验，培养探究精神

电和磁之间存在着紧密的联系，在一定的条件下，可以进行相互转换，但是每一个科学原理的发现都不是一蹴而就的，都需要科学家拥有执着的科学探索精神，进行无数次的反复试验。奥斯特曾经设计了大量的实验，探究电和磁之间的联系，但是都失败了，功夫不负有心人，他在一次上课过程中，偶然发现通电导线周围的小磁针发生了转动，这样一个微小的变化引起了他的注意和好奇心，从而建立了电和磁之间的联系。为了还原这个伟大科学发现的过程，课堂上给学生提供分组实验器材，探究电流的磁效应。通过这样的课堂设计，培养学生的科学探究素养。在分组实验的过程中，绝大多数学生都能够积极参与，通过小组合作、讨论分析，探究通电导线周围的磁场。但是一部分学生觉得通过初中的学习知道了实验的结论，认为这个实验设计过于简单，因此在实验设计的过程中不够积极主动。在今后的教学中，要加强学生在动手操作、实验探究等方面的引导，培养学生积极的科学探索精神和严谨的科学态度，体悟科学家的辛苦历程。

3. 创设生活情境，解决实际问题

磁现象在生活中随处可见，在课堂教学过程中，创设真实的生活情境，引导学生利用所学知识，解决实际问题，从而使学生做到学以致用。在本节课的训练达标环节中，创设生活中的真实情境：家里面要在墙上打眼儿安装空调，但是在墙上需要打眼儿的位置可能埋有通电导线。为了保证安全，设计方案寻找墙里面导线的位置。通过这样的教学设计，可以提高学生的思维品质，培养学生的高阶思维能力。但是由于学生缺乏生活经验和动手能力，日常生活中没有解决和思考过相关问题，在设计方案时出现了一些困难。在今后的教学中，要注重培养学生在日常生活中的观察能力，引导学生善于利用物理学的观点，思考和解决生活中的实际问题。

探究感应电流的产生条件

天津市咸水沽第一中学　张绍桂

一、教学内容分析

《探究感应电流的产生条件》是《普通高中物理课程标准（2017年版）》必修课程必修3模块"电磁场与电磁波初步"主题下的内容，内容要求为：通过实验，了解电磁感应现象，了解产生感应电流的条件。知道电磁感应现象的应用及其对现代社会的影响。收集资料，了解手机无线充电的原理。《普通高中物理课程标准（2017年版）解读》对该内容的解读为：通过实验让学生知道磁场变化能在闭合回路中产生电流，知道这种现象叫电磁感应现象；在实验中让学生了解产生感应电流的条件是闭合电路中的磁通量发生变化。通过介绍科学家对"电生磁、磁生电"的研究，体验科学探索中思想方法的重要作用，体会物质世界的多样性和统一性。让学生通过调查、查阅资料等活动，知道电磁感应现象在生产生活中的广泛应用以及对现代社会的影响，体验科学知识在生活和科技中的应用，理解科学·技术·社会·环境的关系。

本节课进一步揭示了电和磁之间的联系，为电磁感应规律的研究奠定实验基础和理论基础，也是学习电磁波的基础。通过实验观察和实验探究，总结感应电流的产生条件是本节课的重点。感应电流产生条件的实验探究、理论分析，以及实验之间的逻辑关系是本节课的难点。

二、学情分析

学生在初中的学习中知道了闭合回路的一部分导体在磁场中做切割磁感线运动时回路中会产生电流。学习本节内容之前，学生已经学习了磁通量的概念。知道了"电生磁"，具有了初步的电与磁相互作用、相互联系的观念，但是对产生电磁感应现象的根本原因还缺乏全面和理性的认识。高中生往往对未知的世界具有强烈的探究欲望，喜欢探求现象背后的本质原因，但是对于科学探究的理论分析能力和拓展推理能力还不成熟，还需要在实践中不断提升。

三、教学目标

1. 学生通过实验观察和实验探究，了解电磁感应现象，知道产生感应电流的条件是闭合电路中的磁通量发生变化，会运用产生感应电流的条件分析具体实例。

2. 学生通过一系列递进实验，归纳得出产生感应电流的条件，提升"电磁相互作用"观念。体验科学探索的过程，提升科学探究素养。

3. 学生通过调查、查阅资料等活动，了解电磁感应现象在生产、生活中的应用，认识能源开发与利用对人类生活和社会发展的影响，认识到新技术、新产品的产生和发展其实源自科学进步。

四、教学重难点

教学重点：通过实验观察和实验探究，总结感应电流的产生条件。

教学难点：感应电流产生条件的实验探究、理论分析，以及几个实验之间的逻辑关系。

教学方法：以探究式教学模式为主，结合观察法、归纳法、讲授法、多媒体辅助等。

教学用具：蹄形磁铁、矩形线圈、示教电流表、线圈(原、副各一个)、干电池、开关、滑动变阻器(10 Ω)、导线(6 根)、自制魔法点灯教具、改装手摇发电机玩具、分组灵敏电流计、发光二极管。

五、教学流程

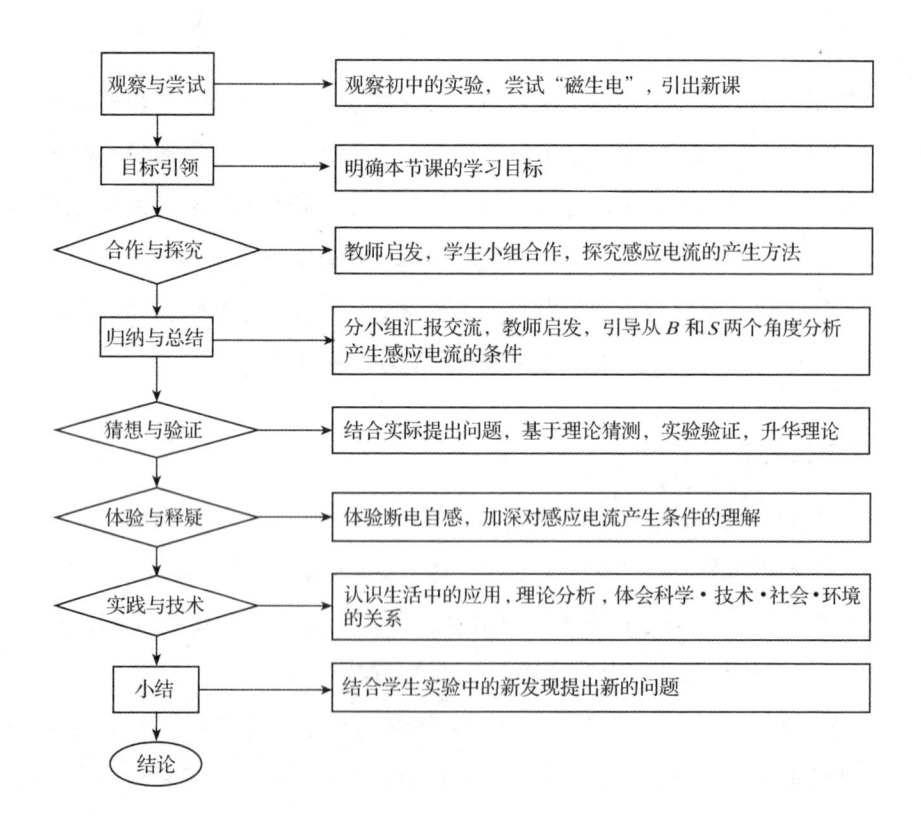

观察与尝试	观察初中的实验，尝试"磁生电"，引出新课
目标引领	明确本节课的学习目标
合作与探究	教师启发，学生小组合作，探究感应电流的产生方法
归纳与总结	分小组汇报交流，教师启发，引导从 B 和 S 两个角度分析产生感应电流的条件
猜想与验证	结合实际提出问题，基于理论猜测，实验验证，升华理论
体验与释疑	体验断电自感，加深对感应电流产生条件的理解
实践与技术	认识生活中的应用，理论分析，体会科学·技术·社会·环境的关系
小结	结合学生实验中的新发现提出新的问题
结论	

六、教学过程

环节	情境	问题	教师活动	学生活动	设计意图	学生发展
复习引入	再现初中实验：闭合电路的一部分导体在磁场中切割磁感线，电路中产生感应电流。 展示器材：绕在纸筒上的铜线圈，把它的两端和发光二极管的两端相连，探究如何使二极管发光。	能否利用磁铁使铜线圈中产生电流，从而使二极管发光呢？	1. 再现初中的利用磁场产生电流的实验，引导学生复习旧知。 2. 介绍自制教具：绕在纸筒上的线圈及磁铁。提出问题：如何使二极管发光？引导学生设计合理的实验方案，并鼓励学生亲自实践。	1. 观察，回顾初中学过的产生感应电流的条件。 2. 积极思考：利用磁铁提供的磁场不是马蹄形的，但只要磁铁切割线圈中的感应电流就可产生，并同样实现感入纸筒中，同样实现感应线圈一部分切割磁感线。实验：将磁铁放入纸筒两端，快速沿纸筒轴线方向晃动纸筒，看到二极管亮了。	1. 演示初中做过的实验来复习旧知，构建初、高中知识的联系。 2. 通过学生体验"磁生电"，增强学生的体验，激发学生的学习兴趣和探究欲望，为探究感应电流的产生条件做好铺垫。	应用已有知识尝试让二极管亮起来，体验成功的乐趣，提升发现问题和知识迁移的能力，树立创新意识。

203

续表

环节	情境	问题	教师活动	学生活动	设计意图	学生发展
激趣入境	演示实验：闭合线圈在磁场中切割磁感线，线圈中并未产生感应电流。	线圈切割磁感线了，此时为什么没有产生感应电流呢？	演示实验：闭合线圈在磁场中切割磁感线。引导学生观察，此时并没有感应电流。引发学生认知冲突，使学生认识到导线切割磁感线就不一定产生感应电流。	1.观察演示实验并思考：此时导线切割磁感线，为什么没有产生感应电流？是不是自己实验存在断路？产生探究的欲望。 2.在老师的指导下实验，仍然没有产生感应电流。	通过"导体切割磁感线不产生电流"的实验，引发学生的认知冲突，激发学生探究做实验的欲望。同时促进学生提出新的问题，培养学生的问题意识。	通过本实验产生认知冲突，由此产生更大的好奇心：产生感应电流的条件到底是什么？感应电流的现象需要进行深入的分析。
模型建构	利用多媒体技术演示：导体棒切割磁感线。	导体棒切割磁感线产生感应电流时，什么发生了变化？	将导体棒切割磁感线抽象为物理模型，并用情境动画展示，引导学生观察，思考并回答：导体棒切割磁感线时，哪些物理量发生了变化？请同学生回答问题。板书：B不变，S变。	仔细观察动画，并思考：有感应电流产生的回路中运动时，什么物理量发生了变化？与同学交流自己的观点。得出：有感应电流产生的回路中，B不变，S变。将结论记录在表格中。 | 操作 | 变化量 | 不变量 | 分析归纳 | |---|---|---|---|	将实际的演示实验抽象成物理模型，分析产生感应电流的条件。让学生通过观察得出感应电流通过的回路中，B不变，S发生了变化。	将实际问题抽象为物理模型进行研究，提升建模能力。通过观察发现面积变化的事实，能力和思考，提升深入分析问题的能力。

204

续表

环节	情境	问题	教师活动	学生活动	设计意图	学生发展
实验探究1	探究感应电流的产生条件。	如何借助实验器材探究产生感应电流的条件?	实验仪器:电流计、小线圈、大线圈(带铁芯)、开关、滑动变阻器、电源、导线等。 1. 介绍实验器材,请学生设计实验方案、探究产生电流的条件。 2. 提示学生在实验操作过程中对要探究的问题做好实验记录。 3. 观察各组探究过程,给予必要的指导。 4. 组织和分析学生对实验结果过程讨论。 板书:B变,S不变。	1. 设计实验方案。利用通电小线圈代替磁铁,连接探究实验电路。 2. 以小组为单位进行实验探究,尝试各种能够使大线圈中产生感应电流的操作:小线圈插入或拔出大线圈、闭合或断开开关、移动滑动变阻器滑片。 3. 交流实验结果,将实验结果记录在表格中。 4. 分析实验数据,归纳出:B变,S不变。	让学生利用提供的器材,依据实验目的,小组合作完成实验操作,详细记录、观察感应电流的产生,以及物理量的相应变化。让学生对实验数据进行分析和归纳,得出结论,提升学生的科学探究意识。让学生树立合作科学意识,体验在科学探索中的困难与艰辛。	能灵活应用实验器材,设计实验方案,培养学生的科学探究意识,以及合作意识。通过探究结果的总结与归纳,提升使用证据得出结论的物理能力。

205

续表

环节	情境	问题	教师活动	学生活动	设计意图	学生发展
实验探究2	线圈在匀强磁场中转动时产生感应电流。	磁感应强度和线圈面积均不变，产生感应电流时，哪个物理量发生了变化？	1. 演示线圈在匀强磁场中转动产生感应电流。引导学生观察，记录实验现象，分析思考哪些物理量发生了变化。板书：B 和 S 不变，B 与 S 的夹角变化。鼓励学生自主归纳概括出产生感应电流的条件，并解释为什么感应线圈在位置 2 做微小平动电流产生。板书：磁通量变化。 2. 介绍法拉第经十年的不懈努力，发现电磁感应现象的过程。	1. 观察线圈在匀强磁场中转动产生电流的演示实验，并分析此时 B 和 S 不变，B 与 S 的夹角变化。将结果记录在表格中。分析表格中的实验记录，得出产生感应电流的条件是磁通量发生变化。 2. 依据总结出的条件，解释线圈在位置 2 做微小平动时没有电流产生的原因：通过回路的磁通量没有变化。	通过实验，使学生进一步体会产生感应电流的条件。通过分析实验记录表格中的数据，得出产生感应电流的条件是通过闭合电路的磁通量发生变化。	通过线圈转动电流产生的观察和分析，进一步提高观察与实验能力。通过表格中实验记录数据的分析，发现规律，形成正确的结论，提升科学探究素养。

206

续表

环节	情境	问题	教师活动	学生活动	设计意图	学生发展
实践应用	展示感应电流的产生条件在生产、生活及新科技中的应用：1. 手摇发电机。2. 高速公路路灯充电。	1. 感应电流产生的条件在实际生产、生活中还有哪些应用？2. 刚才应用的原理是什么？	1. 演示手摇发电机发电，引导学生猜想其发电工作原理，利用课件展示发电机内部构造和工作过程。2. 介绍我国在清洁能源方面的重大成就。3. 借助图片和课件介绍的新科技——无线手机充电。	1. 在老师引导下，配合观看发电机工作过程的动画，分析手摇发电机发电的原理。通过老师的介绍了解我国在发电方面的重大成就。2. 与同学交流自己对手机无线充电的了解，猜想发电公路的设想是否科学，尝试利用所学知识进行分析。	通过发电和输电两方面的介绍和分析讨论，引领学生在实例中认识科学、技术、社会、环境的关系，认识新技术、新产品的发展其实就是科学知识逐渐树立和应用，帮助学生利用物理知识解释实际现象的意识。	通过了解发电机、无线充电等方面的应用，推动物理对现代社会的影响，以及体验在社会生活中认识科学、技术、社会、环境的关系，养成节约用电、保护环境的习惯，通过了解我国在相关重大科技方面的进步，激发爱国热情。
课堂小结	依据板书对本节课探究过程进行归纳总结。	通过本节课你有哪些收获？可以解决什么实际问题？	展示PPT，引导学生从知识和方法两个角度对本节学习内容进行总结，将方法系统化。	总结：1. 利用身边简单易得的器材，结合原有知识，设计实验进行探究与验证，分析实验现象，归纳总结出感应电流的产生条件。2. 通过多种形式了解了电流的产生条件在生产和生活中的应用。	引导学生从方法、知识等方面归纳本节课的学习过程，提高学生总结的能力，体会学习既要关注学习效果，更要关注学习过程。	在学习过程中审视自己与评价自己是基于物理学习有意识地对自然形成现象的描述与接受、实践与检验。通过对物理现象的解释，发现人类对自然奥秘的探究。

续表

环节	情境	问题	教师活动	学生活动	设计意图	学生发展
课堂小结					归纳课堂内容，使学生把握知识脉络，建立完整的知识结构。	
课后延伸	手摇手电筒的制作方案和家庭无线充电的科学设想。	通过查阅资料，了解电磁感应现象在生活中的更多应用。	布置作业： 1. 利用磁生电的原理制作手摇手电筒。 2. 查阅资料，撰写无线充电设计方案，与同学交流讨论。	课后通过查阅资料，了解电磁感应现象在生产、生活中的广泛应用，以及对现代社会的影响。	通过动手和设计性作业培养学生运用已学知识解决实际问题的能力，使学生加深对所学知识的理解，并将所学知识延伸到课外。	在实际生活中用理论指导实践，体会物理源于生活，有学习物理的积极性。

208

七、板书设计

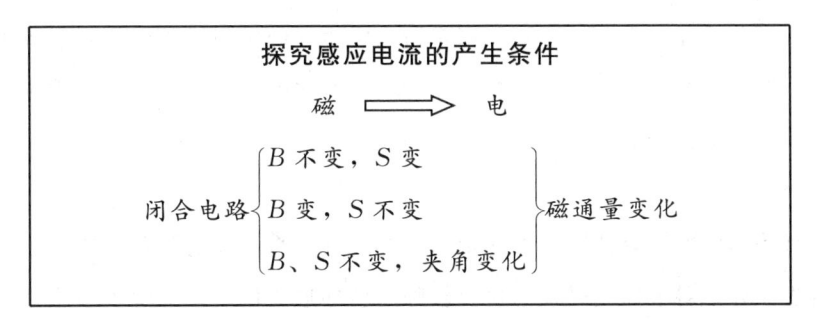

```
        探究感应电流的产生条件
              磁  ⟹  电
                ⎧ B 不变，S 变
        闭合电路⎨ B 变，S 不变      ⎬ 磁通量变化
                ⎩ B、S 不变，夹角变化
```

八、教学反思

1. 以提升学生物理学科核心素养为目标

本节课的设计力求通过教师的引导和学生的探究实现新课程"立德树人"的根本目标。一方面，使学生在学习过程中不仅能通过实验探究得出感应电流产生的条件，体会到物理学习也是一个科学探索的过程，要在一系列的实验与讨论中领悟科学思维方法，逐步形成科学推理、质疑创新的科学思维。另一方面，帮助学生在"电生磁"的基础上认识到"磁生电"，从而初步提升"电磁相互作用"观念；通过电磁感应现象在实际中的应用实例的分析，认识到新技术、新产品的产生和发展其实源自科学进步，增强社会责任感，激发爱国热情，全面发展学生物理学科核心素养。

2. 对教法和学法的分析

思维起源于直接经验的情境。本节课用自制的"魔法点灯"小游戏引入新课，用闭合线圈在匀强磁场中的运动引发学生的认识冲突，增强学生学习的动机。本节课通过层层递进的实验探究和问题讨论，使学生在获取知识的同时，体会成功的喜悦，增强了同学间的交流与合作，通过对实验数据的分析和归纳，提高了分析综合能力和科学探究素养。

本节课在发电等具体实例分析中，引导学生学会关注生活，关心社会，理解科学·技术·社会·环境的关系，理解科学技术对社会发展的促进作用。

3. 对教学过程的把脉

本节课从实验引入、提出问题，到合作探究、归纳概括，再到分析验证、体验释疑，环环相扣、循序渐进、层层递进，学生在教师引导下经历科学探究的重要环节，体会科学探究的一般思路，培养严谨有序的思维，体现了从感性认识上升到理性认识的认知规律。

4. 不足

本节课学生的探究活动并不完全是开放式的，教师还是不敢大胆放手完全由学生自主探究，对于探究过程而言，教师的引导痕迹偏多，在学生自主建构的过程中参与偏多。

5. 改进与展望

学生的物理学科核心素养需要在"发现问题、解决问题"的过程中得到提升，今后的教学中可以在教材参考方案的基础上适当再将探究环境开放一些，引导学生利用原认知拓展思路、大胆创新，多开发探究方案，以促进学生创新意识和创新精神的发展。

第七章 选择性必修部分教学设计案例

光的偏振

北京师范大学 田博扬

一、教学内容分析

《光的偏振》是《普通高中物理课程标准(2017年版)》选择性必修课程选择性必修1模块中的"光及其应用"主题下的内容,内容要求为:观察光的偏振现象,了解这些现象产生的条件,知道其在生产生活中的应用。知道光是横波。《普通高中物理课程标准(2017年版)解读》对该内容的解读为:通过观察日常生活中的现象和演示实验,了解光的偏振现象,知道光是一种波,进一步认识光的本性。在教学过程中,对学生要强调重视实验和自然现象,注重观察事实,加强基于证据的抽象思维能力的培养。要通过实验认识光的偏振,可以从机械波开始了解光的偏振现象,知道只有横波才能产生偏振现象,进一步加深对光的波动性的认识。了解偏振现象在生产生活中的应用。学生可以通过立体电影体会偏振现象的应用,激发学习兴趣。

从物理知识结构的角度来看,本章是光学与波两条知识线的交会处,既是继机械波后对波的继续研究,也是几何光学到物理光学的过渡,是对光学认知的进一步发展,同时也为电磁波的学习打下基础。本节综合运用过去所学波的知识,继光的干涉、衍射后对光的波动性展开更深入的研究。

从课程和教材的角度来看,大多教材提供的共同教学思路是:围绕"光是横波还是纵波"这一问题展开,通过与机械波的类比建立偏振概念,并归纳横波与纵波的区分方法，说明光是横波，最后介绍偏振现象在生活中的实际应用。

从知识应用的角度来看，光的偏振是生活中较为陌生的概念，却在生活中有着广泛的应用。本节知识为学生分析自然界中的偏振现象提供了理论依据。

综上所述，本节课教学思路应为：围绕"光是横波还是纵波"这一目标问题展开教学，结合学生已有的波的知识与大量实际生活情境，在科学探究的过程中发展学生对偏振的认识。

二、学情分析

生活经验与前概念上，学生对偏振并无概念，但在生活中大量接触过由偏振引起的光学现象。这些认识是本节课重要的教学资源，有利于学生对偏振图示的内化。

原有知识与方法上，学生已学习过波的基础知识与光的干涉、衍射，知道光具有波动性，具有学习偏振的知识储备；学生经过长时间的物理学习，具有通过类比解决问题的方法储备。

思维与能力上，学生具备将研究中的不可视因素可视化的转化思想，通过类比过去所学内容设计实验的能力较强，但从抽象到形象、理论到实际的迁移能力不强，需要教师积极引导。

三、教学目标

1. 学生通过观察偏振现象，理解什么是偏振，知道光是横波，能够解释生活中的偏振现象，应用偏振原理解决实际问题，形成运用知识解决实际问题的意识。

2. 学生通过类比机械波与光的特点设计实验，探究"光是横波还是纵波"；通过设计方案、分析质疑、修改方案，养成科学论证、质疑创新的科学思维，以及严谨认真的科学态度。

3. 学生围绕"光是横波还是纵波"这一目标问题展开科学探究，收集证据，运用证据论证观点，形成合理的解释，并与其他同学相互交流、完善结论，体验问题——证据——交流——解释的完整科学探究过程，提升分析问题、解决问题的科学探究素养。

四、教学重难点

教学重点：理解什么是偏振，完成探究"光是横波还是纵波"的实验并解决该

问题。

教学难点：类比机械波的偏振，自主设计光的偏振实验（对学生抽象与形象之间的转换能力与知识间的迁移能力要求较高）；发现需要两块偏振片的难度较大（对学生设计实验的能力要求较高）。

教学方法：讲授法、演示法、探究法。

教学用具：PPT演示文稿、玻璃片标本、偏振片、纵波演示弹簧、带狭缝的木板。

五、教学流程

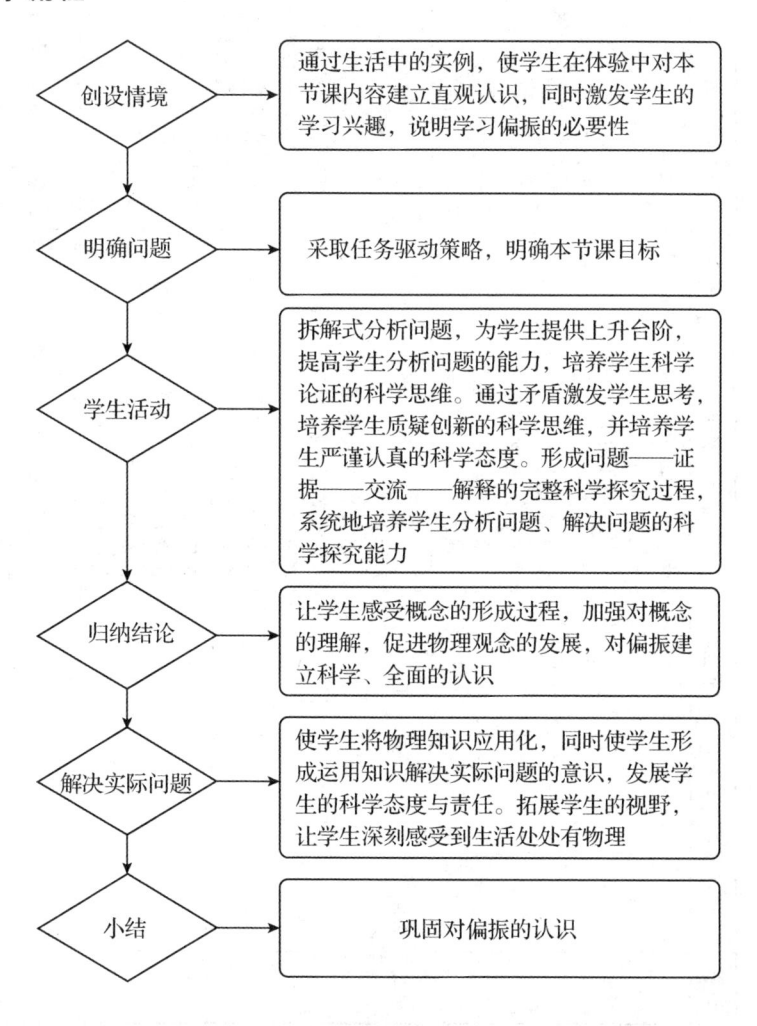

创设情境	通过生活中的实例，使学生在体验中对本节课内容建立直观认识，同时激发学生的学习兴趣，说明学习偏振的必要性
明确问题	采取任务驱动策略，明确本节课目标
学生活动	拆解式分析问题，为学生提供上升台阶，提高学生分析问题的能力，培养学生科学论证的科学思维。通过矛盾激发学生思考，培养学生质疑创新的科学思维，并培养学生严谨认真的科学态度。形成问题——证据——交流——解释的完整科学探究过程，系统地培养学生分析问题、解决问题的科学探究能力
归纳结论	让学生感受概念的形成过程，加强对概念的理解，促进物理观念的发展，对偏振建立科学、全面的认识
解决实际问题	使学生将物理知识应用化，同时使学生形成运用知识解决实际问题的意识，发展学生的科学态度与责任。拓展学生的视野，让学生深刻感受到生活处处有物理
小结	巩固对偏振的认识

六、教学过程

环节	情境	问题	教师活动	学生活动	设计意图	学生发展
创设情境	拍摄玻璃片之间的标本。	为什么拍摄出的照片不清晰?	展示玻璃片标本。将学生拍摄的照片投影展示，提问：为什么照片不清晰？指出镜头收纳的光既有标本反射的光，又有玻璃表面反射的光，二者掺杂在一起导致照片不清晰。	拍摄。回答：因为玻璃表面反光。	通过生活中的实例，使学生在本节课中对本节内容建立直观认识。	通过生活情境体会"物理源于生活"，建立偏振概念。
		如何使照片变清晰？	提问：有什么办法能让照片变清晰？提出只需在镜头前加装一个镜片"即可达到目的。通过投影展示。指出镜片变清晰意味着玻璃表面的反射光被过滤。提问：这个"镜片"为什么可以选择性地过滤掉玻璃表面的反射光？所学已不能解释此现象，引出偏振概念，板书。	大部分同学无法回答，有摄影经验的同学可能回答加装镜头。学生思考并交流老师提出的问题。	激发学生学习偏振的兴趣。说明学习本节课的必要性。	
明确问题	设立目标问题。	光是横波还是纵波？	让学生回忆光的干涉与衍射，提问1：这两种现象说明光的哪些性质？指出在过去机械波的学习中，已经知道波分为横波和纵波。提问2：光是横波还是纵波？板书。	回答：光是一种波/光具有波动性。无法回答光是横波还是纵波。	采取任务驱动策略，明确本节课目标。	—

214

续表

环节	情境	问题	教师活动	学生活动	设计意图	学生发展
学生活动	机械横波、纵波的演示。	如何判断一个波是横波还是纵波？	指出要解决这一问题，首先要知道如何判断一个波是横波还是纵波。利用弹簧先后演示横波、纵波，让学生分辨横波与纵波，并说明判断依据。指出学生是通过直接观察判断，但光波不能直接观察到。提问：还有什么办法？让学生详细描述判断方法。利用正弦波形状的铁丝与带狭缝的木板展示横波通过狭缝的过程，指出当振动方向与狭缝方向平行时可以透过，不平行也不完全可被阻碍，垂直时会被阻碍。指出纵波无论如何都不会被阻碍。利用Flash动画进一步展示。板书。	认真观察并思考。有些学生提出可以利用带狭缝的木板判断。回答：纵波可以通过狭缝；横波有可能被狭缝阻碍。	拆解式分析问题，为学生提供上升台阶。引导学生思考的方向。	提高分析问题的能力；提升科学论证的科学思维。
	偏振片的介绍。	—	指出对于光也有类似的"狭缝"，介绍偏振片，指出最初使照片变清晰的"镜片"就是偏振片。	—	为下一步质疑学生判断做铺垫。	—

续表

环节	情境	问题	教师活动	学生活动	设计意图	学生发展
学生活动	设计实验探究光是横波还是纵波。	如何利用偏振片设计实验，判断光是横波还是纵波？	给定日光灯光源，如何利用偏振片设计实验、让学生讨论，判断光是横波还是纵波，让学生尝试动手实验并归纳结论。	回答：将偏振片置于光源后旋转，若观察到亮度发生变化，即可说明光是横波，否则光是纵波。动手实验，得出结论：光是纵波。	有目的地误设导学生，让学生全可完成不可行的探究实验方案。	—
		实验设计过程有什么问题？	指出如果光是纵波，偏振片对什么可以过滤？指出类比设计实验的过程可能存在问题，引导学生分析得到：若波源振动的所有方向的强度相同，也可以得到同样的效果。	学生无法回答。跟随教师引导，分析思考。	通过矛盾激发学生思考。引导学生对实验方案进行分析、修正，感受科学探究过程。	提升质疑创新的科学思维，养成严谨认真的科学态度。
		如何改进实验？	设问：如何改进实验？指出如果可以通过处理使波源初始状态的实验状态可以类比，即可延续上面的实验方案。提比：详细来说，如何使波横波，光是纵波，光的振动方向只是一个方向。根据学生的回答，指出：可以让学生讨论改进实验方案。	有些学生提前可以提出在光源前再设置一个偏振片。回答：将两块偏振片先后置于光源，若其中一块旋转，观察到亮度发生变化，即可说明光是横波，否则光是纵波。动手实验，得出结论：光是横波。	进一步激发学生思考，启发学生得到合理的探究实验方案。	体验问题—证据—解释探究的过程，完整科学探究的过程，系统地提升分析问题、解决问题的科学探究能力。

216

第七章　选择性必修部分教学设计案例

续表

环节	情境	问题	教师活动	学生活动	设计意图	学生发展
归纳结论	实验中的偏振现象。	什么是偏振？	结合实验，定义自然光、偏振光，讲解起偏、检偏，结合生活情境，让学生归纳生活中有哪些偏振光。提问：不同介质的反射光偏振程度一样吗？试着用身边的物体伴探究。	回答：光源直接发出的光是自然光，经折射或反射的光大部分是偏振光。学生发现书和果子的反射光偏振程度不同；改变入射角时反射光偏振程度也不同。	让学生对偏振、全面科学建立的认识。	感受概念的形成过程，加强理解，发展对概念的物理观念。
解决实际问题	拍摄玻璃片之间的标本。	为什么偏振片可以使照片更清晰？	提问：结合本节课所学知识，能否解释偏振片使照片变清晰的原理？	回答：标本的反射光和玻璃表面的反射光偏振程度不同，偏振片调整到一定角度时可以完全阻碍玻璃表面反射光，有摄影用偏振镜头可拍摄水生。	促进学生应用概念的应用，发展学生的科学态度与责任。	形成运用知识解决实际问题的意识。
	了解3D电影。	生活中还有哪些偏振现象？	提问：生活中还有除了消反射以外，其他应用。简要介绍还有什么偏振方式3D电影的原理？	回答用偏振经验偏振现象同学可能有摄影的反射光偏振水里。	拓展学生的视野，让学生深刻感受到生活处处有物理。	用物理视角观察生活。
小结	课堂小结。	通过本节课，你有哪些收获？	总结本节课涉及的重要问题与概念，对学生理解不到位之处加以修正与强调。1.光是横波还是纵波？2.我们是如何判断的？3.什么是偏振？4.为什么需要两块偏振片？5.什么是自然光？什么是偏振光？	回答：1.横波。2.通过偏振现象，需要起偏后检偏。3.偏振的振动方向包含某一方向。4.光源是自然偏振。5.自然光是传播方向垂直偏振片振动方向所含有的光，偏振光是沿某一特定方向振动的光。	让学生巩固对偏振光的认识。	更清晰、系统地理解偏振概念。

217

七、板书设计

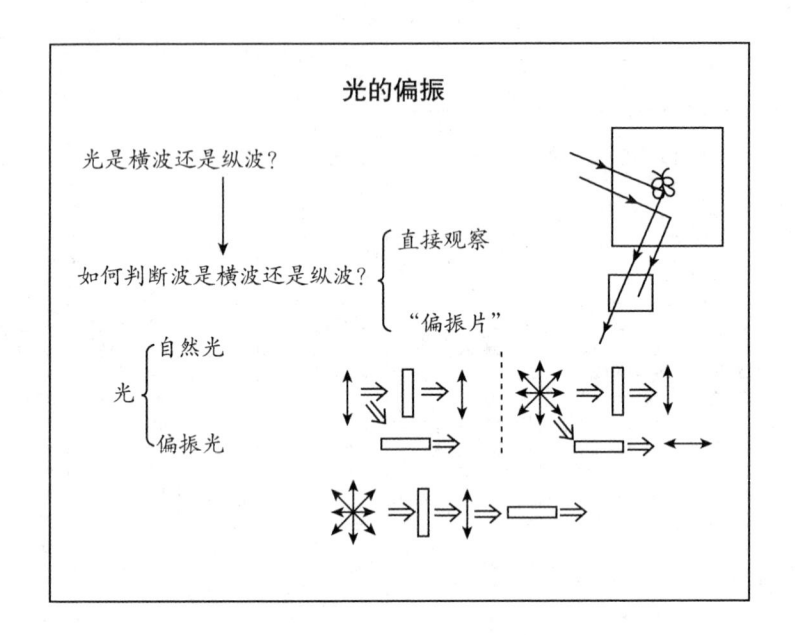

八、教学反思

本节课教学模式上采取启发——引导模式，课程整体框架与学生探究方向由教师引导，具体问题的解决由学生探究。教学方法上主要采用演示讲授法、谈话法、演示法等，学生在课堂上观察思考、实验探究、分析讨论，体现学生的主体性，教师与学生互动，创造良好的学习氛围，以达到高效课堂的目的。教学策略上采取任务驱动策略、图示策略，前者为学生展开学习提供内驱力，后者帮助学生形象地理解偏振，攻克教学重难点。

整个教学过程以情境引问题，以问题导探究，以探究促真知。学生在课堂上主动思考，探究式学习并掌握知识，教师在其中只起到引导学生思考方向、重点问题予以点拨的作用，充分体现了"教师主导、学生主体"的教学理念，符合新课标理念。

通电导线在磁场中受到的力

天津市第二十一中学　王小洁

天津市和平区教师进修学校　魏欣

一、教学内容分析

《通电导线在磁场中受到的力》是《普通高中物理课程标准（2017年版）》选择性必修课程选择性必修2模块中"磁场"主题下的内容，内容要求为：通过实验，认识安培力。能判断安培力的方向，会计算安培力的大小。了解安培力在生产生活中的应用。了解磁电式电表的结构和工作原理。《普通高中物理课程标准（2017年版）解读》对该内容的解读为：认识和了解安培力，了解安培力的大小和方向的相关因素。教师要设计探究性实验，让学生逐步认识安培力的大小和方向。

判断安培力的方向对学生来说并不难，学生在初中已经学习过相关内容，而且学生对这个问题的知识基础还是比较扎实的。计算安培力的大小只要求电流元与磁场垂直的情况，对于不垂直的情况可以用磁感应强度的等效值或等效电流元的方法来解释或解决，这一点不作统一要求。关于"了解安培力在生产生活中的应用"，可以用重点解剖典型案例和了解一般性应用相结合的教学方法进行，并让学生与同伴交流自己的理解。

本节课的知识点多，探究思维含量大，是安排探究学习的好素材。安培力的大小和方向是本节课的重点，也是磁场的重点内容之一，是对磁场力的性质的深入研究，又是研究力学和电磁学的桥梁。安培力在本章中起着承上启下的作用，它既是与上节知识（磁场性质）的联系点，也是学习电流表工作原理和推导洛伦兹力公式的基础。安培力方向与电流方向、磁场方向三者的空间关系是本节课的难点，探究安培力方向与电流方向、磁场方向的关系的实验至关重要，涵盖了科学探究的基本要素，有助于培养学生的物理学科核心素养。

二、学情分析

通过初中阶段的学习，学生对安培力的方向有了初步认识，知道可以用左手定则判断安培力的方向。但学生对三维空间的认知能力不足，难以建立立体模型，熟练应用左手定则就成为学习难点。同时，学生已经掌握了一些物理学研究方法，如观察法、实验法、控制变量法等，充分调动他们的积极性进行分析与探究，让他们通过经历完整的探究过程，层层推进，逐步深入，无论是物理观念，还是科学思维，都可以得到发展，从而促进学科核心素养的形成。

三、教学目标

1. 学生通过观察实验认识安培力，知道安培力的方向与电流方向、磁场方向之间的关系，掌握三者方向的空间关系，会用左手定则判定安培力的方向，形成对安培力方向的完整认识。

2. 学生通过了解安培力在生活和生产中的应用，能够用左手定则分析具体实例中安培力的方向，体会物理知识对生活和社会的作用。

3. 学生自主设计实验方案探究影响安培力大小的因素，并通过小组合作完成探究实验，分析推理得出实验规律，掌握磁场与电流垂直条件下安培力的表达式。

4. 学生通过体验和参与观察、实验结果记录、归纳总结、结论得出等全部实验过程，提高与他人合作的意识和能力，逐步形成严谨认真、实事求是的科学态度。

四、教学重难点

教学重点：安培力的方向，安培力大小的计算公式。

教学难点：磁场、电流、安培力三者方向的空间关系。

教学方法：演示实验，教师启发点拨，分组实验，合作探究，归纳总结。

教学用具：自制安培力方向演示器、恒流电源、导线及开关、自制电动机模型、安培力大小演示器。

五、教学流程

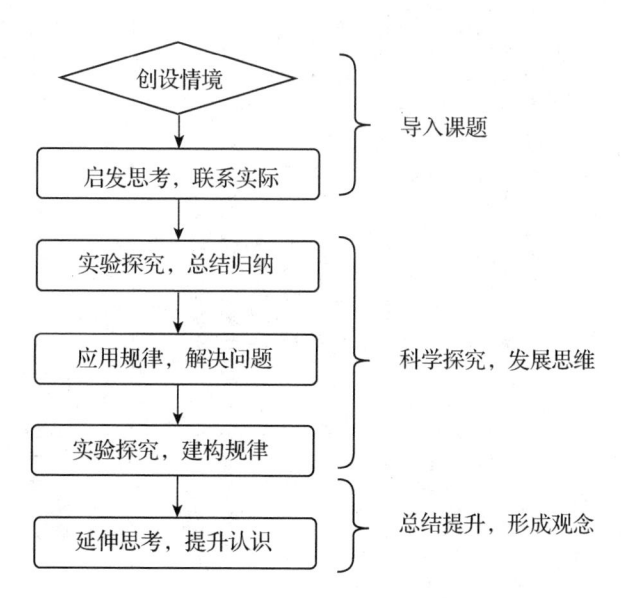

```
        ┌──────────┐  ┐
        ◇ 创设情境 ◇  │
        └────┬─────┘  ├ 导入课题
             ▼        │
    ┌────────────────┐│
    │ 启发思考，联系实际 │┘
    └────────┬───────┘
             ▼
    ┌────────────────┐ ┐
    │ 实验探究，总结归纳 │ │
    └────────┬───────┘ │
             ▼         │
    ┌────────────────┐ ├ 科学探究，发展思维
    │ 应用规律，解决问题 │ │
    └────────┬───────┘ │
             ▼         │
    ┌────────────────┐ │
    │ 实验探究，建构规律 │ ┘
    └────────┬───────┘
             ▼
    ┌────────────────┐ ┐
    │ 延伸思考，提升认识 │ ├ 总结提升，形成观念
    └────────────────┘ ┘
```

六、教学过程

环节	情境	问题	教师活动	学生活动	设计意图	学生发展
创设情境，新课引入	实验演示：心形线圈在磁场中转动。	线圈为什么会转动？	利用自制教具展示"心动"魔术，引发学生产生"什么会转动"的问题并思考。板书课题：通电导线在磁场中受到的力。	仔细观察，认真思考，回答"线圈中有电流"，"会动"，实验中有电池，心形"导线在磁场中受到'电流'的作用"。	创设情境，引入课题，激发学生学习的兴趣。	初步了解通电导线在磁场中受到的力，增强学习的好奇心，初步具有从物理视角分析问题的意识。
联系实际	列举生活中和军事上安培力的应用。	日常生活中还有哪些地方用到了安培力？	给出安培力的定义，电磁轨道炮的视频，并播放要求学生列举安培力在生活中的应用实例。	思考发言，列举安培力在实际生活中的应用（电风扇、洗衣机、电磁轨道炮等）；观看视频。	通过举例和播放视频，激发求知欲，引导学生从物理学的视角观察身边的现象。	思考生活中的相关实例，进行对比、提炼、分析，联系物理运动，构建物理模型。
新课教学：安培力的方向	演示实验：导线水平放置，通电时导体棒摆动起来。	安培力的方向与哪些因素有关？安培力的方向和电流方向有什么关系？	演示导线水平放置，改变通过的电流方向时，安培力作用方向不同引导学生思考分析，得出结论。	观察导体棒的运动情况，分析导体棒所受力方向，思考总结，得出结论：安培力的方向垂直于电流方向。	提高学生的观察分析能力；了解实验探究装置，为分组做实验准备。	通过观察现象、分析实验现象，获得安培力的方向和电流方向垂直的结论，归纳分析能力得到提升。

222

续表

环节	情境	问题	教师活动	学生活动	设计意图	学生发展
新课教学：安培力的方向	分组实验：探究安培力的方向与磁场方向的关系（导线竖直放置）。	安培力的方向与磁场方向有什么关系？	分小组布置任务：第一、二两小组探究磁场方向分别向上、向下两种情况；第三、四小组探究磁场方向分别向外、向里两种情况，电流分别向上和向下；第五、六小组探究电流向下，磁场分别向左和向右两种情况。教师分别巡视指导学生完成探究，引导学生思考得出结论。	1. 小组合作完成实验，观察并记录实验现象。条形磁铁的红色端为 N 极，蓝色端为 S 极，磁场从 N 极指向 S 极，调节磁铁放置位置来调节磁场方向，导体棒静止时接通开关，观察导体棒摆动记录安培力的方向。2. 分享实验结果，思考得出安培力方向垂直于电流方向，垂直于磁场方向，磁场所确定的平面。	让学生能够按照给定的实验方案进行实验探究，通过实验培养学生的合作精神。	能根据已有的探究方案，进行实验探究，与他人合作，得出安培力的方向和磁场的方向垂直的结论。能用图示的方法记录实验结果，通过实物图与示意图的对应，提升空间想象能力。

223

续表

环节	情境	问题	教师活动	学生活动	设计意图	学生发展
动手操作，总结左手定则	探究安培力、电流、磁场三者方向之间的关系。	安培力、电流、磁场三者的空间方向满足什么规律呢？	给学生准备泡沫球和不同颜色的吸管代表电流、磁场、安培力的方向，指导学生依据实验现象制作"球棍模型"，引导学生发现安培力、电流、磁场三者方向的关系。	1. 用红色吸管代表电流、蓝色吸管代表磁场、绿色吸管代表安培力，将上面的实验结果制作成一个立体模型。第一组做第一个图，后边各组依次类推。制作完成后各组举起手中模型，相互观察，其中一组固定不动，其他各组旋转手中模型，转到和第一组相同，得到磁场、电流、安培力三者方向的规律。 2. 尝试用简单的方法描述 I、B、F 三者方向的关系，得出左手定则。	让抽象的知识形象化，利用实物模拟 I、B、F 三者方向的关系，增加学生的感性认识，提高学生分析、总结物理规律的能力。	经历规律的得出过程，掌握研究物理问题的方法，认识学科本质。通过观察、分析现象，发现安培力、电流、磁场三者方向满足一定关系的规律，得出左手定则。

224

续表

环节	情境	问题	教师活动	学生活动	设计意图	学生发展
左手定则的应用	电动机模型通电后在磁场中转动起来；展示电磁炮模型图。	1. 接通电源，圆盘将如何转动呢？ 2. 要让炮弹沿当前方向发射出去，应该在炮弹上通以什么方向的电流呢？	演示电动机转动的实验和展示电磁炮的原理图。	观察实验，运用左手定则分析电动机模型中圆盘的转动方向，结合电磁炮原理图，分析判断应通以什么方向的电流。	提高学生运用规律解决实际问题的能力。	能运用安培力分析电动机模型和电磁炮的原理；提升物理观念要素；提高将实际问题中的对象转换成所学过的物理模型的能力。
探究安培力的大小	分组实验：探究安培力的大小。	1. 影响安培力大小的因素有哪些？ 2. 观察所给器材，怎样操作才能探究安培力的大小与电流和磁场中导线的长度的关系？	介绍实验器材，帮助学生设计实验方案，并引导学生体会实验中需要运用的科学研究方法。课堂巡视，指导学生完成实验。	思考并设计实验方案，分工合作进行实验，得出结论。 磁场和电流控制导线垂直时，前三个小组探究安培力的大小和电流的关系，得出结论：安培力大小和电流成正比。后三个小组控制电流大小不变，探究安培力大小和导线在磁场中的长度的关系，得出结论：安培力大小和导线在磁场中的长度成正比。	让学生自主设计实验方案，掌握控制变量法，提高实验设计能力和合作交流能力。	能自主制订探究方案，选用合适的实验器材，进行实验，分析发现实验现象中的规律，形成合理的结论，提高科学探究素养。
课堂小结	学生总结。	通过这节课你有哪些收获？	展示PPT，让学生进行总结。	回顾本节课所学内容，总结自己在知识和能力上的收获。	让学生回顾本课内容，建立完整的知识结构。	在总结反思中，提升物理观念素养。

225

续表

环节	情境	问题	教师活动	学生活动	设计意图	学生发展
布置作业	创设新的问题情境。	电荷在磁场中会受力的作用吗？你判断的依据是什么？	提出问题，引发思考。	课后收集资料，分析思考，完成作业。	为学生后续的学习做铺垫，同时提高学生分析问题的能力。	能用所学的物理概念和左手定则，分析新的问题。
	课后延伸。	磁电式电流表的工作原理是什么？	布置作业：阅读教材上磁电式电流表的原理，要求能用自己的语言进行解释。	课后收集资料，分析思考，完成作业。	提高学生自主学习的能力。	自主学习能力得到提高。

七、板书设计

> **通电导线在磁场中受到的力**
>
> 安培力 $\begin{cases} \text{安培力的方向：} F \perp B \text{、} F \perp I \text{；左手定则} \\ \text{安培力的大小：} F = BIL(B \perp I \text{ 时}) \end{cases}$

八、教学反思

本节课用心动"魔术"实验引入新课，提出安培力的概念，学生可以用所学知识解释生活中的现象，列举出安培力在生活中的应用，体现了物理学科核心素养中"物理观念"的形成。

在探究安培力的方向时，学生观察、分析实验现象，总结概括得出安培力方向的特点；自己制作立体模型，将抽象的问题具体化。在这个过程中，物理学科核心素养中的分析、综合、抽象、概括等方法得到了具体的运用。

在探究安培力大小的实验中，学生提出问题、小组分工合作设计实验方案，通过计算机和同屏设备，实现各小组之间的实验数据共享，增强了学生的合作意识，发展了学生的科学思维和科学探究能力，促进学生树立正确的科学态度和责任观。这个活动中"科学探究"核心素养中的设计实验和制订方案及基于证据得出结论体现得更为充分。

教师列举军事实例，创设生动活泼的课堂气氛，激发学生的学习热情；模型的演示和电磁轨道炮的原理分析，提高了学生应用物理知识解决实际问题的能力，增强学生的实践意识，养成科学的态度，是物理学科核心素养中"科学态度与责任"的体现。

本节课没有让学生对安培力大小的掌握情况进行当堂反馈，未能通过更多"解决问题"的教学使学生在科学思维方面得到进一步提升。

楞次定律

北京师范大学　赵芸赫

一、教学内容分析

《楞次定律》是《普通高中物理课程标准(2017年版)》选择性必修课程选择性必修2模块中的"电磁感应及其应用"主题下的内容，内容要求为：探究影响感应电流方向的因素，理解楞次定律。《普通高中物理课程标准(2017年版)解读》对该内容的解读为：本条目内容既是这个模块的重点，也是难点。楞次定律的实验探究关键在于学生能否从实验的表面现象中看出"相同事件"或"相关事件"的共同特征，这是归纳思维的本质。教师要引导学生进行自我总结，不要包办代替学生的思考过程而"强制"学生得出结论。楞次定律还可以用能量守恒的观点来解释，"阻碍磁通量的变化"过程本质上是从其他形式的能量转化成电能的过程，因此这个过程中"阻碍"的意义就非常明确了，即通过"阻碍"使非电磁力克服电磁力做功，将其他形式的能量转化成电能。学生既能用不同的视角来理解楞次定律，又能更深入地理解能量及其转化，建立更广泛的能量观。

从知识体系上看，电磁感应部分以"磁通量的变化及变化率"为核心线索贯穿始终，从探究感应电流的产生条件开始，到进一步掌握感应电流的方向、大小，最后较为深入地认识电磁感应现象在技术中的应用。其中，楞次定律是一条研究感应电流方向的定律，是能量守恒定律在电磁学中的延伸，在本章中起着承上启下的作用。

从教材内容来看，教材提供的思路是让学生根据条形磁铁与闭合电路之间的四种磁通量变化方式自主探究感应电流方向所遵从的一般规律。学生从该实验的现象中很难直接看出楞次定律内容中的"阻碍"作用，所以教材引入了"中介"量——感应电流的磁场来引导学生思考其与原磁场磁通量变化的关系。这一教学过程所涉及的物理量多、关系复杂，因此，为了使教学主线的逻辑清晰明确，本设计以教材为基础，从学生最熟悉的力与运动部分出发设计实验，为学生理解"阻碍"铺设台阶，并让学生体会"中介"量引入的由来和必要性。

二、学情分析

前面学生已经掌握了磁通量的概念，会分析磁通量的变化；知道条形磁铁的磁感线的分布，磁场对电流有力的作用以及电流周围存在磁场；在之前的学习中已经利用实验器材（条形磁铁、电流计、线圈等）研究了感应电流产生的条件。这些基础都为这节课分析实验现象以及进行探究实验做了知识性的铺垫。

作为一节实验探究课，高二的学生已经具备了一定的实验动手能力、观察分析及准确记录实验现象和总结物理规律的能力。

电磁感应这部分概念多，规律复杂，磁围绕着电、电激发了磁、电与磁相互感应，再加之抽象的概念相互关联，因而构成了最具综合性的知识网络。而大多数学生的抽象思维水平还比较低，对物理知识的推理与判断常常表现出一定的主观性和片面性，这体现在学生对"阻碍"二字的理解上，比如把阻碍原磁场磁通量的变化理解为阻碍原磁场等。除此之外，学生对电磁现象的感性认识较少也成了学习障碍，因此教学中教师应做好引导。

三、教学目标

1. 学生通过观察、思考，理解楞次定律，并能运用楞次定律判断感应电流的方向。

2. 学生运用前面所学的能量守恒定律理解楞次定律中"阻碍"的本质，从而从能量的视角来理解楞次定律，加深理解能量及其转化，建立更广泛的能量观。

3. 学生体验提出问题、猜想与假设、制订计划与设计实验、分析论证、验证等科学探究过程，体会到探索自然规律的艰辛和喜悦。

四、教学重难点

教学重点：通过实验探究得出楞次定律的内容；应用楞次定律判断感应电流的方向。

教学难点：引导学生发现以感应电流的磁场作为"中介"来确定感应电流的方向；充分理解楞次定律内容中"阻碍"的含义。

教学方法：用启发—引导的教学模式体现教师的主导性，主要采用实验法、谈话法、讲授法相结合的教学方法。最后使用图示策略，借助概念图进行课堂小结，对一节课的知识内容、学习方法进行回顾。

教学用具：铝管1个、强磁铁1个、有机玻璃管1个、塑料小车1个、线圈1个、两种不同颜色的发光二极管若干、导线若干。

五、教学流程

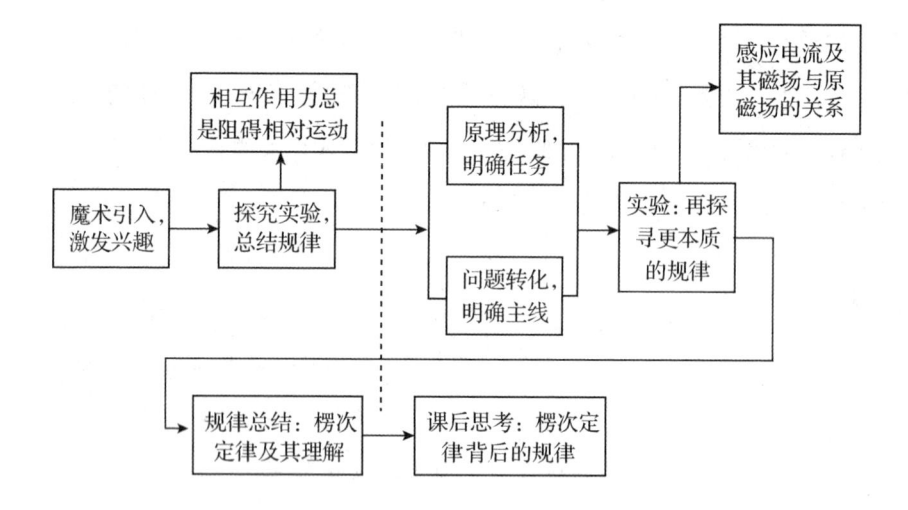

六、教学过程

环节	情境	问题	教师活动	学生活动	设计意图	学生发展
创设情境，引入新课	演示实验：小魔术"被磁铁吸引的铝管"。	1. 铝管为什么会升起呢？ 2. 磁铁不动，不吸引，磁铁抽出就吸引了，说明什么？ 3. 磁铁与铝管间还有哪些相对运动还会产生吸引力吗？	演示实验：在底座上固定一个隔离管（有机玻璃管），将铝管置于隔离管的外侧，将磁铁N极抽出时，铝管被吸引上升。	被魔术吸引，仔细思考原因。 猜想：吸引力的产生跟磁管和磁铁之间的相对运动有关。相对插入、S极插入和抽出不一定产生吸引力。	由学生已有的认知"磁铁能吸引铁，但不能吸引铝"出发，通过"铝管"魔术现象"被吸引上升"，引发学生思考，激发学习兴趣。	具有探究物理现象本质及欲望以及学习兴趣。
实验探究	实验探究Ⅰ："铝管"实验。 N S →运动方向 ↑排斥力 N S →运动方向 ↓吸引力	1. 磁铁与铝管间相互作用力有什么规律？与铁两极有关吗？ 2. 观察图中，插入时力的作用是助于磁铁的插入？ 3. 拔出时，作用力是阻碍磁铁的拔出还是有助于磁铁的拔出？	引导学生设计实验探究铝管与磁铁间的作用力方式和方向。 1. 猜想：铝管与磁铁之间的相对运动方向有关。 2. 实验探究： 装置如左图所示。 a. b. 记录数据 | 相对运动方式 / 磁铁与铝管间相互作用力	N极插入	N极拔出	S极插入	S极拔出 | |---|---|---|---|---| | | | | | |	进行实验并记录数据。 分析数据并得出结论。 1. 插入时吸引，拔出时排斥，与磁铁两极无关。 2. 阻碍。 3. 阻碍。	以小车的运动情况来判断磁铁之间相互作用力，这样可以透过物理难以直接观测的某一物理量当"转化"为其他可以观测的效果的思想。	通过实验体会"阻碍"的含义。

续表

环节	情境	问题	教师活动	学生活动	设计意图	学生发展
学生分析与归纳	引导学生进一步分析归纳实验现象产生的原因。	1. 相互作用力阻碍相对运动表象的内在本质是什么呢？2. 铝管内激发的磁场从何而来？回顾感应电流产生的条件，这里作为导体的作用是什么？3. 二极管交替发光的现象说明了什么？	利用自制教具——"电磁红黄灯"，做验证实验，将反向并联的发光二极管与螺线管连成闭合电路。引导学生思考，已知强磁铁的 N、S 极，由小车受到的力是运动方向或吸引力，可以判断出铝管出现磁极方向。红色发光二极管 黄色发光二极管	思考得出结论：1. 铝管与磁铁间的相互作用力是阻碍它们间的相对运动，与磁铁的哪一极无关。同名磁极相互排斥，异名磁极相互吸引。2. 铝管相当于闭合电路，磁铁运动引起铝管通量变化，这样就会产生感应电流，感应电流激发磁场。3. 说明感应电流的方向变化了。	培养学生抓住问题的本质进行总结归纳的能力。	提升总结归纳的能力。
问题转化	教师引导，学生思考。	如何实现问题转化？	引导学生：通过上述现象我们发现，在电磁感应所激发的磁场 $B_感$ 的作用力方向与原磁场 $B_原$ 的方向相互作用力方向来判定，与此同时 $B_感$ 可以通过右手螺旋定则反映感应电流的信息。	积极回答问题，与教师互动，共同得出结论：我们可以将探究感应电流方向的规律转化为探究感应电流与原磁场方向的关系。	引导学生发现以磁场的"中介"来感应应电流的方向。	通过前期初步实验的分析，自然以接受对物理量中"中介"的关注。

232

续表

环节	情境	问题	教师活动	学生活动	设计意图	学生发展
动手实验得出规律	实验探究Ⅱ：感应电流的磁场方向与原磁场变化的关系。	为什么感应电流激发的磁场方向与原磁场方向有时而相同，时而相反，有什么规律？有没有更好的用词可以将这两条结论归纳为一种表达？	引导学生展开研究： 1. 猜想：感应电流的磁场变化有关。 2. 对实验结果进行进一步探究。 a. 设计表格（见板书设计）并填写结果。 b. 分析数据：磁场与原磁场相同时相反。但是对于金属杆在磁铁插入时磁场与原磁场相反，拔出时相同。运动的情况不适用，为了找到感应现象中普适性的规律，需从电路特征出发——闭合电路中的共同特征是磁通量变化。 加入对磁通量变化的考虑，即感应电流的磁场方向和原磁场变化方向相同或者相反对于磁通量变化的效果。	小组同学合作进行实验并记录数据，总结实验结果：当磁铁插入（抽出）线圈时磁通量增加（减少），这时感应电流的磁场跟原磁场方向相反（相同），以反抗（补偿）原磁通量的增加（减少）。 其他回答如：感应电流的效果总是引起它的磁通量变化的原因；感应电流在回路中产生的磁场总是反抗原磁通量的变化。	由特殊到一般，深化规律，学生概括能力有限，需要教师指导。	经历规律的建构过程，学会从物理视角对实验现象进行分析、归纳。

233

续表

环节	情境	问题	教师活动	学生活动	设计意图	学生发展
规律总结	总结出规律。	对楞次定律的理解： 1. 磁场角度：感应电流的阻碍原要阻碍磁场通量的变化。谁起阻碍作用？如何阻碍？阻碍的结果是阻止吗？ 2. 相对运动角度：感应电流所受安培力要阻碍导体与磁铁间的相对运动（回顾演示实验）。	展示PPT，进行总结：即感应电流的具有这样有磁场总通量的变化。	思考回答：感应电流的磁场；原磁通量；"增反减同"不是。	对楞次定律的理解是本节课的一难点，为加深学生的理解，对"阻碍"的含义分别从磁场、相对运动两个角度进行诠释，同时通过分析、演示实验探究，降低学生的理解难度。	逐渐形成对楞次定律的理解。
应用巩固	课后延伸。	为什么感应电流是激发的阻碍磁通量变化的？该定律背后还有什么更普遍的规律？	提出问题，引发学生课下查阅资料并思考，请学生探究，回答。	课后完成思考题。	拓展学生的思路。	提升自主学习的能力。

234

七、板书设计

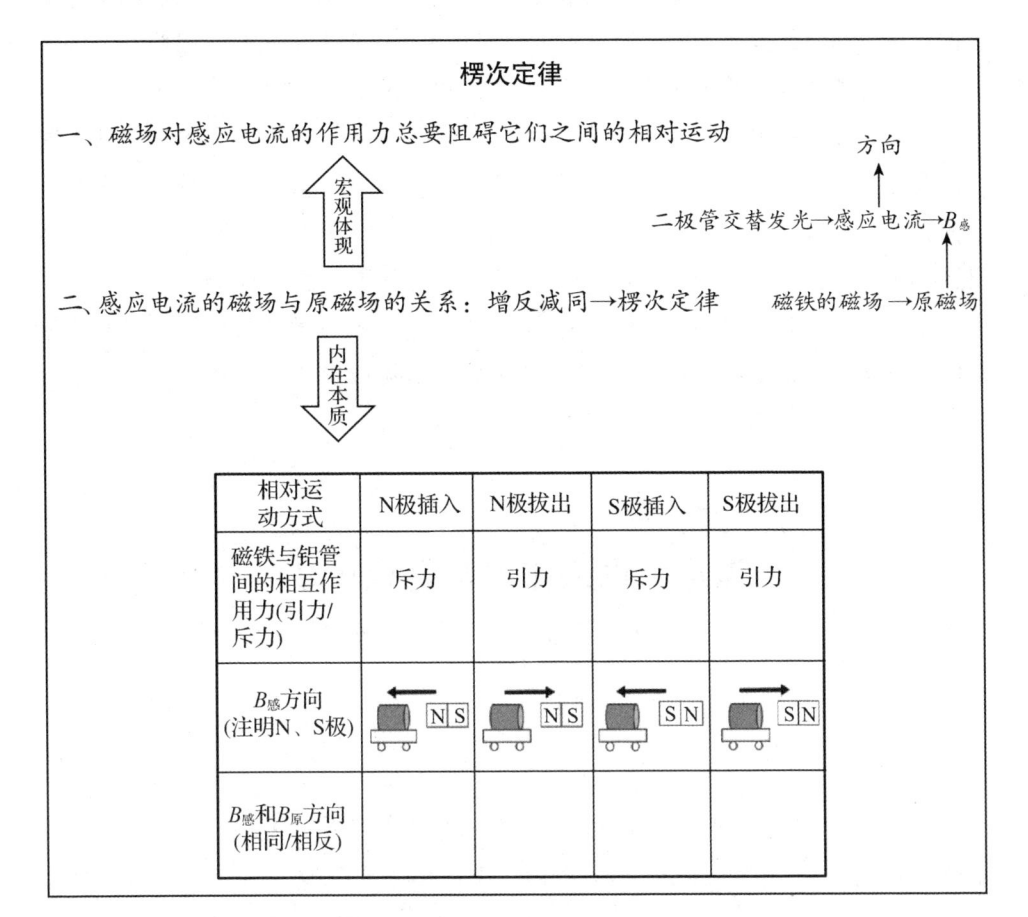

楞次定律

一、磁场对感应电流的作用力总要阻碍它们之间的相对运动 ⬇（宏观体现）

二极管交替发光→感应电流→$B_{感}$方向

二、感应电流的磁场与原磁场的关系：增反减同→楞次定律　　磁铁的磁场→原磁场 ⬇（内在本质）

相对运动方式	N极插入	N极拔出	S极插入	S极拔出
磁铁与铝管间的相互作用力(引力/斥力)	斥力	引力	斥力	引力
$B_{感}$方向 (注明N、S极)	← NS	NS →	← SN	SN →
$B_{感}$和$B_{原}$方向 (相同/相反)				

八、教学反思

　　突破楞次定律，就要突破几个难点。一是对电磁感应现象的感知，让学生从实验中了解"阻碍"的意义是什么，因此本教学设计通过简单的磁铁与铝管间的相对运动，使学生能直观地看到与铝管相连的小车因受力而运动的现象，体现了教学的直观性原则。这样做有利于学生从最熟悉的力与运动的关系的角度进行分析，更容易得出初步结论，由此初步渗透"阻碍"的含义；二是对现象的理解，利用自己已有的知识、方法推导"阻碍"的原因，学生熟悉磁铁的磁性以及磁极间的相互作用，因而容易从观察到的排斥和吸引现象出发判断铝管中的磁场方向。用线圈替换铝管并与发光二极管相连，重复磁极插拔的动作，让学生体会线圈内部感应电流方向的变化，发现其本质，凸显教学引导由表及里的特征。

此时引导学生思考，感应电流激发的磁场可以通过右手螺旋定则反映感应电流的信息，而它的方向又可以通过磁极间相互作用的关系来确定，因此本节课我们要研究的感应电流的方向就可以转化为感应电流的磁场方向。

实验探究过程中仅需控制磁极的运动就能将楞次定律的要素都展现出来，这样的设计为学生减去了不少负担，还将控制变量法显化。其间，通过分析磁通量的变化及感生磁场方向与原磁场方向间的关系，得出"增反减同"的结论。最后，总结出感应电流的方向是具有"阻碍"作用的，"阻碍"的对象是原磁场的磁通量变化。

楞次定律是能量守恒定律在电磁学中的延伸，因此本教学设计最后启发学生不仅要知其然，还要知其所以然，"为什么感应电流激发的磁场总是要阻碍原磁场磁通量的变化"留给学生课后思考。

涡流　电磁阻尼和电磁驱动

天津市海河中学　张杨　孙涛

一、教学内容分析

《涡流　电磁阻尼和电磁驱动》是《普通高中物理课程标准(2017年版)》选择性必修课程选择性必修2模块中的"电磁感应及其应用"主题下的内容，内容要求为：通过实验，了解涡流现象。能举例说明涡流现象在生产和生活中的应用。了解电磁炉的结构和原理。《普通高中物理课程标准(2017年版)解读》对该内容的解读为：了解涡流现象的主要原理是电磁感应，让学生知道如何利用与防止涡流现象。涡流现象在生产和生活中有大量的应用，要让学生多见识，可利用实验演示和资料呈现等各种方式来实现。电磁炉是一个常见的家用电器，其原理比较简单，可以让学生查资料了解电磁炉的基本结构、工作原理，也可让学生在班上相互交流。

本节课是在学生学习完电磁感应原理之后，引导学生认识电磁感应现象在生活中如何应用的一节课。本节内容以感应电流为主线，向学生展现了电磁感应在生产和生活中的应用。涡流的概念、电磁阻尼和电磁驱动的原理及应用是本节课的重难点，通过本节课，不仅要使学生对电磁感应现象的原理及应用有更加清晰的认识，还要为学生将来能利用这些原理进行相关技术的改进和创新插上一双隐形的翅膀。

二、学情分析

学生通过前面内容的学习，已经基本掌握了电磁感应现象的分析及判定方法，但对于在整块金属导体中产生的感应电流及电流的分布特点，以及利用导体中的感应电流阻碍导体与磁场相对运动的原理来实现电磁驱动和电磁阻尼的认识，还存在模糊、不深入，甚至错误的观念。因此，本节课可以通过一系列实验，从涡流、电磁驱动和电磁阻尼的应用入手，逐步引导学生对上述问题形成清晰准确的认识。

三、教学目标

1. 学生观察、思考生活情境，理解涡流的定义、涡流的应用和危害防止的方法及原理。

2. 学生通过合作进行实验探究，理解电磁驱动和电磁阻尼的原理及应用，感悟科学探索的艰辛和喜悦。

3. 学生通过对电磁阻尼和电磁驱动现象的观察分析以及实验设计，体会科学原理在生活中的广泛应用，养成客观、全面地认识事物的科学态度。

四、教学重难点

教学重点：涡流、电磁阻尼和电磁驱动的原理及应用。

教学难点：涡流、电磁阻尼和电磁驱动的原理及应用。

教学方法：实验探究法、归纳总结法、任务驱动法、问题教学法、评价式教学法。

教学用具：电磁炉、塑料盆、金属锅、金属线圈、二极管、金属片、金属探测器、橡皮玩偶、强磁铁、易拉罐、橡皮筋、塑料架。

五、教学流程

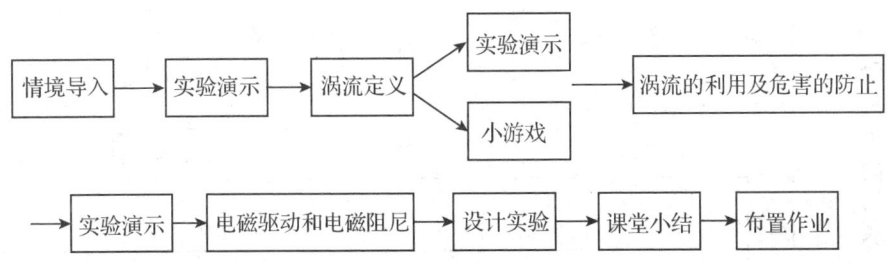

情境导入 → 实验演示 → 涡流定义 → 实验演示 → 涡流的利用及危害的防止
                                    ↘ 小游戏 ↗

→ 实验演示 → 电磁驱动和电磁阻尼 → 设计实验 → 课堂小结 → 布置作业

六、教学过程

环节	情境	问题	教师活动	学生活动	设计意图	学生发展
激趣入境	冬天教室里面空气干燥，把水倒在塑料盆在电磁炉上，利用电磁炉把水加热，产生水蒸气把空气加湿。	使用电磁炉加热水时会不会把塑料盆烧坏？电磁炉的工作原理是否和电磁感应有关呢？	将塑料盆放在电磁炉上，把水倒入塑料盆中，打开电磁炉开关。引导学生观察实验现象。	观察实验，等待电磁炉把水加热（但是按照生活经验，应该用金属盆才能把水加热）。	从学生熟知的实际生活入手，创设问题情境，通过观察，引导学生提出质疑，增强学生的学习兴趣。	联系实际生活经验观察实验，思考、分析电磁炉上塑料盆加热水的现象，猜想实验结果。
导引体验	加热一段时间后，让学生摸一摸塑料盆里面的水是否已经被加热了，学生发现水没有被加热。	为什么塑料盆里面的水没有被加热呢？	验证塑料盆里面的水是否变热了。让学生试一试水的温度。提出新的问题：你能依据生活经验提出加热水的办法吗？引导学生思考：电磁炉的加热原理好像不是水的电热传导！那么加热原理是否与电磁感应有关？	观察实验现象，分析实验结果。思考：电磁炉的加热原理是什么？	让学生通过实验过程中出现的问题，思考如何改进实验方案，培养学生的实验观察、分析能力，以及提出问题、猜想问题的能力，激发学生的求知欲。	能运用物理观念，对电磁炉加热水这一现象进行分析和推理，提出问题和猜想。

续表

环节	情境	问题	教师活动	学生活动	设计意图	学生发展
导引体验	1. 只有一个底部漏水的金属锅，不能直接用它来加热水。2. 将漏水的金属锅放在塑料盆里，打开电磁炉，水很快就被加热了。	1. 找到了一个金属锅，居然是漏的，还能把水加热吗？2. 如果把金属锅放在塑料盆里，水能被加热吗？	1. 提供一个金属锅，让学生把水倒入锅中，发现锅是漏的，提出问题，引导学生积极思考，想办法利用这个漏锅将水加热。2. 引导学生思考，金属锅放在塑料盆里，水被加热的原因是什么？3. 介绍电磁炉的工作原理。	1. 思考把水加热的办法，依据实验常识提出新的实验方案：把塑料盆换成金属锅就可以把水加热。但是找到的实验金属锅是漏的，新的方案又不可行了。2. 通过思考，提出改进实验方案。把塑料盆放在金属锅里，水就能够被加热了。	通过改进实验方案，培养学生问题意识，思考能力。通过引导学生对一系列问题逐层深入思考，学会分析问题，解决问题的能力，形成正确的物理观念。	认识到电磁炉加热水的不是热传导，而是电磁感应。
	展示多组长短不同，接有发光二极管的圆圈。	金属锅中产生感应电流的形态是怎样的？	组织学生猜想金属锅中感应电流的形态。演示实验：将多组用导线连接而成的发光二极管圆环，二极管同时发光，模拟学生们的猜想。归纳总结涡流的定义。板书：涡流的定义。	积极观察实验，思考涡流特点。归纳总结涡流的原因及其特点。当变化的电流在线圈中流动时，线圈附近的任何导体中都会产生感应电流，这种电流被称为整流。参照板书做笔记。	引导学生利用所学物理知识，恰当地建立模型来解释物理现象，理解正确的能力。培养学生利用产生涡流的原理。认识涡流的形态，理解涡流产生的原理，提高将实际物理问题转化成模型的能力。	认识涡流的形成、理解涡流产生的原理。

239

续表

环节	情境	问题	教师活动	学生活动	设计意图	学生发展
导引体验	播放电磁金属冶炼炉冶炼金属的视频短片。	涡流的热效应在生活、生产中有哪些应用?	引导学生思考:如果上述料盆中的水被烧干后还继续用电磁炉加热,金属盆会出现什么现象?如果电磁炉功率足够大,塑料金属材料,最终金属冶炼炉会怎样?介绍电磁金属冶炼炉的工作原理。播放视频:电磁金属冶炼金属。	思考教师提的问题并回答:水烧干后,塑料盆会继续烧化。如果电磁炉功率足够大,而塑料盆使用耐火材料,最终会使金属熔化。观看视频,了解金属冶炼炉的工作原理。	培养学生立足实验事实合理外推的科学推理能力,能将涡流知识迁移。通过观看视频,引导学生认识涡流在生活和生产中的应用,感受STSE(科学•技术•社会•环境)的关系。	提高基于实验事实合理外推的科学推理能力;提高知识迁移的正确率;认识涡流与生活和生产的关系;认识物理、科学、社会和生产技术推动科技进步。
	提供两组完全相同的金属片,放在电磁炉上。通过电磁炉探究金属片摆放方式对金属片熔化快慢的影响。	为什么两组相同的金属片仅仅因为摆放方式不同,在相同的时间内产生的热量竟有如此大的差异?	1. 演示实验:将两组金属片,分别平行和垂直地放在工作中的电磁炉上,过一段时间,分别向金属片上滴上水滴,观察水滴汽化的剧烈程度,判断金属片的热量是否相同。 2. 引导学生认识到,涡流既有热效应冶炼金属,也会损坏电路元件。	观察实验,思考问题:金属片在电磁炉上摆放方式不同,对其产生的热量有什么影响?对比两组金属片产生的热量。分析线圈与铁芯的位置关系对产生铁芯中涡流的影响。思考讨论减小涡流的有效方法。	通过演示实验,培养学生解决问题的能力,体现类比的物理学习方法。	通过观察对比实验,提高解决问题的分析能力,掌握物理学习的类比方法和研究物理内在动机和科学求是态度。

240

续表

环节	情境	问题	教师活动	学生活动	设计意图	学生发展
	幻灯片展示线圈和铁芯。	为了减少变压器中产生的热量，了解减少铁芯中的涡流应采取的措施。铁芯与线圈平行放置还是垂直放置？如何才能减少铁芯中的涡流呢？	1. 引导学生观察实验，了解减小变压器铁芯中涡流的有效途径。 2. 归纳总结减小铁芯中涡流的有效方法：使用电阻率较大的硅钢材料；用多片相互绝缘的硅钢片叠成的铁芯代替整块钢铁芯。 板书：涡流的利用及防止。	根据实验现象，提出减小变压器铁芯中涡流的方法。通过阅读课本，自己想方案。参照板书整理笔记。	通过类比的方法，让学生掌握减小变压器铁芯中涡流的方法。通过对比涡流热效应利用与危害的防止，培养学生的辩证思维能力。	进一步认识涡流，可以根据不同需要，在实践中有效利用其热效应或减小其热效应带来的危害。通过观察课本一研一讨一印证一猜想的学习过程，提高自主学习与合作学习的能力。认识到满足人们的生活需要，既可以给人们的生活带来危害，也可以利用热效应。对事物的认识具有辩证思维。
导引体验	提供金属探测器和四个漂流瓶，其中一个漂流瓶中装有金属螺丝，利用金属探测器寻找装有金属螺丝的漂流瓶，学生和教师共同完成小游戏。	金属探测器的工作原理与涡流有什么关系？利用金属探测器，怎样找到装有金属的漂流瓶？	引导学生思考：既然涡流的本质是变化电流，涡流会产生热效应，涡流磁效应之后还有没有磁场效应呢？涡流会有哪些应用呢？请两位学生协助教师完成小游戏：将四个漂流瓶分别放在学生中，利用金属探测器寻找装有金属螺丝的漂流瓶。归纳总结金属探测器的工作原理。	积极参与游戏活动，思考并讨论问题。总结金属探测器工作原理：核心部件是一个通有变化电流的线圈，当探测器金属靠近金属时，金属中就会感应出涡流，涡流的磁场反过来影响探测器中的电流，使探测器发出响声。	通过组织师生之间的游戏活动，使学生在实践活动过程中有广泛的参与度，培养实践能力。感受涡流广泛的应用前景，为激发学生创造性思维打下基础。	感受涡流应用广泛，涡流应用的磁效应可以解决生活中的一些难题的知识和欲望。

241

续表

环节	情境	问题	教师活动	学生活动	设计意图	学生发展
能力提升	使用自制教具，演示：转动的磁铁使原来静止的易拉罐转动起来；静止的磁铁使原来转动的易拉罐停止转动。	按照电磁学原理，转动磁场中应该有涡流的效应，如何利用涡流中的受力，实现对物体运动的控制呢？	1. 实验演示：①转动的磁铁使原来静止的易拉罐转动起来。②静止的磁铁使原来转动的易拉罐减速。2. 引导学生猜想：感应电流对导体与磁体的相对运动起阻碍作用。3. 引导学生通过画图，将具体问题化为物理模型，分析当磁场向右运动时导体如何运动。4. 利用自制教具进行实验，验证学生的猜想。5. 引导学生归纳总结：电磁驱动和电磁阻尼现象的概念及特点。板书：电磁驱动和电磁阻尼。	观察实验，积极思考，小组讨论，分析易拉罐转动的原因。画出易拉罐受力分析图。1. 猜想：①易拉罐应纵向形态。②易拉罐应该不会超过磁铁的转速。③当易拉罐减速时，磁铁也会减速。2. 通过观察研讨得出结论：思考和研讨验证猜想：①电磁驱动：如果磁场相对于导体运动，在导体中产生感应电流，感应电流使导体受到安培力的作用，使导体的运动跟着磁场的运动起来。②电磁阻尼：当导体在磁场中运动时，安培力的方向总是阻碍导体的运动。参照板书整理笔记。	通过使用自制教具，演示电磁驱动和电磁阻尼现象，培养学生的观察能力，以及运用电磁学知识解释现象的能力。引导学生理解涡流在磁场中的受力，实现电磁驱动和电磁阻尼的原理。培养学生的归纳总结能力。引导学生感悟电磁学知识在实际生活中的应用，为利用电磁驱动和电磁阻尼原理实现某一工作目标打下基础。	利用电磁学知识正确解释实验现象的同时，在巩固所学知识的基础上，提升应用知识解决问题的能力。理解观察涡流在磁场中的受力，实现电磁驱动和电磁阻尼的原理。知道普通导体通过电磁驱动和电磁阻尼对磁铁也会产生作用力。

242

续表

环节	情境	问题	教师活动	学生活动	设计意图	学生发展
训练达标	提供易拉罐、强磁铁、橡皮筋、细绳、塑料框架等分组实验器材。	如何利用磁铁和易拉罐设计实验,演示电磁驱动和电磁阻尼现象?磁铁和易拉罐之间的位置应如何安排?	1. 将学生每4个人分为一个活动小组,为每个小组提供学生实验的实验器材,引导学生设计实验,演示电磁驱动和电磁阻尼现象。 2. 在学生设计实验过程中,深入各个小组指导实验设计,提出改进建议,完善设计方案。 3. 组织学生分享实验设计方案。	1. 利用实验器材设计实验方案。 2. 积极参与实验方案分享活动。 3. 动手进行实验设计。演示易拉罐在平动、转动等多种电磁驱动方式下的电磁驱动和电磁阻尼现象,听取老师的指导意见,完善实验方案。	通过设计实验方案,培养学生自主探究、合作及实验创新的能力。促进学生将所学知识运用于科学实践中,在巩固所学知识的同时,进一步将知识升华。让学生体验科学探究的过程,体验学习的快乐,激发用科学探索的热情。	在小组合作、实验探究活动中,利用所学知识,自主制订方案,并尝试使用基本的器材获得实验结果,并有解释,用已有的物理知识进行解释,在整个科学探索过程中,能恰当地使用实验结果表达自己的观点;认识到物理研究是建立在观察和实验基础上的一项创造性的工作,有较强的学习和研究物理的兴趣。

243

续表

环节	情境	问题	教师活动	学生活动	设计意图	学生发展
训练达标	利用投影仪展示电动机、电磁炮、航母弹射器等有关电磁阻尼现象或电磁驱动现象的图片。	在日常生活中，还有哪些与电磁驱动或电磁阻尼有关的现象？	提出问题，引导学生思考生活中的电磁驱动或电磁阻尼现象。通过幻灯片展示电动机、电磁炮、航母悬浮列车、磁悬浮弹射器等电磁驱动或电磁阻尼的实例。	积极思考和讨论生活中的电磁驱动或电磁阻尼现象，例如电动机、磁悬浮列车、航母弹射器等，共同分享，主动发言。	通过列举生活中的实例，使学生了解更多的电磁驱动或电磁阻尼现象，同时也使学生感受到物理的应用前景，培养学生探索科学的精神。	了解生活中的电磁驱动或电磁阻尼现象，感受电磁学的应用前景，有将科学服务于人类的意识。
课堂小结	依据板书内容，进行小结。	在本节课中，你学习到了哪些知识和方法？有什么收获？可以解决什么实际问题？	引导学生回顾本节课的探究活动过程，以及所学到的物理知识和物理方法。	归纳总结本节课的内容。	通过课堂小结，引导学生回顾反思，有助于培养学生归纳总结的能力，使学生勤于反思，学会学习。	学会归纳总结，使知识系统化、网络化，提升反思能力，学会学习。
拓展延伸	布置课后作业。	在未来的生活中，电磁驱动和电磁阻尼还应用有哪些前景？	布置课后作业：请同学们根据今天上设计的方案，在生活中找出它的一个或几个应用前景。	查找相关资料，进一步了解电磁驱动和电磁阻尼现象，思考、讨论它的应用，提出问题。	使学生对所学知识加深理解，并将所学知识延伸到课外。	能增强课外探究和自我管理能力，提升解决问题的能力。

七、板书设计

```
              涡流  电磁阻尼和电磁驱动

    一、涡流
        1. 涡流的定义
        2. 涡流的利用及危害的防止
    二、电磁驱动和电磁阻尼
```

八、教学反思

1. 创设生活情境，激发学生兴趣

本节课在引入的过程中，巧妙地创设课堂情境。冬季天气干燥，想利用常见的塑料盆和电磁炉加热水，产生水蒸气给空气加湿，但是塑料盆又不能让水变热，使学生积极思考，寻找金属盆。当发现金属盆漏水不能直接放在电磁炉上加热时，迫使学生进一步思考，大胆猜想能否将漏水的金属盆放在塑料盆里面进行加热。通过这样的课堂设计，循序渐进、环环相扣，为学生创设情境，引发学生的思考，激发学生的求知欲，从而引导学生带着疑问进入新课的学习，培养学生严谨的科学思维和科学探究能力。虽然在日常生活中电磁炉随处可见，但是部分学生并不十分了解电磁炉的工作原理，错误地认为电磁炉是通过热传递把物体加热的，导致在课堂的开始阶段学生没有把电磁炉的工作原理和电磁感应联系起来，在思考问题时出现困难。在今后的教学过程中，要引导学生加强对生活的观察，学会用物理知识准确地解释常见的家用电器的工作原理。

2. 设计探究实验，展现主体作用

在本节课中，通过教师引导、合作探究、小组讨论等方式，学生理解了涡流、电磁驱动和电磁阻尼现象。在得出相关物理概念之后，教师为每个学习小组提供实验器材，引导学生根据所学大胆创新，设计多种演示电磁驱动和电磁阻尼现象的实验方案，各小组派代表与其他同学分享实验方案。通过这种方式培养学生的科学探究能力，充分体现了"以学生为主体"的教学原则。学生在教师的引导下通过提出问题、猜想假设、实验验证、分析总结进而探究出结论，体验实验探究过程，促进学科核心素养的发展。但是部分学生由于受到课上演示实验的影响，即磁铁驱动易拉罐转动和制动转动中的易拉罐，设计实验的思维受到限制，没有想到磁铁还可以驱动易拉罐平动和制动平动的易拉罐，导致实验设计方案较为单一，最终在教师的提示下才使实验方案得到改进。因此，在今后的教学过程中，在组织学生活动之前，要加强对学生的引导，使实验设计方案更加合理有效，培养学生的实验设计能力和科学探究精神。

3. 学习延伸课外，培养科学态度

可持续发展的课堂能够让学生带着问题走进课堂，又能够带着问题离开课堂。本节课学生通过学习掌握了涡流、电磁驱动和电磁阻尼现象，引导学生在课后进一步学习探究，发现生活中的物理现象，能够提升他们的物理观念素养。通过布置合作探究性学习题目，让学生将所学知识拓展延伸，鼓励学生合作探究，通过运用和深化，使知识、技能逐渐转化为能力和素质，从而进一步培养学生的高阶思维能力。在今后的教学过程中，要进一步加强物理学与现代科技发展之间的联系，帮助学生了解科学、技术、社会以及环境之间的关系，促进学生物理学科核心素养的发展。

参考文献

1. 习近平．决胜全面建成小康社会 夺取新时代中国特色社会主义伟大胜利——在中国共产党第十九次全国代表大会上的报告[R/OL]．(2017-10-18)[2017-10-27]．http://www.gov.cn/zhuanti/2017-10/27/content_5234876.htm.

2. 中华人民共和国教育部．普通高中物理课程标准(2017年版)[S]．北京：人民教育出版社，2018.

3. 加涅，韦杰，戈勒斯，凯勒．教学设计原理(第五版)[M]．王小明，庞维国，陈保华，汪亚利，译．上海：华东师范大学出版社，2007.

4. 蔡铁权，钱旭鸯．教学设计过程模式的结构与规范[J]．浙江教育学院学报，2008(4)：36—43.

5. 董奇．心理与教育研究方法(修订版)[M]．北京：北京师范大学出版社，2004.

6. 梁树森．物理学习论[M]．南宁：广西教育出版社，1996.

7. 常绍舜．系统科学方法概论[M]．北京：中国政法大学出版社，2004.

8. 郭玉英．中学物理教学设计[M]．北京：高等教育出版社，2016.

9. 姚跃涌．高中新课程物理优秀教学设计与案例[M]．广州：广东高等教育出版社，2005.

10. 阎金铎，郭玉英．中学物理新课程教学概论[M]．北京：北京师范大学出版社，2008.

11. 富兰．变革的力量——透视教育改革[M]．中央教育科学研究所，加拿大多伦多国际学院组织，译．北京：教育科学出版社，2004.

12. 郭玉英．物理新课程教学案例研究[M]．北京：高等教育出版社，2008.

13. 郭玉英，姚建欣，张玉峰．基于学生核心素养的物理学科能力研究[M]．北京：北京师范大学出版社，2017.

14. 郭玉英,姚建欣. 基于核心素养学习进阶的科学教学设计[J]. 课程·教材·教法,2016(11):64—70.

15. 刘月霞,郭华. 深度学习:走向核心素养(理论普及读本)[M]. 北京:教育科学出版社,2018.

16. 威金斯,麦克泰格. 追求理解的教学设计(第二版)[M]. 闫寒冰,宋雪莲,赖平,译. 上海:华东师范大学出版社,2017.

17. 裴娣娜. 现代教学论(第一卷)[M]. 北京:人民教育出版社,2005.

18. 裴娣娜. 现代教学论(第二卷)[M]. 北京:人民教育出版社,2005.

19. 裴娣娜. 现代教学论(第三卷)[M]. 北京:人民教育出版社,2005.

20. 布鲁肖,威特克尔. 从优秀教师到卓越教师:极具影响力的日常教学策略[M]. 范杰,译. 北京:中国青年出版社,2013.

21. 林崇德. 学习与发展:中小学生心理能力发展与培养(第二版)[M]. 北京:北京师范大学出版社,2003.

22. 林崇德. 21世纪学生发展核心素养研究[M]. 北京:北京师范大学出版社,2016.

23. 廖伯琴. 普通高中物理课程标准(2017年版)解读[M]. 北京:高等教育出版社,2018.

24. 李春密. 中小学理科教材难度国际比较研究(初中物理卷)[M]. 北京:教育科学出版社,2016.

25. 李春密. 中学物理实验教学研究[M]. 北京:北京师范大学出版社,2018.

26. 阎金铎,查有梁,谢仁根,等. 物理教学论[M]. 南宁:广西教育出版社,1996.

27. 中华人民共和国教育部. 普通高中物理课程标准(实验)[S]. 北京:人民教育出版社,2003.

28. 布里奇斯,海林杰. 以问题为本的学习在领导发展中的运用[M]. 冯大鸣,译. 上海:上海教育出版社,2002.